石继航 著

大唐诗人的奇趣人生

我春风与眷过客

长江出版社
CHANGJIANGPRESS

图书在版编目（ＣＩＰ）数据

我与春风皆过客：大唐诗人的奇趣人生 / 石继航著
— 武汉 ：长江出版社，2022.3
ISBN 978-7-5492-8223-4

Ⅰ．①我… Ⅱ．①石… Ⅲ．①诗人－生平事迹－中国
－唐代－通俗读物 Ⅳ．① K825.6-49

中国版本图书馆 CIP 数据核字 (2022) 第 037380 号

我与春风皆过客：大唐诗人的奇趣人生 / 石继航　著

出　　版	长江出版社	
	（武汉市解放大道 1863 号　邮政编码：430010）	
选题策划	天河世纪	
市场发行	长江出版社发行部	
网　　址	http://www.cjpress.com.cn	
责任编辑	钟一丹	
印　　刷	三河市腾飞印务有限公司	
版　　次	2022 年 3 月第 1 版	
印　　次	2025 年 3 月第 3 次印刷	
开　　本	710 mm×1000mm　1/16	
印　　张	19	
字　　数	220 千字	
书　　号	ISBN 978-7-5492-8223-4	
定　　价	49.80 元	

何处醉春风，长安西复东（代序）

　　喜欢做唐朝人，还是宋代人？一直是我心中比较纠结的一个问题。虽然现在很多人都说，宋朝是个文人墨客最为幸福的时代，中华文化的繁荣，造极于赵宋之世，类似宋子京那种燃巨烛，拥美人，然后从容修书的优渥生活，也时常令后人羡慕不已。

　　然而，对于我来说，还是十分地向往唐朝。只是因为，那是一个宽容自信的年代，一个热情奔放的年代。

　　唐人少有拘束，拘谨扭捏从来不是唐人的性格。他们醉舞樽前，得意忘形，无论多么尊贵的身份，一时间都抛于脑后。没有什么所谓的仪范和体统，就连太上皇李渊和李世民也会在席前狂舞一番。堂堂朝廷宴会上，大臣们也会公然互开玩笑，长孙无忌笑话欧阳询长得像猴子，欧阳询则反唇相讥他是个面团子脸。

　　唐人超级自信，醉后狂言"天生我材必有用"的并不是只有李白，高适也是信心满满地说"举头望君门，屈指取公卿"，杜甫那句"读书破万卷，下笔如有神",不是在夸别人,夸的是他自己。他们都从来没有怀疑过自己,从来就不甘于平庸,"我辈岂是蓬蒿人",是唐代人共同的宣言。

唐人热情奔放,积极进取。李白六十岁还想着请缨杀敌,刘禹锡更是高歌"莫道桑榆晚,微霞尚满天",老臣张柬之,更是在八十岁的垂暮之年,仍然策划了"神龙宫变",夺回了李姓的大唐江山。

唐人慷慨豪迈,任侠逞强。帮助有情人得成眷属的铁磨勒,出手惩治负心汉的黄衫客,以及仗义敢为,从番将手中夺回良人之妻的许俊,都是这样的英姿飒爽,正可谓男儿到此是豪雄。

所以,唐诗的魅力,不是后世人只靠遣词造句就能够比拟的,后人可能写出词句的流丽、绵密、精致、蕴藉,但往往却输在旷达、悠远、雄浑、豪放上面,因为这其中贯穿着唐人的气韵,是唐人的时代风范。

假如我们能穿越到唐代,以唐朝人的开朗包容,他们应该更容易和我们做朋友。在唐朝,无论是高鼻深目的胡腾儿,还是肤色黝黑的昆仑奴,都可以相融无碍,甚至"左台胡御史,右台御史胡",外国人都可以入朝当官,我们又有什么不可以的?

然而,穿越毕竟是一种虚无缥缈的幻想,"已见松柏摧为薪,更闻桑田变成海",大明宫早已成为了废墟遗址,太液池也埋入了污泥。遍洒郊原的热血,早被无情的冷雨洗刷干净;横陈旷野的白骨,也被漫漫的黄沙掩入地下。如今的西安,不再是长安,乐游原上的晚风,吹不来当年霓裳羽衣曲的乐音,大雁塔角上的冷月,映不出旧日十二官街的灯火。

幸好,我们还有唐诗。从这些星河一样浩瀚的锦绣诗篇之中,我们能领略到当年那个热血沸腾的年代,领略到奢华绮丽的大唐,领略到诗人们那些多姿多彩的奇趣人生。

我与春风皆过客，你携秋水揽星河。就让我们带着现代人的畅想，回到千年前的大唐回忆中，回到那个云蒸霞蔚的时代，回到李白笔下春日宴桃园的那一刻，在花下对酒高歌，然后醉眠在熙暖的春风里。

石继航

2021.12.21

目录

盛唐篇

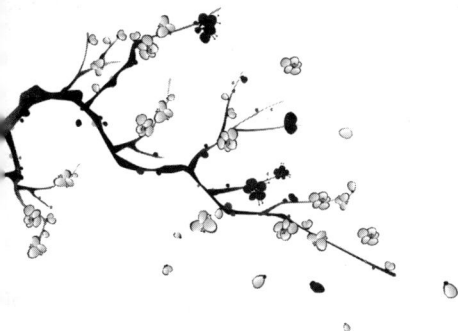

晚唐篇

初唐篇

王勃：我就是我，是颜色不一样的烟火

其实是性格决定命运，不是长相决定命运。

初唐诗坛，当年高居庙堂之上的是虞世南、上官仪、宋之问、沈佺期之类的人物。但时至如今，他们的地位反而远不如号称"初唐四杰"的王、杨、卢、骆。

像虞世南、上官仪这等老气横秋，满口官话和应制诗的家伙是不合本书所评的才子标准的。看一下老虞的这首咏蝉诗："垂緌饮清露，流响出疏桐。居高声自远，非是藉秋风。"很明显，老虞写首诗也要摆个架子，这蝉也透着官味，什么"居高声自远"，无非是坐在主席台上，说话就比别人响了吧。和骆宾王咏蝉诗中的"露重飞难进，风多响易沉"那种凄苦格调有霄壤之别。

上官仪老爷更是一副"诗八股"的派头，应制诗什么的写得四平八稳，但官味浓似酱，诗味却难觅。看看上官老爷的这些诗题就"饱"了：《奉和秋日即目应制》《奉和过旧宅应制》《八咏应制二首》等等，全是这等东西。

所以本书的才子榜上自然也没有他的座位。

王、杨、卢、骆号称"初唐四杰"，当然每个人都不是浪得虚名，各自有惊人的艺业。像骆宾王，七岁咏鹅，那首"白毛浮绿水，红掌拨清波"至今是儿童学诗必背的，后来写的那篇《为徐敬业讨武曌檄》也是十分出色。

卢照邻也不容小觑，他的那篇《长安古意》为闻一多大力称赞，其中像"弱柳青槐拂地垂，佳气红尘暗天起"等句，全景式描绘了当时长安的繁华盛景，当真是文漪落霞，舒卷绚烂。像"得成比目何辞死，愿作鸳鸯不羡仙"，更是传诵千古的名句。这篇《长安古意》是唐代长篇诗歌中最早的，开《长恨歌》《琵琶行》等长诗的先河。

至于杨炯，我们所熟悉的大致就是他的那首《从军行》吧！据说当时就有"王杨卢骆"一说，但杨炯却不满意这样的排名，说过什么"愧在卢前，耻居王后"。意思是说，他排在卢照邻前面有点过了，自觉才学不及卢，但觉得比王勃要强得多，所以说"耻居王后"。但从诗作的成就来看，如果真再排排名次，"初唐四杰"中恐怕老杨要算倒数第一，比之王勃，大大不如，何耻之有？

王勃是此篇重点介绍的人物。王勃少年时就聪明过人，有"神童"之称。他是隋末大儒王通的孙子，他还有个叔爷是著名诗人王绩，《唐诗鉴赏词典》中还选了王绩的《野望》《秋夜喜遇王处士》这两首诗，堪称家学渊博。

据说王勃六岁就能写文章，九岁那一年，读到了大儒颜师古注解的《汉书》，认为书中有许多错误，就作了一篇《汉书指瑕》来纠正它。真是初生牛犊不怕虎呀，这也反映了王勃不迷信权威、敢作敢为的性格特征。明代的杨慎曾惊讶道："王勃以十四岁之童子，胸中万卷，千载之下，宿儒犹不能知其出处。"其实没有什么好惊讶的，人家王勃从小就在"宿儒"堆里生活，连汉代大文学家郑玄府上的丫鬟，都熏染得会用《诗经》中的句子来逗乐，何况经过精心教育后的王勃呢？

唐高宗麟德初年，官员刘祥道奉旨巡行关内，考察吏治民风。王勃给刘祥道写了一封信，毛遂自荐，信中展示了他雄姿英发的少年气质。刘祥道读了后，很是赏识，就上表朝廷，推荐王勃这个少年英才。看来当时选拔人才的社会机制还是相当健康合理的。

高宗皇帝召见了王勃，金殿对策，王勃引经据典，侃侃而谈，高宗倒也是龙颜大悦。当时王勃还不满二十岁，就被授予朝散郎的官职，这是一个从七品上的官职，和中下等规模的县令级别相当。你不要嗤之以鼻：七品芝麻官啊！别嫌小，熟悉唐朝制度的人知道，新科进士，一般都要从九品的县尉或校书郎什么的做起，熬个八九年，能到七品就不错了。王勃小小年纪，就能走到这一步，而且是天子驾前，能够接近最高权力中枢的位置，真称得上是顺风顺水，前程似锦。

王勃才华横溢，文思敏捷，朝廷每有庆典大事，他都能写出精美的颂文，一时间声名鹊起。皇子沛王听说了，就把王勃请到自己的府中，担任专门的著作工作，修撰《平台秘略》一书。大家不要提起王爷，脑子中就立刻浮现出脑满肠肥的油腻大叔形象，沛王就是武则天的第二个皇子李贤，这时候也是小孩，论起年岁，他比王勃还小上两三岁呢。

到这里王勃可以说是春风得意，顺风满帆了，但王勃的聪明也只限于诗词文章方面，在政治方面的嗅觉很差，甚至可以说是比较弱智。所以王勃没有多久就惹祸了，他写了个叫什么《檄英王鸡》的文章。事情是这样的：大家知道男孩子天性好斗，喜欢打仗的游戏，当时诸王子也没有什么《王者荣耀》《绝地求生》（吃鸡游戏）之类的电脑和手机游戏玩，只好玩斗鸡、斗蟋蟀等。"马上抱鸡三市斗，袖中携剑五陵游"。假如你穿越到唐朝，不会玩斗鸡，你就很难融入唐代社会的时尚圈。可是玩归玩，闹归闹，千万别拿前途开玩笑，少不更事的王勃一时动了童心，竟替沛王写了一篇声讨英王鸡的檄文。英王是沛王的弟弟，即后来的唐中宗李显。

王勃这篇文章不过是写着好玩的搞笑文字罢了，唐高宗见了却大怒，这很有可能是因为唐高宗李治想起来他们兄弟间争斗的事情，而且唐高宗的父辈李世民兄弟自相残杀的情景也相去不远，也可以说是历历在目，这种兄弟争斗的事情正是唐朝当时的敏感词。王勃却哪壶不开提哪壶，不经意间揭开了唐王朝这块旧疮疤，这还了得！

请看《红楼梦》中王夫人打了金钏并把她赶走那一回，我觉得金钏那句"你往东小院子里拿环哥儿同彩云去"，才是最令王夫人忌讳的。这话不但教宝玉学"坏"，而且有挑唆他们兄弟间关系的意味。普通大户人家都这样，何况是皇家。也幸亏是在唐朝这种开明点的朝代，要是放在后来文字狱盛行的清朝，王勃有十个脑袋也砍没了，不过王勃从此不被重用是肯定的了。

没想到王勃后来又出事了——擅杀自己窝藏的一个罪犯。当然也有人说此事是别人陷害王勃的，不管怎么说，王勃在当地（虢州）的官场上由于恃才傲物得罪了很多人，这事出了以后，帮他的没有，落井下石的倒不少。因此，王勃就倒了大霉被下狱，还差点被判成死罪，好在后来遇赦才保全了性命。但被革职为民，终身不得再做官。连他的父亲也受到牵连，被贬到交趾（越南）去做县令。

经过了这样一个个深刻的教训，按说王勃该知道人情世故的重要性了吧。NO！王勃这种不会看人眼色和风头的脾气是改不了的。在滕王阁参加阎都督举办的宴会时，其实王勃只是路过而已，恰好有人介绍他去做个

陪席的罢了。人家阎都督早就安排好了，让他的女婿事先准备好了文章，到时候显能露脸。就好像某些有奖活动一样，大奖早就内定下了。但阎都督假意让到王勃这愣小子面前时，王勃还真不客气地见竿就上，见树就爬，提笔就写了起来。

王勃这人十足是"领导夹菜他转桌"的那类人。要说人家唐朝当时风气还是比较好的，就算放到现在，假如也有这样的情况，必有几个阎领导的心腹将王勃呵斥几句，说些什么"你一介小生，怎么这样狂放大胆，一点不知道谦恭之礼"之类的话，将王勃写文章的权利剥夺了，然后再让阎都督的女婿顺利地表现自己。

另外，人家老阎也比较有涵养，虽然当时也一脸的不高兴，拂着袖子退了席，但却令人打听了王勃所写的内容报知自己，当听到王勃写出了"落霞与孤鹜齐飞，秋水共长天一色"这样的好句子的时候，居然不计前嫌，转怒为喜，大为夸奖。说来人家老阎的鉴赏能力也很高呀，这两句果然是后世公认的名句。如果老阎是个狗肉将军张宗昌那样的浑人：知道啥子叫个"落霞与孤鹜齐飞"，俺就知道你抢了俺女婿的镜头，管你写得天花乱坠，俺反正也不懂，就说你写得狗屁不通，一顿板子先打得你"细皮与嫩肉齐飞，鲜血共衣裳一色"再说。王勃又能怎么样？说来也算是王勃之幸。

其实就算阎都督不是不识字的狗肉将军之类，假如老阎是那种迂腐之儒，也不一定就觉得王勃的文章好。大家看王勃的这篇文字，从那些应制八股、歌功颂德的文章标准看，前半篇写景写事倒还说得过去，但是从"落霞与孤鹜齐飞，秋水共长天一色"的景物描写之后，按这类文章的一般原则，就该转入借滕王阁的盛会来歌颂阎都督领导下的大好形势，而王勃写的是什么？用大段的文字倾诉了一回他个人的愁闷之情：什么"嗟乎！时运不济，命运多舛。冯唐易老，李广难封"；什么"孟尝高洁，空怀报国之心；阮籍猖狂，岂效穷途之哭"。这些话在此场合下说出来，也是难讨领导喜欢的。

虽然说王勃此文有点仿《兰亭集序》的意味，但他的身份和当时的王羲之有所不同，滕王阁会也不完全等同于兰亭之会，所以这样写是不大符合应酬性质的文章要求的。不过正是由于王勃这种我行我素、特立独行的性格，才有了《滕王阁序》这篇好文，王勃才不管你们谁高兴谁不高兴，我手中的笔就写我心中的话，这正是桀骜不驯的才子本色。

王勃到滕王阁本是路过，他的目的地是到交趾（越南），去看望父亲，结果乘船时遇到风浪，落水后受惊而死，年仅26岁。真是可惜呀！都说天妒红颜，上天亦妒才子乎？难道上天不忍心这些太超世脱俗的人在这肮脏风尘中挣扎沉沦，而提早将他们召回？以王勃的性情来看，他恐怕再多活几十年，还是这般脾气，也肯定要坎坷一生。

不过王勃一生虽短如流星一瞬，还是给我们留下好多的珍品。那篇《滕王阁序》写得美不胜收，文中简直是字字珠玑，像什么"物宝天华，人杰地灵""雄州雾列，俊采星驰"（原来周星驰的名字出处在这里）都是上佳的句子，又有"十旬休暇，胜友如云；千里逢迎，高朋满座""天高地迥，觉宇宙之无穷，兴尽悲来，识盈虚之有数"等这样的精彩文字，千载之下读来，仍是满口余香。天雷勾动地火，这震撼乾坤的好文字，酣畅淋漓地卓然问世，真称得上是"乾坤日月张其文，山河鬼神走其思"。

其实写骈文是王勃的一大特长，曾经他还是皇家御用笔杆子、金牌写手呢，所以当时有不少人花钱请王勃写文，这也成了他的收入来源之一。所以，像什么《益州夫子庙碑》《梓州慧义寺碑铭》《彭州九陇县龙怀寺碑》等一大堆类似的文字，都是他为了收钱写的。这些铺陈华丽的骈文，可以

拿到比较可观的稿费。各位读者要注意，唐朝那时，写诗是没收入的，写这类碑铭、墓志之类的，却可以赚不少的钱。

《唐才子传》说："勃属文绮丽，请者甚多，金帛盈积，心织而衣，笔耕而食"。而且王勃写文时，那是一气呵成，十分迅捷。他写文有个习惯，先磨墨数升，然后就喝酒，喝到酣畅时，钻到被子里蒙头睡觉，醒了后，就执笔一挥而就，之后一字不改，人们称之为"腹稿"。

王勃的诗，最有名的当数那句"海内存知己，天涯若比邻"，很有气魄，有着一种乐观向上的气息。不过这是王勃年少时的作品，多少有点"少年不识愁滋味"的心情吧。后来王勃心境有所变化，自己又写过一篇叫作《别薛华》的诗，其中道：

> 送送多穷路，遑遑独问津。悲凉千里道，凄断百年身。
>
> 心事同漂泊，生涯共苦辛。无论去与住，俱是梦中人。

同样是写分别之情，但这首诗意境凄凄惨惨，和《送杜少府之任蜀川》那首大不一样，有判若两人的感觉。其实，才子词人的命运凄惨的时候应该更多些。

据说曾有异人为王勃看相，说他："神强骨弱，气清体羸，脑骨亏陷，目睛不全。秀而不实，终无大贵矣。"其实是性格决定命运，不是长相决定命运。如果他不是这种特立独行、恃才傲物的性格，依他的聪明才智，做个官场老油条，混上公卿将相也并不难，但那不是王勃，不是英姿勃发、傲世见疾的王勃，更不是初唐诗坛上的首俊王勃！

杨炯：我本是将种，奈何做书生

杨炯之所以不服气王勃，正是因为年龄相近，经历也差不多，大家都是神童闻世，应召入宫的。

"烽火照西京，心中自不平"，大家对杨炯的诗，印象比较深的也就这一首，然而杨炯对于"初唐四杰"的位次排名十分不满的事情，前面也已经说过。

我们说虽然有"王杨卢骆"这样的行名，但是卢、骆的岁数要远远大于王、杨，杨炯之所以不服气王勃，正是因为年龄相近，经历也差不多，大家都是神童闻世，应召入宫的。

虽然入选"神童"，但杨炯不比王勃，没有被皇家重视。因为不是科班出身，别人都不怎么重视他，他基本就在弘文馆里待着，没事做。这段过程他自己在《浑天赋》中写过："显庆五年，炯时年十一，待制弘文馆。上元三年，始以应制举补校书郎"，由于整天待在皇宫里，天天能看到天象台上的浑天仪，杨炯不免对天文学产生了一些兴趣，写下了这篇文章。

当然，杨炯的志趣并不是当伽利略一类的科学家，他还是想当位极人臣的大官。于是，在二十六岁时，他重新参加了制举考试，从此按部就班地从正规渠道步入仕途。要说在古代，也有省心的地方（尤其是宋代），只要能金榜高中，就基本上是朝廷命官了，不像现在，考了大学，还要想着考研，考了研还要考博士，毕了业还得考编制。考个外焦里嫩，没完没了。

杨炯通过制举后，被授予正九品校书郎一职，这是一个负责掌管国家图书典籍，抄录校正的活儿。以后我们会慢慢地了解到，大多数新科进士，如张说、白居易、王昌龄等都是先从这个职位干起的。

杨炯脾气暴躁，性格耿直，据《朝野佥载》记载："唐杨炯呼朝士为麒麟楦，或问之，曰：'今假弄麒麟者，必修饰其形，覆之驴上，宛然异物，及其去皮，还是驴耳。无德而朱紫，何以异是？'"这话矛头直指朝堂上的高官（唐代三品以上穿紫袍），说这些人外似麒麟，其实为一头蠢驴罢了。

"假弄麒麟"，是古代在节日庆典时经常表演的一种把戏，将描绘好的麒麟皮覆在驴、马身上，图个热闹、喜庆。顺便说下，俗语中的"露马脚"也是从此而来，因为马脚或驴脚难以包装掩饰，耍弄起来，难免会露出来。

你想想，那些朝堂大佬看到杨炯这样"大放厥词"，能欣赏提拔他吗？所以他只好慢慢地"文火"熬着，熬了六七年，终于得到中书侍郎（副宰相）薛元超的照顾，当上了正七品的詹事司直。所谓"詹事司直"，就是东宫太子的跟班。

王勃跟着的那个太子是李贤，这时候已经被废掉。现在的太子，是他的弟弟李显，也就是王勃《檄英王鸡》中的那个英王。王勃陪太子读书，有始无终，杨炯此番又亲近皇储，有没有好结果呢？

弘道元年（683年）二月，高宗皇帝驾崩，皇太子李显即位，如果他能够牢牢稳稳地坐江山，那杨炯的前途自然是如花似锦，一片光明。然而，李显连龙榻还没暖热，就被武则天找了个借口，将他从皇位上揪了下来，废为庐陵王，并幽禁起来。

这还不算，没多久，便发生了徐敬业起兵讨伐武则天的事情，在这个事件中，杨炯也付出了惨重的代价。其实挺冤的，本来没杨炯什么事儿，是他的从伯父杨德干之子杨神让参与作乱，株连到了杨炯。当然，他本身就是太子李显的旧属，也难免武则天怀疑。处理的结果是，杨炯被贬到梓州（现在的四川三台县，诗人陈子昂的家乡），做一个九品司法参军（和王勃后来谋得的小官一样）。

在蜀地待了好多年，杨炯写了一篇《幽兰赋》，感叹自己"虽处幽林与穷谷，不以无人而不芳"。熬到四十二岁，终于从梓州那个荒僻的小地方调回神都洛阳，在习艺馆任教。在这里，他和三十六岁的宋之问做了同事。

这个习艺馆可是个"好地方"，是教宫里的嫔妃宫女们写诗、写字、画画、算术（还有理科）、下棋、弹琴什么的。虽然是"只许看，不许摸"，但一众美女围绕，香风习习，很是养眼怡神啊！

当然，给美女们当老师，也有不好的地方。一是没啥油水，没啥权力，这些美女都是皇室中人，打不得，骂不得，不听讲也没办法。二是整天看着美女，馋涎落肚里，这才叫"老猫枕咸鱼"，滋味也不好受。

两年之后，杨炯被派到盈川县做了一名县令。盈川县，在现在的浙江衢州市。此地在唐代经济并不繁荣，估计只能算中下县，因此，这个县令只是从七品。就在这个县令的任上，杨炯就突然暴病而亡了，终年只有四十四岁左右。

杨炯有兵家将种的基因，脾气不怎么好，性格其实很暴躁。他的祖父

就是当大将军的，他的伯父杨德干（前面提过，就是他儿子参与造反连累了杨炯）在当刺史时，就以严苛著称，其治下的人编有这样的民谣："宁食三斗蒜，不逢杨德干。"所以，小清新女生穿越唐朝，不可轻易嫁杨炯，这人脾气暴躁，说不定会打老婆的，很可能有家暴的倾向。

但是，杨炯的诗中，有一种豪霸之气，《从军行》就不多提了，那句"宁为百夫长，胜作一书生"，不知鼓舞了多少想投笔从戎的读书人，直接催生了像"男儿何不带吴钩"这样的名句。而我觉得，杨炯还有一篇极富唐人气质的好诗，那就是这篇《骢马》：

　　骢马铁连钱，长安侠少年。帝畿平若水，官路直如弦。
　　夜玉妆车轴，秋金铸马鞭。风霜但自保，穷达任皇天。

这首诗写出了长安少年的豪侠之态，不羁之情，代表了盛唐时昂扬向上、气贯长虹般的积极精神，可谓健笔凌云，神气十足。

能位列"初唐四杰"，杨炯之才，亦非等闲之辈可及！

卢照邻：一步赶不上，步步赶不上

既然治病没什么指望，卢照邻只好到现在河南新郑的具茨山下，买了数十亩地，盖了一个大院子，并预先给自个儿修了个坟墓，天天在这里坐吃等死。

卢照邻作为"初唐四杰"之一，现在是给排到了"小三"的位置，其实他的岁数比王、杨要大十五六岁（卢照邻的生年也没考证清楚，但大约是634或636年），在古代这就是一辈人的差距了。

然而，性格谦和的卢照邻并没有像南海鳄神那样始终对排在"小三"的位置愤愤不平，《朝野佥载》卷六载："世称'王、杨、卢、骆'，照邻闻之曰：'喜居王后，耻在骆前。'"注意，这里面虽然也有一个"耻"字，但后面跟的是"骆前"，意思是我排在骆宾王前面，实在是很不好意思，看来老卢是很谦逊的。

卢照邻出身于范阳卢氏，这是唐代尊贵的五姓之一，《三国演义》中一开篇就写卢植是刘备的老师，平定过黄巾之乱，这人名望很高，董卓那样残暴，都不敢杀他，恐失人望。卢家世代大族，很多人都以娶卢姓女为荣。

所以，卢照邻起点也不低，他自幼就拜大儒王义方为师，学习经文。卢照邻出身好，又得名师传授，所以也是一时之秀。唐高祖李渊的第十七子（李渊真能生啊）李元裕，当时被封为邓王，当过邓州、梁州、黄州等地的刺史。他把卢照邻收在幕下，任典签一职。典签这个职务，在南北朝时牛得很，王爷的一举一动，全受他管制，曾经发生过这样的情况："诸王取一梃藕、一杯浆，皆咨典签。典签不在则竟日忍渴。"这比幼儿园老师管小孩还严厉啊，简直是王爷们的监护人。但唐代的典签早没有这种权势了，也就是在王爷面前抄抄写写，文案秘书之类的角色。

虽然王勃、杨炯也为皇室服过务，当过类似的角色，但王、杨两人都是朝廷命官，是有"编制"的，卢照邻这个职位，只是邓王自己私聘的。当然，邓王有钱，又喜欢书籍，人说学富五车，他王府里有十多车书，让卢照邻看了个饱，对提高自身水平，是大有好处的。邓王也挺器重他的，夸他是"我们家的司马相如"（司马相如一开始在梁王刘武府里混，琴挑文君时的那张琴，就是梁王给的）。

然而，到了麟德二年，卢照邻大约正是三十而立的年纪，邓王就病死了。这王府的饭碗算是没了。离开王府后，托人谋了个四川新都县尉的官职。在这个职位上，卢照邻不怎么开心，和同僚们处得很不好，有他的《赠益府群官》为证，诗中说"一鸟自北燕，飞来向西蜀……昂藏多古貌，哀怨有新曲"，一副很不情愿的样子，接着更说道："智者不我邀，愚夫余不顾。所以成独立，耿耿岁云暮。日夕苦风霜，思归赴洛阳。"纵观大多数唐才子，都不怎么喜欢做县尉这个差事，因为这个职位，常干些催租索税、抓夫拉丁的缺德事，正直的人做不来的。

当然，这里要附带说一下，唐代的一个县里，往往是县令一人，县丞（副县长）一至两人，主簿（相当于机要秘书）一至两人，县尉一到六人。加起来，最多十一人，要是去踢足球，连替补队员也没有。这机构，精干吧，我们现在的县，不说什么县委、人大、政协之类，单是县政府，就有三四十个形形色色的机构。

唐代稍微大点的县，往往就会有两个县尉，一个主管户籍租税、礼乐学校这类比较"文明"的事情，另一个才是抢刀弄剑管捕盗捉贼的。有些网上写文章的，往往不分青红皂白就都把县尉这个职务对应成"县公安局长"是不确切的，虽然唐代文人比后世手无缚鸡之力的书生们要强健得多，但让一个读书人抓贼，这事靠谱吗？

然而，在四川这段日子里，最倒霉的是卢照邻患上了"风疾"，就是现在所称的麻风病，以致四肢麻痹，行动困难。这麻风病是一种传染病，得此病的人有的胡子、眉毛全掉光了；有的浑身皮肤溃烂，长满了各种颜色的烂疮；还有的人身上的皮肤像麦麸一样往下掉；还有的人非常怕冷，夏天还冻得打战。大才子卢照邻得病后，身体变得像死树一样枯槁。

卢照邻得了这种病，自然没什么继续当官的前途了，他治病要紧，于是回到长安拜访了海内名医孙思邈。药王孙思邈虽然是历史上数得着的名医，但这种病历来是疑难之症，放到现在，各种先进医疗器械和药品一起上，也未必能治愈，何况当时的唐朝？华佗再世也白搭，孙药王也没辙，一抖搂手，只叹息而已。

当时卢照邻留在孙思邈所居的光德坊中，卧病不起，只有天天望着庭中那棵和他一样蔫头耷脑的梨树，于是写了一篇《病梨树赋》，其中说："余

独卧病兹邑，阒寂无人，伏枕十旬，闭门三月。庭无众木，唯有病梨一树，围才数握，高仅盈丈。花实憔悴，似不任乎岁寒；枝叶零丁，才有意乎朝暮。"

李清照有"人比黄花瘦"之句，而卢照邻是人和树一样病。但是树本来无知无觉，也不能移动，人得了这种病后，成了瘫痪，行动极为困难，那真叫一个痛苦！

既然治病没什么指望，卢照邻只好到现在河南新郑的具茨山下，买了数十亩地，盖了一个大院子，并预先给自个儿修了个坟墓，天天在这里坐吃等死。然而，这病一时半会儿还死不了，就这样不死不活地耗着，这情景有点像当年的史铁生。卢照邻有一篇《释疾文》，其中写道："余羸卧不起，行已十年，宛转匡床，婆娑小室。未攀偃蹇桂，一臂连蜷；不学邯郸步，两足匍匐。寸步千里，咫尺山河。"

卢照邻爬不动，走不得，只能在小床上蜷缩着，行寸步如走千里，跨咫尺如越山河，实在是难受啊！当然，每当"冬谢春归，暑阑秋至"这种季节变换的时候，老卢就让人抬着，到庭院里去感受一下自然风光。

就这样，也慢慢度过了大约有二十年。"初唐四杰"中，相对来说，卢照邻是比较长寿的，不过，他这个长寿法，简直是"长受罪"啊！所以到了六十多岁时，卢照邻实在熬不下去了，这真叫生不如死。终于有一天，卢照邻下定了决心，和亲友们一一道别，然后挣扎着投入颍水河中，随波而去。

据《唐才子传》说，卢照邻"自以当高宗时尚吏，己独儒；武后尚法，己独黄老；后封嵩山，屡聘贤士，己已废"，意思是说，高宗时喜欢干练的官吏，自己却还是迂腐的书生，武则天时喜欢严刑冷酷的法家思想，自己却喜欢道家的黄老之术，到武则天后期，屡屡征聘天下贤士，但自己却成了废人。看来，卢照邻属于那种一步赶不上，步步赶不上的人。其实，这一段话是模仿《汉武故事》一书中的话，说一个叫颜驷的人，当了一辈子小官，老得须发皆白，也没有升过职，汉武帝问为什么，他说："文帝好文而臣好武，景帝好老而臣尚少，陛下好少而臣老矣。"

说来卢照邻的命运，也实在是太惨了！

卢照邻的名篇，自来以《长安古意》最为知名，这篇长诗犹如一幅用诗句绘画的长安古都全景，将大唐生活描绘得活灵活现，淋漓尽致。正如闻一多先生所夸赞的那样："在窒息的阴霾中，四面是细弱的虫吟，虚空而疲倦，忽然一声霹雳，接着的是狂风暴雨！虫吟听不见了，这样便是卢照邻《长安古意》的出现。"

当然除了《长安古意》外，卢照邻还有很多不同风格的好诗句，如"但令一顾重，不吝百身轻"，何等的慷慨！"雪似胡沙暗，冰如汉月明"，何等的壮阔！"人歌小岁酒，花舞大唐春"，何等的明丽！"高情临爽月，急响送秋风"，又是何等的绵邈……

骆宾王：人虽老，心不老，要干就干票大的

没有钱的压力，在任何时代都是一座山。

在王、杨、卢、骆中，如果按才气和文学上的成就来排，应该是王、骆、卢、杨吧。不过王、骆二人的命运都不怎么好。骆宾王虽然寿命比王勃要长点，但命运也是一生坎坷的。

骆宾王，字观光，其名字是取自《周易》中的词儿："观国之光，利用宾于王"。他的父亲曾在博昌（今山东省博兴县）当过县令，不过死得太早，所以骆宾王的家世就没有多少政治背景。但他自幼就是一个神童，至今我们在上小学时还要背诵他七岁时写的"鹅鹅鹅，曲项向天歌。白毛浮绿水，红掌拨清波"。不过骆宾王的脾气却比较古怪偏执，他不善于推销自己，并以此为耻。

骆宾王青年时曾在道王李元庆府中做过属员。李元庆当时手下的人很多，骆宾王又不大会表现自己，所以一待就是三年，也没有混出什么名堂，

干坐了三年冷板凳。有一次，李元庆突然召见了骆宾王，还让骆宾王写篇自我简介，谈谈自己有何才能。这按说是好事呀，好不容易老板想起你来啦，一般人还不是乐得屁颠屁颠地马上既吹自己又拍上司的写一大篇。现在好多的短视频上在教这些招儿，什么签字时怎么给老板递笔，站在什么地方，这些都有讲究，比盛行等级制度的封建社会规矩还多，让人无语。

骆宾王却没有像上面说的那样"福至心灵"，也没学过短视频上的钻营之术，相反，他的怪脾气上来了，他写的内容不仅没有自叙其能，反而在《自叙状》中既讽刺又挖苦地说："……若乃脂韦其迹，干没其心，说己之长，言身之善，腼容冒进，贪禄要君，上以紊国家之大猷，下以渎狷介之高节，此凶人以为耻，况吉士之为荣乎！"结尾是："不奉令，谨状。"

"脂韦"，意思是像油脂一样滑，像皮子一样软，用现在的俗话说，差不多就是"脚踩西瓜皮，手抓两把泥"，官场上混，这两样是必备的法宝，而骆宾王却嗤之以鼻，不屑一顾，认为是十分可耻的事情。这样的耿直脾气，是很难在仕途上有所作为的。

骆宾王恃才傲物，人家李元庆老板明明给他一个升赏的台阶，他却在文章中将李老板劈头盖脸地教训了一通，要知道并不是谁都能像唐太宗李世民那样有容忍魏征的气量，李元庆看了当然大为不悦，虽然没有马上就把骆宾王轰出府去，但心中定然暗骂骆宾王给脸不要。

骆宾王这种性格作风，当然难以在官场中发迹。所以他直到三十多岁还是一介布衣。后来，骆宾王在现实的压力下不得不弯下了他立志一辈子挺直的腰杆，也顾不得忌讳"说己之长，言身之善"了。

他开始向一些大小官员上书自荐，从他遗留下来的文章看，他简直有点"病急乱投医"的情形了。他向巡察各地的廉察使，吏部（国家人事主

管部门）的尚书、侍郎，任地方长官的州刺史上书，甚至还包括一些县令、县主簿等小官，也向他们推荐自己。求对方担当伯乐，使自己这匹"逸骥"能有一试才干的机会。

有时那语气说得简直是相当可怜了："少希顾复，辄布悃诚""伏乞恩波，暂垂回盼……"唉，残酷而无情的现实，就像岁月逐渐风化坚硬的岩石一样，再坚强挺立的山峰，也会被它渐渐消磨。又有多少人，不得不"故作小红桃杏色"？又有多少人，不得不"红颜屈从于枯骨"？正所谓"世人慌慌张张，不过图碎银几两。偏偏这碎银几两，能解世间万种慌张"，没有钱的压力，在任何时代都是一座山。

骆宾王虽然"改过自新"，但人们的第一印象是最重要的，所以不但没有人真心帮他，反而空落了个"浮躁浅露"的恶名。直到麟德元年（664年）时，唐高宗李治到泰山封禅，齐州各界推举骆宾王写了一篇《请陪封禅表》，骆宾王就凭这个表被封为奉礼郎这样一个小官。说起这奉礼郎的职务只是个品次极低（九品）的小小京官，后来李贺也当过一段这个职位，但这两位才子都没有做多久。

骆宾王后来干了一段部队上的文职，因为唐朝的军队主帅可以开府，自行招募没有功名的无编制人员当幕僚。据说当时的军中统帅李义对他颇为器重，军中文书，多让他写。骆宾王集中的一些边塞诗，应该就是此时所写，像这一首豪情四溢，堪称佳作：

"平生一顾重，意气溢三军。野日分戈影，天星合剑文。弓弦抱汉月，马足践胡尘。不求生入塞，唯当死报君。"

后来骆宾王被提升为侍御史（中央政府的检察官性质），这是一个从七品上的官职，负责监察、弹劾官员，相当于现在中央巡视组的角色，这是骆宾王一生官宦生涯的顶峰。其实像骆宾王这样的人根本就不是官场中的料，要是当个翰林学士什么的只搞搞学术恐怕还能多混几年，侍御史这个职位，很容易得罪人，官场中的险恶，骆宾王哪里应付得来？而且，当时是武后当政，诬告成风。果然，不久骆宾王就被诬蔑为贪赃而下狱。不过在狱中他激愤难言，却写下了他生平中最为出色的一首诗：

> 西陆蝉声唱，南冠客思深。不堪玄鬓影，来对白头吟。
>
> 露重飞难进，风多响易沉。无人信高洁，谁为表予心。

这里的蝉孤影伶俜，正像诗人的心声身境，和虞世南笔下的蝉有云泥天壤之别。对于很多人来说，都认为是骆宾王笔下的蝉的形象更为感人。

骆宾王坐了一年多的牢，才遇赦放出。骆宾王出狱后，心灰意冷——"年来岁去成销铄，怀抱心期渐寥落"。因此，尽管他出狱后还被授了个临海县丞的吏职，但他已心灰意冷，勉强到临海（今浙江省临海县）任所，上了没有几天班，就觉得很无聊，弃官而去。老骆觉得混了一辈子，到了最后，又成了九品芝麻官，郁闷极了。

其实，搁现在，算算骆宾王都六十多岁了，也到了回家抱孙子的时候了，在家里待着混吃等死就完了。然而，人虽老，心不老，正所谓"谁不是不甘平庸，咒骂命运的耍弄"。在晚年，他干了生平中最大的一票，那就是投身徐敬业的幕下，公然痛痛快快地骂了一顿嗜血成性的女皇武则天。骆宾王和徐敬业并非故交，对武则天也未必有多深的怨仇，但骆宾王平生的坎坷怨气却借此机会一下子全爆发出来了，他那篇《为徐敬业讨武曌檄》写得如太阿神剑出鞘，锋锐无比，千年之后读来仍是凛凛有生气。

据说武则天看这篇檄文时，开始只是哂笑，确实，这篇文章前面的什么"加以虺蜴为心，豺狼成性。近狎邪僻，残害忠良。杀姊屠兄，弑君鸩母。神人之所共嫉，天地之所不容"之类的话，有点胡乱谩骂的意味。虽然言辞凶狠，杀伤力却不大，所以武则天一笑置之。但当武则天读到后面"一抔之土未干，六尺之孤安在"时，就觉得不安了，因为这两句写得极有煽动性，抓住了唐朝宗室旧臣们的心情，来引起他们对李唐社稷的眷恋，从而激起对武则天的愤怒，确实很有杀伤力。

由此也可以看出来武则天的政治才能确实非凡，一般的女人一看骂自己"狐媚惑主"之类的话，马上就会生气，但武则天却一哂而已，不屑一顾，当看过这两句真正有分量的话时，才问这是谁的手笔。左右告诉她，是骆宾王，她很感慨地说："如此贤才沦落在外，这是宰相的过失。"

虽然在文章中，骆宾王形容徐敬业的大军是："南连百越，北尽三河；铁骑成群，玉轴相接。海陵红粟，仓储之积靡穷；江浦黄旗，匡复之功何远！班声动而北风起，剑气冲而南斗平。暗鸣则山岳崩颓，叱咤则风云变色"，但打仗不是靠文辞，吹破天也没有用，还要真刀真枪沙场上分胜负。徐敬业的部队实际上不堪一击，很快被武则天的军队给收拾了，"请看今日之域中，竟是谁家之天下"？最后还是人家武则天的天下。

骆宾王后来下落不明，有的说他和徐敬业一起被杀，也有的说他出家当了和尚。据说隔了十几年，宋之问游杭州灵隐寺，碰到一个老和尚替他续了两联妙句："楼观沧海日，门对浙江潮。"这位神秘老僧据说就是骆宾王。不过那老和尚却再也不肯露面了。《唐才子传》竟说"传闻浮海而去矣"。

终不成去了日本吧？

这事恐怕不十分可信，因为骆、宋两人是非常熟悉的朋友，骆宾王诗集里有《送宋五之问得凉字》《在兖州饯宋五之问》等，都证明他和宋之问是很熟的，再说宋之问到杭州时，已是中宗复辟之后，骆宾王如果活着，很可能就被平反了，没有必要再隐藏了。

所以，以上传说只是人们的美好愿望罢了，最大可能性就是骆宾王已经死于乱军之中。

骆宾王一生心中郁闷，所以才有这样的诗句：

此地别燕丹，壮士发冲冠。昔时人已没，今日水犹寒。

也正是这样的诗句，让他没有成为一般的庸俗诗人，而在"初唐四杰"中占据了一席之地。不管怎么说，委屈了一世的骆宾王，晚年终于做了一件惊天动地的大事，一吐胸中的郁闷。"昔时人已没"，但骆宾王留下的这些慷慨激昂的诗文，却让他永远辉映在初唐诗坛的天空。

王梵志：难道我是穿越者？

说来生在那个年代的王梵志就有这样的理念，实在很了不起，比国外的马尔萨斯的《人口论》要早了一千多年。

初唐时期有一位诗僧，叫作王梵志。唐代诗僧不少，像寒山、拾得这些人的知名度一直很高，常为后人称道，但他们的诗中佛家说教气太浓，人情味却太少。王梵志却不大一样。

王梵志的诗，俚俗如话，在唐诗中可谓别具一格。像什么"他人骑大马，我独跨驴子。回顾担柴汉，心下较些子"，就好像现在雪村的"翠花上酸菜"的风格一样，特别独特。

说起来，这诗不怕写得俚俗，如果在俚俗中能见到诸多的深意，那就不算缺憾，反而是一种比较难得的风格。但比如，像传说中韩复榘作的诗："趵突泉，泉暴突，三个眼来一般粗，突突突突突突"，以及"大明湖，湖名大，大明湖里有蛤蟆，蛤蟆一捶一蹦跶"之类，只是一味地讲老俗话，那就不叫诗了，只能成为大家的笑柄。

再如，历史上有一个千古奇丐叫武训，他在为修"义学"乞讨时也编了好多此类的顺口溜，像什么"缠线蛋，结线头，修个义学不犯愁"，还有"我要饭，你行善，修个义学你看看"等之类，虽然武训先生精神可嘉，但还是不能称之为诗，只能说是顺口溜，诗贵含蓄，更要有深意，不能一览无余，字句可以平直如大白话，但诗意不能平淡如街巷俗谈。

王梵志这些诗，虽然多数好像一眼望去也是大白话，和武训的口号差不多，但仔细一品，就大不一样了。王梵志的诗中有深意，有辛辣的讽刺，绝对不能当一般俚俗之作来看。比如，王梵志有一诗深刻地揭示了当时贫富的差别，看这首诗写富家人的生活：

> 富饶田舍儿，论情实好事。广种如屯田，宅舍青烟起。
>
> 槽上饲肥马，仍更买奴婢。牛羊共成群，满圈养豚子。
>
> 窖内多埋谷，寻常愿米贵。里正追役来，坐着南厅里。
>
> 广设好饮食，多酒劝且醉。追车即与车，须马即与使。
>
> 须钱便与钱，和市亦不避。索□①驴驮送，续后更有雉。
>
> 官人应须物，当家皆具备。县官与恩泽，曹司一家事。
>
> 纵有重差科，有钱不怕你。

俗话说"大富之家，办事容易"，什么差役啦，打官司啦，有钱都好办。"窖内多埋谷，寻常愿米贵"，这和"可怜衣上身正单，心忧炭贱愿天寒"的情况可大不一样。呵呵，这倒像现在有些炒楼盘的富豪，才不怕房价上

---

① □原文中缺字，我们现在看到的王梵志的诗，均出土于敦煌残卷，一些字多有缺失。

涨呢，反而盼着房地产泡沫吹得更大些。

富人对于官司科差是不怕的，不见"县官与恩泽，曹司一家事"？就像现在也是，某些很有钱的人多生几个孩子也没人管，街上撞了人，打了人，无非赔几个钱嘛。官家富户往往在一起形成如生物学上"共生"的关系，中国封建社会几千年来都这样。

而穷人家又是一番景象：

> 贫穷田舍汉，菴子极孤凄。两穷前生种，今世作夫妻。妇即客舂捣，夫即客扶犁。黄昏到家里，无米复无柴。男女空饿肚，状似一食斋。里正追庸调，村头共相催。幞头巾子露，衫破肚皮开。体上无裈袴，足下复无鞋。丑妇来怒骂，啾唧搦头灰。里正把脚蹴，村头被拳搓。驱将见明府，打脊趁回来。租调无处出，还须里正陪。门前见债主，入户见贫妻。舍漏儿啼哭，重重逢苦灾。如此硬穷汉，村村一两枚。

> 你道生胜死，我道死胜生。生即苦战死，死即无人征。十六作夫役，二十充府兵。碛里向西走，衣甲困须擎。白日趁食地，每夜悉知更。铁钵淹干饭，同伙共分争。长头饥欲死，肚似破穷坑。遣儿我受苦，慈母不须生。

富家有钱，这科差劳役都落到了穷人身上，看穷人过的什么日子："幞头巾子露，衫破肚皮开。体上无裈袴，足下复无鞋。"出门就挨里正的打、官府的打，回家还有"丑妇来怒骂"，更有"门前见债主，入户见贫妻。舍漏儿啼哭，重重逢苦灾"。以至于这个穷人痛苦到生不如死的地步："你道生胜死，我道死胜生。生即苦战死，死即无人征。"贫富之差，犹如天堂地狱之分呀！

王梵志生于社会底层，对穷人有着最深切的体会。其他唐朝诗人，最少也有个官职什么的，也就是说最少是个公务员身份，在旧时有了公务员身份，很多劳役之类的就可以免了。就像《石壕吏》中差役只抓走了老太太，却没有抓杜甫，就是这个道理。所以其他人即便如杜甫，也没有写出过这样惨痛的诗句。

王梵志这一首诗讽刺了只看钱不重情的女人：

吾富有钱时，妇儿看我好。吾若脱衣裳，与吾叠袍袄。

吾出经求去，送吾即上道。将钱入舍来，见吾满面笑。

绕吾白鸽旋，恰似鹦鹉鸟。邂逅暂时贫，看吾即貌哨①。

人有七贫时，七富还相报。图财不顾人，且看来时道。

这个说来也是常有的事，苏秦当年去秦国"找工作"失败，回来"归至家，妻不下纴，嫂不为炊，父母不与言。苏秦喟然叹曰：'妻不以我为夫，嫂不以我为叔，父母不以我为子……'"都不搭理他，不拿他当亲人了。

其实，就算现在，好多女人不也是老公挣了大钱就满心欢喜地甜言蜜语，老公要是倒了霉，没了钱，马上甩脸子给他看。希望女人们也不要太势利了，这样最伤男人的心啦！

现在抖音之类的短视频里面，也经常能看到这样的桥段，老公发工资了，挣来大沓钞票了，到家就隆重接待，恨不得跳一段热舞迎接。这不正

① "貌哨"，指脸色难看。

是王梵志说的"将钱入舍来，见吾满面笑"？而对于贫穷落魄的老公，则一通数落："房贷顶得住吗？车贷顶得住吗？"将丈夫含泪端起来的几块钱的方便面也打翻在地。这不正是"邂逅暂时贫，看吾即貌哨"吗？

　　更有意思的是，早在一千四百多年前的王梵志居然就有了"计划生育"的思想。在那个"多子多福"的年代，王梵志这种思想也应该算是很前卫新奇的了。看他写的这首诗：

　　　　大皮裹大树，大皮裹小木。生儿不用多，了事一个足。
　　　　省得分田宅，无人横煎蹙。但行平等心，天亦念孤独。

　　这是"只生一个好"的思想。在另一首诗中，王梵志更是深刻地描绘了"越穷越生，越生越穷"的情景：

　　　　富儿少男女，穷汉生一群。身上无衣挂，长头草里蹲。
　　　　到大耶没忽，直似饱糠牲。长大充兵仆，未解起家门。
　　　　积代不清福，号曰穷汉村。

　　王梵志还非常明智地预见到未来的人口大爆炸，环境资源日益紧张的人口压力：

　　　　继续生出来，世间无处坐。若不急抽脚，眼看塞天破。

　　说来生在那个年代的王梵志就有这样的理念，实在很了不起，比国外的马尔萨斯的《人口论》要早了一千多年。可惜从来没有人重视过王梵志的这一观点，甚至好多人根本都不知道，初唐的王梵志就有这样的人口观。

我细读他的诗集，还惊奇地发现，王梵志在这样一首诗中居然预测到未来人地关系紧张，普遍实行死后火化的情景：

> 生死如流星，涓涓向前去。前死万年余，寻入微尘数。中死千年外，骨石化为土。后死百年强，形骸在坟墓。续续死将埋，地窄无安处。已后烧作灰，飏却随风去。

这里说由生到死，像流星和河水一样是挡不住的，死了万年多的人化成了微尘，死了千年的则化成泥土，死了百年的，骸骨倒还在坟墓里。以后陆续死的人多了，就没有这么多土地埋葬，于是就烧成灰，随风散去。而在唐代，普遍是实行土葬的，王梵志却居然能想到这些，实在令人奇怪。难道他真是一位穿越者？

王梵志最为振聋发聩的诗作当数《城外土馒头》这首诗：

> 城外土馒头，馅草在城里。一人吃一个，莫嫌没滋味。

这二十个字，字字平易，但却使人警醒，发人深思。城外一个个坟墓，犹如一个个土馒头，"馅"却在城里，不管城里人是不是嫌它没滋味，都肯定要吃上一个。这首诗中的比喻也新奇无比，大有匪夷所思之感，将坟喻为土馒头，而埋在里面的人自然就是"馅"了（唐宋时的馒头是有馅的，像《水浒传》中孙二娘那儿的人肉馒头）。像有些评书中骂老头时常说是"棺材瓤子"，倒和这个比喻类似。但评书中常用来骂"老而不死是为贼"的那类人，而这首诗却推广到每一人。死亡这个人人都避讳的事，其实却是人人都逃不了的。

所以这一首诗，不亚于晴天霹雳，当头棒喝，实在是发人警醒。富贵而骄者看到这诗，想必就如"分开八片顶阳骨，倾下半桶冰雪水"一般打一个冷战。宋代范成大将之化用为"纵有千年铁门槛，终须一个土馒头"。曹雪芹在《红楼梦》中写妙玉那样眼高于顶的人，都说这是古往今来仅有的佳句。虽然这和妙玉的孤僻性情有关，但这诗确实词句警人，非同一般。

王梵志由于不是"公务员"身份，也没有城市户口，所以家世、生平皆不见于史籍。但文人的笔记小说常提到他。冯翊的《桂苑丛谈》中说：

"王梵志，卫州黎阳人也。黎阳（今河南浚县）城东十五里有王德祖者，当隋之时，家有林檎树，生瘿，大如斗。经三年，其瘿朽烂。德祖见之，乃剥其皮，遂见一孩儿，抱胎而出，因收养之。至七岁，能语。问曰：'谁人育我，复何姓名？'德祖具以实告。因曰：'林木而生，曰梵天。'后改曰'志'……作诗讽人，甚有义旨。盖菩萨示化也。"

呵，这王梵志倒和孙悟空有一比，孙悟空是石头里蹦出来的，这王梵志是从木头疙瘩里剥出来的。这当然是近于神话了，不可信。

王梵志何时出家？出家后有过什么活动？现在我们都不清楚。只知道他曾经写过许多通俗诗。他的通俗诗，唐宋时还很流行的。不然范成大如何化用那个"土馒头"的诗句。可是，到了明清之际，王梵志的诗却渐渐失传，清康熙年间编纂的《全唐诗》中，王梵志的诗就一首也没有收录。幸好21世纪初于敦煌佛窟出土了二十多种王梵志诗作的手抄写本残卷，经过整理、校辑，共得诗336首，以上我们看到的那几篇好诗也重见天日。

王梵志的诗虽然没有其他唐朝诗人的诗作华贵、典雅、工整、清丽，但他的诗深刻、通俗、辛辣、幽默，在唐诗中独树一帜，实在难得。

刘希夷：岁月不知我有多少的忧伤

　　春又来，桃花如千年前一样盛开，但人事代谢，物换星移的时间车轮又有谁能挽留？

　　花谢花飞花满天，红消香断有谁怜？
　　游丝软系飘春榭，落絮轻沾扑绣帘。
　　……
　　柳丝榆荚自芳菲，不管桃飘与李飞。
　　桃李明年能再发，明年闺中知有谁？
　　……
　　试看春残花渐落，便是红颜老死时。
　　一朝春尽红颜老，花落人亡两不知！

　　这是《红楼梦》中让许多人耳熟能详的句子，其实这诗中的意境，早在千年以前的初唐，一位同样多愁、善感、纤弱、聪颖、灵秀的才子——刘希夷，就已经唱出这样的凄婉如梅子黄时雨般的悱恻闲愁，这千百年来让多少人都无法释怀的"闲愁"。这就是刘希夷的那首《代悲白头吟》：

> 洛阳城东桃李花，飞来飞去落谁家？
>
> 洛阳儿女惜颜色，行逢落花长叹息。
>
> 今年花落颜色改，明年花开复谁在？
>
> 已见松柏摧为薪，更闻桑田变成海。
>
> 古人无复洛城东，今人还对落花风。
>
> 年年岁岁花相似，岁岁年年人不同。
>
> 寄言全盛红颜子，须怜半死白头翁。
>
> 此翁白头真可怜，伊昔红颜美少年。
>
> 公子王孙芳树下，清歌妙舞落花前。
>
> 光禄池台文锦绣，将军楼阁画神仙。
>
> 一朝卧病无相识，三春行乐在谁边？
>
> 宛转蛾眉能几时？须臾鹤发乱如丝。
>
> 但看古来歌舞地，唯有黄昏鸟雀悲。

"今年花落颜色改，明年花开复谁在"，这和林妹妹的那句"桃李明年能再发，明年闺中知有谁"何其相似，而"年年岁岁花相似，岁岁年年人不同"更是精警千古，声鸣九天。

据载，刘希夷少年时就有才名，美姿容，好谈笑，善弹琵琶，又能饮酒，至数斗不醉，是个落拓而不拘小节的人。《红楼梦》中冷子兴所说的"如前

之许由、陶潜、阮籍、嵇康、刘伶、王谢二族、顾虎头、陈后主、唐明皇、宋徽宗、刘庭芝、温飞卿、米南宫、石曼卿、柳耆卿、秦少游……"这一大堆名单中的刘庭芝就是刘希夷。

刘希夷，刘庭芝，我觉得这两个名字都很符合他的为人。所谓"希夷"，取于《道德经》中的"视之不见谓之希，听之不见名曰夷"，刘希夷的诗中我们经常感觉到他身上浓重的道家气味，他经常写人生易逝，转眼成空的遗憾："旧里多青草，新知尽白头。风前灯易灭，川上月难留"；而"庭芝"一词，应该是来自《世说新语》："譬如芝兰玉树，欲使其生于阶庭耳"，以刘希夷的才貌，称之为芝兰玉树自是当之无愧。

然而"宛转蛾眉能几时"？刘希夷居然一诗成谶，不久他就被害死，二十七岁的生命如昙花一现，如流星一瞬，让人叹息不尽。说来诗人之死正是因此诗而起，害死他的竟然是其舅舅宋之问。

说来宋之问这厮剽窃行径可能干了不少，放在现在也算是"学术不端"的典型。这厮看到了刘希夷的这句"年年岁岁花相似"后，赞赏不已，之后居然起了觊觎之心，就无耻地要求刘希夷将这两句诗让给他，算是他所作。

宋的无耻要求当然遭到单纯正直的刘希夷的拒绝。"宋禽兽"恼羞成怒，居然害死了刘希夷。据说是用土囊将刘希夷压死的。这类似于《水浒传》中武松在牢里听犯人说起的那种酷刑：把人捆了，将一个大布袋盛满了黄沙压在身上，不多半夜，便会被活活压死。乃是一种极歹毒的私刑，"宋禽兽"的所作所为实在令人发指。

宋之问这厮一贯寡廉鲜耻，在武后当政时媚附太平公主、武则天内宠张易之兄弟等。唐人张垍所撰《控鹤监秘记》中写道："之问尤谄事二张，为持溺器，人笑之。"虽然未必宋之问真的给二张端过尿盆，但宋之问品德低下惯于谄媚求荣却是不假。据说宋之问见到武则天大选男宠，自忖条件还算可以，就巴不得卖身求荣，便四处托人行贿，让人向武则天说知此意。

哪知武则天不知怎么调查的，说宋之问这家伙有口臭，所以没有选他为"妃"。宋之问听了后，后悔不已，忙让人求来鸡舌香等药物整日含在嘴里，可惜后来武则天也没有纳他为"妃"。"宋人渣"白白自作多情了一番。呵呵。

"宋人渣"后来在武则天被迫退位，二张被诛后自然失了宠，被贬到钦州，后来被赐死，实在是罪有应得。宋之问人品太差，又有剽窃未遂的前科，所以后人都严重蔑视他。以至于宋之问的《灵隐寺》一诗中最有名的二句"楼观沧海日，门对浙江潮"也被猜度为是在那里隐居避祸的骆宾王所写。宋之问当然也略有几分文采，像后来遭贬后写的《渡汉江》中的"岭外音书断，经冬复历春。近乡情更怯，不敢问来人"，平心而论，还算不错的。不过宋之问人品实在太差，乃是斯文败类。

年年岁岁花相似，春又来，桃花如千年前一样盛开，但人事代谢，物换星移的时间车轮又有谁能挽留？桃李春风中，把酒一杯，再读一篇希夷的诗句，为希夷一酹：

青楼挂明镜，临照不胜悲。白发今如此，人生能几时。
秋风下山路，明月上春期。叹息君恩尽，容颜不可思。

陈子昂：不怕神一样的对手，就怕猪一样的队友

所谓"一将无谋，累死千军"，现在有句话叫"不怕神一样的对手，就怕猪一样的队友"。

陈子昂是初唐和盛唐间一个桥梁式的人物，他的诗风有点"反潮流"的味道。我们知道，初唐是格律逐渐定型的时候，但陈子昂却大力地提倡汉魏时的古体诗（非格律诗），上官仪、沈佺期他们所推崇的七言诗，陈子昂更是一首也不写。

但实际上，殊途同归，格律的成熟为盛唐诗的缤纷支起了棚架，而陈子昂一扫齐梁时的浮艳诗风，力主恢复汉魏风骨，为盛唐诗的茁壮带来充足的养分。宋刘克庄在《后村诗话》中说："唐初王、杨、沈、宋擅名，然不脱齐梁之体，独陈拾遗首倡高雅冲淡之音。一扫六代之纤弱，趋于黄初、建安矣。"

所谓齐梁之体，就是指讲究音韵工整，诗句浮艳靡弱者。比如上官仪

老儿这首《咏画障》："芳晨丽日桃花浦，珠帘翠帐凤凰楼。蔡女菱歌移锦缆，燕姬春望上琼钩。新妆漏影浮轻扇，冶袖飘香入浅流。未减行雨荆台下，自比凌波洛浦游。"满篇的清词丽句，内容奢华艳冶。而陈子昂的诗，古朴刚健，有汉魏诗的风骨。

陈子昂写过三十八首《感遇诗》，很像魏晋时阮籍《咏怀》诗那样的风格，其中最常为人称道的是这一首（其二）：

> 兰若生春夏，芊蔚何青青。幽独空林色，朱蕤冒紫茎。
> 迟迟白日晚，袅袅秋风生。岁华尽摇落，芳意竟何成。

诗中写幽独空林中的香兰杜若，空自葳蕤芬芳，却不为世人所知，眼看秋风渐起，凋零摇落，潦倒无成，这其实也是陈子昂一生的写照。

陈子昂是四川射洪县人，他家境富裕，在当地算得上是豪族，父亲叫陈元敬，生得身材魁梧，豪迈倜傥，用陈子昂自己的话就是"河目海口，燕颔虎头"（《我府君有周居士文林郎陈公墓志铭》）——大嘴大眼，虎头虎脑的。受其影响，陈子昂十八岁前也是个喜欢习武行侠、饮酒赌博的浮荡子弟。不过后来有一次偶尔进了乡里的学校，看到别人读书的场景，突然觉得读书最有意思，于是发愤读书。以他的聪明才智，自然精进得很快，不久就"精穷坟典"，学有所成。

二十一岁那年，陈子昂首次来到长安城。长安城里，冠盖如云，车马辐辏。并无亲故在朝中当大官的陈子昂，在这里像蚂蚁一样，根本没有人关注。陈子昂四处投递诗文，均无人理睬。这一天，陈子昂见有一大群人

围着看一张古琴，卖琴者称是古董，要价一百万钱，很多鲜衣怒马的贵家子弟议论纷纷，生怕有假，不敢轻易出手购买。陈子昂见此情景，心下有了主意，当下取了一百万钱购下了这张琴。大家惊愕之余，都以为陈子昂是"捡漏"了，又断定这张琴一定是稀世珍宝。

陈子昂高声道："这是上古宝琴，我最擅长弹琴，想听其中绝妙之音的，明日到我所住的宣阳里（长安一个城区）来，我置下酒席与诸君共同欣赏。"这消息传开后，第二天，陈子昂所住的地方人聚得满满的，黑压压一片。陈子昂抱琴而出，高呼曰："请看此琴。"说罢高举过头，奋力往地上一摔，那张"古琴"当场碎成数段。大家惊得目瞪口呆，面面相觑，不知发生了什么事。只听陈子昂朗声说道："我是陈子昂，自蜀地来到京城，我有妙文百卷，这里是煌煌大都，竟无一人知晓。这张琴算什么，能顶得上我的文章吗？抚琴更是微末之技，我不屑为之，大家还是看我的文章吧！"于是，当下把文章分发给在场的人们，大家看过，果然是"辞采飞扬，识论高妙"，于是陈子昂一日之间，名满都城。

陈子昂这一手法，倒很像现在"商业炒作"的成功范例。比起那个北京西单图书大厦前裸奔求出书的人，陈子昂的做法更胜一筹。当然，陈子昂斥巨资买古琴，投入也不少。不过，我们可以完善此方案，如果卖古琴那人也是我们安排的"托儿"，那这个计划就更完美了，哈哈。

当然了，陈子昂的成名也是靠真本事，上面的"炒作策划"不过是个引子，如果陈子昂的诗文糟糕至极，就算能发到大家手里，还不是像小广告一样被人看过就丢到路上。

陈子昂的性格倔强暴躁，他中了进士后，被任命为右拾遗。这是一个负责给皇帝提意见的官，要是遇上唐太宗时期，说不定陈子昂能成为魏征那样的名臣。但当时是武则天当政，朝堂上乌烟瘴气，当时的名臣娄师德，是武周一朝的重臣，立下无数功劳，位居宰相之位，都要以"唾面自干"来忍耐。可陈子昂"初生牛犊不畏虎"，常常是据理直谏，所以屡屡招来奸臣小人的攻讦。

武则天万岁通天元年（696年），契丹人屡屡进犯，武则天派他的侄子武攸宜带兵征讨，陈子昂随军当参谋。武攸宜屁本事没有，不知兵机将略，却挺着肚子摆架子，这仗打得真叫一个窝囊！这厮打仗不在行，收集祥瑞之物讨武则天欢喜倒不怠慢，一次在军中发现一只白老鼠，"身如白雪，目似黄金"，于是全军上下一起捉老鼠，还让陈子昂写了个表，大吹什么"昔宋克鲜卑，苍鹅入幕，今圣威远振，白鼠投营"，然而一仗下来，输得极惨，先锋官王孝杰坠谷而死，唐军兵败如山倒。

所谓"一将无谋，累死千军"，现在有句话叫"不怕神一样的对手，就怕猪一样的队友"，队友无能，都拖累得没法，何况是猪一样的统帅。陈子昂看不过去，请求让他率一万人独自为前锋，保证可以击溃敌人，但武攸宜摆手不允。后来陈子昂又多次指出武攸宜指挥失当的错误，武攸宜不但不虚心接受，反而恼羞成怒，把陈子昂降为军曹。现在有俗语教人做奴才："如果领导不认错，他就没有错；他不认错，我还坚持他有错，好坏都是我的错。"陈子昂要是这样，那就会又多了一个宋之问。

当然，自有风骨的陈子昂不会这样，此时的陈子昂，满怀郁闷之情，登上蓟北城楼，想起战国时期燕昭王爱惜人才的种种事迹：燕昭王专门修筑了一座高台，用以招徕天下贤士。台上放置了几千两黄金，作为赠送给贤士的见面礼，这就是让后代才士梦中都羡慕的"黄金台"。如今，像燕昭王那样的明君哪里去了呢？陈子昂百感交集，将胸中志气全都倾诉在这首

《登幽州台歌》中：

前不见古人，后不见来者。念天地之悠悠，独怆然而涕下。

这首诗意境广袤无垠，浩渺悠远。千年来怀古伤今之情，于此篇可谓尽矣。如今，我们在黄昏时分登上一座古老的城楼，望着那辽阔无垠的苍茫大地，都不禁浮出陈子昂这一名句"前不见古人，后不见来者"。什么"白发渔樵江渚上，惯看秋月春风"，什么"斜阳草树，寻常巷陌，人道寄奴曾住"，都不如陈子昂这两句更为醒豁、质朴。

通过北方前线的征战，陈子昂更加认识到武氏家族的愚蠢无能，也彻底得罪了武氏一族，成为武家人眼中钉、肉中刺，必除之而后快。

不久，陈子昂因父亲去世，回乡丁忧（古时官员的父母死去，必须停职回乡守丧）。父亲病重去世，生性至孝的陈子昂悲恸欲绝，他本来身体就不好，经过这一场打击，病得拄杖也难以行走。

而就在这时，趁你病，要你命！权臣武承嗣指使射洪县令段简罗织罪名，要抓捕陈子昂，为了免祸，陈家人给段简送去二十万钱，但姓段的狗官丝毫不讲情面，当时陈子昂病重难行，捕吏们就用板车拉了他押到县衙里，关进狱中，并借机霸占了陈子昂富裕丰足的家产。旧时有句话叫"破家的县令，灭门的刺史"。虽然陈子昂是才气高卓的大诗人，但遇上这姓段的狗官，却也没有什么办法。这狗官为了杜绝后患，竟下了毒手，暗中把陈子昂害死在狱中。可怜陈子昂当时只有四十一岁，正当英年！四十一岁的陈子昂，就这样悲惨地死在了黑牢！

陈子昂《感遇》诗中第二十三首，好像提前写出了他自己的境遇：

翡翠巢南海，雄雌珠树林。何知美人意，骄爱比黄金。

杀身炎州里，委羽玉堂阴。旖旎光首饰，葳蕤烂锦衾。

岂不在遐远，虞罗忽见寻。多材信为累，叹息此珍禽。

这里写羽毛艳丽的翡翠鸟，被人们四处捕杀，只是为了装饰美人头上的首饰和内室中的锦被。陈子昂要不是有出众的才华，只是安心地在四川当一个土财主，结交一下当地的权贵，何至于身丧囹圄？

所以元代辛文房的《唐才子传》中说："呜呼！古来材大，或难为用。象以有齿，卒焚其身。信哉，子昂之谓欤！"

然而，陈子昂开拓了唐诗中的昂扬之气，白居易赞道："杜甫陈子昂，才名括天地。"韩愈称赞他："国朝盛文章，子昂始高蹈。"受其影响，张九龄也写了以《感遇》为题的诗篇，李白的很多古风也汲取了陈子昂的风格，正如元好问诗中所写：

沈宋横驰翰墨场，风流初不废齐梁。

论功若准平吴例，合著黄金铸子昂。①

---

① 元好问此诗是说初唐时沈佺期和宋之问等还在延续齐梁风气，而陈子昂一举扭转这些萎靡诗风，其功绩和平定吴国的范蠡相当，也应该用黄金为他铸一座像啊！

上官婉儿：我也渴望有人哄，有人宠

生时，让激情绽放艳如夏花；死时，让鲜血染红满地秋叶。她得到过，辉煌过，经历过，于是，当冰冷的刀锋劈进她的身体时，她依然要说——"不悔"。

本书中的才子，是广义的，才女一样是要列入书中的。唐代才女中，上官婉儿这个名字应该是有一席之地的。她不仅诗作气度不凡，不让须眉，而且曾像神话中的文魁星一样掌管着天下文宗。当年，她登上高高的彩楼，奉诏评诗，天下才士的文章全都归她评点衡量。沈佺期和宋之问这样的人也不得不恭恭敬敬地献上诗去，然后乖乖地站在下面等待她的评判。

另外，在政治舞台上，上官婉儿堪称"两朝兼美，一日万机，顾问不遗，应接如意"，她在一定程度上影响了大唐的最高权力中枢，以至于现在有人将她称为"巾帼首相"。

然而，上官婉儿的诗作在《全唐诗》中虽然存有三十二首之多，但多数是一些应制诗，真正表现她自己个人情怀的却非常少。这也难怪，她一生都在险恶的政治旋涡边徘徊，相当于在高空中的钢丝上舞蹈。因此，她是那样的谨小慎微，如履薄冰，所以在她的诗作中，也是小心翼翼地藏起个人的感情，写出那一篇篇四平八稳、无可挑剔的应制诗，这世态人情，婉儿早早就懂得了。

彩书怨

叶下洞庭初，思君万里余。露浓香被冷，月落锦屏虚。

欲奏江南曲，贪封蓟北书。书中无别意，唯怅久离居。

梁羽生的小说《女帝奇英传》中，少女时代的上官婉儿一出场念的就是这首《彩书怨》。历史上传说当时十四岁的上官婉儿就是因这首诗引起了武则天的注意。想想也有些道理，上官婉儿现存的诗作中，以这一首最具真情。而婉儿其他的诗作，几乎是清一色的应制诗或者是"关系诗"。应制诗是应皇帝之命而作的，所谓"关系诗"是为了讨好某些人而作的。就像酒席宴上一定要向掌管着你职位升降、工资多少的人敬酒一样，说来也是一种应酬。

我们知道上官婉儿的祖父是上官仪，因鼓动高宗皇帝废武后而被杀。唐朝时，官员如果犯重罪，成年男人被处斩，家中女眷一般被没入宫中为奴婢。当时上官婉儿还是个小小婴儿，就随着母亲郑氏一起被没入宫中的掖庭，那是个专门让受罚宫人干粗活儿的地方。

娘俩在艰苦的日子里慢慢熬，上官婉儿秉承了祖父上官仪的基因，另外其母郑氏也是个知书通文的人，于是十四年后，婉儿不但出落成了一个如花美少女，而且还是个颇富文采的才女。这一首《彩书怨》，满篇写的都是怨妇离情，有人猜测说是写给当时的皇子李贤的，并给上官婉儿安排出一段爱情剧本。但这种情况发生的可能性极小，当时被罚没到掖庭的婉儿恐怕很难有机会能见到皇子李贤，即使能见到也不会接触太多，也许上官婉儿自己暗恋这个仪容俊秀的皇子，但是李贤恐怕不会对她有太深的印象，至于他们之间发生点什么事就更不可能了。

所以嘛，这首《彩书怨》，十有八九是婉儿模仿古时那些相思别离之诗而拟作的。当时婉儿尚且"小姑居处独无郎"，根本没有陪伴她的男人。然而，也不能说婉儿此诗就完全是无病呻吟，当时的婉儿已是十四岁了，虽然这个年龄现在的女孩还在上初中，但在唐代，已是谈婚论嫁的年纪。婉儿在宫中为婢，根本没有权利去选婿择夫，念及于此，婉儿自然会觉得古诗里离妇的哀怨和她的心情也是有相通之处的。

从艺术性上来讲，婉儿这首五律写得还是相当不错的，此诗看起来比较平常，但也是用了不少典故的。第一句"叶下洞庭初"，似乎是泛泛而论，其实出自屈原《九歌》中的句子："嫋嫋兮秋风，洞庭波兮木叶下"，此句既暗用古人典故，又营造出一种萧瑟惆怅的氛围，也是非常成功的。"露浓香被冷，月落锦屏虚"，这一联尤为巧妙，天寒露正浓，虽有香被，无人共寝，未免身寒心更寒；月落天将晓，锦屏华屋，空虚无人，自是室虚梦亦虚。

我们接着看——"欲奏江南曲"，对于《江南曲》，大家可能并不陌生，就是那首："江南可采莲，莲叶何田田。鱼戏莲叶间。鱼戏莲叶东，鱼戏莲叶西……"古人常把男欢女爱称作"鱼水之欢"，这首民歌在语文课本上出现时，虽然老师不那样讲，但应该承认，民歌本来是有这么个意思在其中的。这里婉儿在诗中说，她想奏一曲比喻男女欢好的《江南曲》，于是匆匆地写了一封寄往蓟北（蓟北，即河北北部，在唐代是边境，出征的男人多在此）的书信。"江南曲"和"蓟北书"对仗相当工整巧妙。这蓟北书的内容，不用说大家也知道啦，就是盼他回来和自己"鱼戏莲叶东，鱼戏莲叶西"呗。

诗中最后一句，又将信中的内容点出来，"书中无别意，唯怅久离居"——书信中的意思，只是表达自己离居已久的惆怅心情而已。当然，要按后世的眼光，没有这句，不点出来反而更含蓄有味，但这也是初唐时的特色，初唐及以前的诗句，往往说得比较"透彻"直白。

总体说来，这首诗写得是相当不错的。钟惺《名媛诗归》卷九中说："能得如此一气清老，便不必奇思佳句矣！"对此诗倍加夸奖，明朝谢榛在《四溟诗话》中夸得更高："杨升庵（杨慎）所选《五言律祖》六卷，独此一篇平妥匀净，颇异六朝气格。"——婉儿这首诗成了这本五律集中最佳的诗作了，可见十四岁的婉儿此时的功力就绝非一般了。怪不得当时武后看了之后，也惊叹她的才华，命她掌管玉玺，草拟诏书，并且"百司表奏，多令参决"，成为武则天的"贴身秘书"。

然而，武则天是何等人物，婉儿生活在她的威仪之下，整天也是胆战心惊的。武则天称帝后，婉儿虽是宫中才人，但武则天是女皇帝，她这个才人当得有名无实。武则天自己广选美少年入宫来侍候，却根本没有想过为婉儿找个夫婿什么的。在武则天心中，只是视她为自己身边的一把"总钥匙"罢了。此时的婉儿，肯定实实在在地感受到了"露浓香被冷，月落锦屏虚"的滋味。

如花的青春岁月，却是如此的寂寞难耐。当时宫里已经有了二张兄弟，要说二张也是经过全国选美挑出来的"超级男生"，自然也算是极品帅哥。婉儿也是有情有欲的女儿身，有次不免贪看了张昌宗几眼，不料被武则天

瞧见。武则天盛怒之下，扔了一只玉簪刺破了她的额头，差点完全毁容。对此，婉儿当然是不敢怒也不敢言。从此，婉儿眉间落下了个伤疤，聪明的婉儿就剪了个花瓣贴住。后来这反而成为宫中的一种时髦打扮，宫妃们眉间没有伤痕，也照样贴上个花。其实，这正像婉儿一生的写照，她的一生总是被伤害，但她却默默地忍受，用表面上的鲜艳明媚来掩盖内心的疮疤。

终于熬到了神龙元年（705年），这一年，让天下人无不胆战心惊的女皇武则天终于病倒在床，再也无法处理政事。她像一棵被白蚁蛀空的老树，再也没有了当年那旺盛过人的精力。大臣们趁机拥立中宗复辟。一向夹着尾巴做人，不敢多说一句话，不敢多行一步路的婉儿终于迎来了好时机。

许多年来，婉儿一直陪伴在武则天的身边，虽未蒙亲授，但整日里耳濡目染，对政治上那些夺权争锋的把戏，以婉儿的聪明恐怕早已学了个八九不离十。

武则天在世时，给婉儿一百个胆子，她也不敢在女皇面前耍花枪。但现在武则天一死，对于少说也有上百个心眼的婉儿来说，对付面团一样怎么捏都成的中宗李显，以及野心大、才智少的韦后，简直就是牛刀小试，轻松得很。

或许当年的婉儿曾经是个纯真的少女，但此时已经是四十多岁的婉儿，早已是个充满欲望的女人。她压抑太久，权力和男人，她都想要。当然，她明白，相比起来，更喜爱的是权力。

于是，她请求在宫外私立宅第，中宗竟也点头同意。婉儿在宫外盖了一座豪宅，其母郑氏也被封为沛国夫人，荣华无限。据说婉儿出生前，其母郑氏曾梦见一个神人给她一杆非常大的秤，并说"持此秤量天下"，郑氏以为肯定要生个男孩儿，岂料却是婉儿这个小丫头片子。郑氏不禁好生失望，抱着襁褓中的婉儿刮她的鼻子说："称量天下的就是你这个小东西？"襁褓中的小婉儿居然咿咿呀呀仿佛回答："是。"到了这时候，婉儿才终于让她妈妈明白了神人的话绝非虚言。

婉儿手中有权，可以翻云覆雨，自然就有朝臣们来行贿，进行权力寻租。对于钱，婉儿来者不拒，并且明码标价，花三十万钱就可以当官，就算你是杀猪卖肉的，甚至奴婢下人，只要交了钱就有官做，哪怕是一无学历二无才干。当时称之为"斜封官"。于是当时官员暴增，达数千人之多。

其中，也不乏对婉儿进行"性贿赂"的，最有名的就是崔湜。崔湜其人，长得倒也非常帅，也很有才学，但人品却不怎么样，他在政治上见风使舵，哪派强他就依附谁。崔湜不但自己"卖身"，而且全家总动员，让自己的妻子和女儿也到宫中和太子勾搭。有人讥讽崔湜说："托庸才于主第，进艳妇于春宫。"说来婉儿对崔湜还是挺有情意的，绝对是投桃报李，让男人有付出就有回报。上官婉儿在中宗耳边一美言，于是崔湜的官职就像火箭般迅速蹿升，直到相位，看来唐朝时这"潜规则"也挺厉害的。

此时的婉儿，正沉醉在金钱和男色的享受中，从武则天时代的阴霾中走出来，终于等到了阳光，她当然想一直这样"灿烂"下去。

婉儿此时的心情恐怕就像我们现在这首歌中唱的："我终于看到，所有梦想都开花；追逐的年轻歌声多嘹亮，我终于翱翔，用心凝望不害怕，哪里会有风就飞多远吧……"然而，她丝毫没有察觉危险就在眼前，她的生命已经只剩下几个月了，几个月后，她血溅于地，惨死在刀下。

公元710年，老好人中宗暴死，史书上一般都认定是韦后和安乐公主毒杀。我却总是怀疑，因为当时中宗已五十五岁，唐朝皇帝有家族遗传病，

到了这个年纪，多数有中风之类的疾病。中宗如果是突发脑出血之类的疾病导致死亡也很正常。总之，中宗死得很是突然，这就给了李隆基一个最好的借口——韦后和安乐公主毒杀中宗！

李隆基发动兵变，杀死了韦后、安乐公主，上官婉儿拿出一份伪造的中宗遗诏，为自己辩解，想靠自己的聪明再逃过一劫。然而，她和韦后一伙走得太近了，宫廷争斗，残酷无比，没有人敢说自己永远是赢家。这一次，她失败了，无情的刀剑砍了下去，鲜血溅满了宫前的台阶，一代才女就此香消玉殒。

而此时，当初千方百计给婉儿献媚，多次在床上和婉儿缠绵过的崔湜，却又一头钻到太平公主的裙下。婉儿死后，他躲得远远的，生怕沾上边，更不用说给婉儿料理后事了。后来还是张说比较仗义，给婉儿收尸厚葬。李隆基对于婉儿的才情也是钦佩有加的，只是形势所迫，才不得不杀婉儿。事后他下旨让张说整理了婉儿的文集，于是张说在婉儿集子上作序说：

"敏识聆听，探微镜理，开卷海纳，宛若前闻，摇笔云飞，成同宿构。古者有女史记功书过，复有女尚书决事言阀，昭容两朝兼美，一日万机，顾问不遗，应接如意，虽汉称班媛，晋誉左媪，文章之道不殊，辅佐之功则异。"

这里将婉儿和历史上的才女如班昭等做了对比，并说婉儿才学上不弱于古之才女，而在参政方面还强似她们，言下颇有称许之意。看来当时的人也并没有因婉儿身为女人而参与政事对其进行"批判"。

说来婉儿虽然在滥封官方面有诸多不光彩的地方，但婉儿对于当时的诗歌文化却起了相当好的推动作用。正如《新唐书》中所说："婉儿劝帝侈大书馆，增学士员，引大臣名儒充选。数赐宴赋诗，群臣赓和，婉儿常代帝及后、长宁安乐二主，众篇并作，而采丽益新。又差第群臣所赋，赐金爵，故朝廷靡然成风。当时属辞者，大抵虽浮靡，然所得皆有可观，婉儿力也。"

所以，有唐一代的文人，提起婉儿的名字，都是相当崇敬。我们看中唐诗人吕温，在百年之后还写了一首诗叫《上官昭容书楼歌》，其中说道："汉家婕妤唐昭容，工诗能赋千载同。自言才艺是天真，不服丈夫胜妇人……"

诗中对婉儿极力地夸赞：像什么"玉楼宝架中天居，缄奇秘异万卷余。水精编帙绿钿轴，云母捣纸黄金书"——居住玉楼中，拥有秘籍奇书万卷，这些书全部是人间罕见的精装本，水精装订，绿钿做轴，云母当纸，黄金印字。将婉儿说得高贵典雅、气质如仙。后面更是直呼婉儿为神仙："神仙杳何许，遗逸满人间"。诗人最后说从旧书摊上买了一本书，上面尚有婉儿的题诗，于是惆怅叹息不已——"昭容题处犹分明，令人惆怅难为情"，此时婉儿离开人世已有了上百年，可婉儿在后人的心中还是那样的令人倾慕神往。

婉儿这一生，始终周旋于最高的权力中心，她一生都在政治的刀尖上舞蹈，像是穿上了施着魔法的红舞鞋，她停不下来了。权力给了她荣光，给了她金宝，给了她豪宅，但她却无法摆脱被政治旋涡吞没的宿命。

有时我曾想，如果婉儿不弄权，把所有的才华都放在写诗和文章上，那该多好！然而，也许婉儿并不这么想，初唐时的女子们都不这样想。她或许觉得与其悲悲切切地在萧条冷宫中作些断肠诗句，那还不如这样：生时，让激情绽放艳如夏花；死时，让鲜血染红满地秋叶。她得到过，辉煌过，经历过，于是，当冰冷的刀锋劈进她的身体时，她依然要说——"不悔"。

贺知章：一个滑稽又可爱的老头儿

如果我能穿越到唐朝，真想拉起贺老的手，一起去酒楼，大醉一场，那有多好！

贺知章是唐朝诗人中一个很有意思的人物。在杜甫的《饮中八仙歌》中第一个上场的就是贺知章。贺知章比杜甫要大五十三岁，差不多是杜甫的爷爷辈，比同为"饮中八仙"的李白等人也要大四十多岁。

看杜甫的《饮中八仙歌》中对贺老的描绘："知章骑马似乘船，眼花落井水底眠。"落井后还能睡觉？这恐怕是一种调侃的说法吧。从杜诗中我们能感觉到，贺知章是个十分滑稽可亲的老头儿，倒和老顽童周伯通有几分相似。

贺老中进士时已经三十六岁，等到李白等这些后辈成长起来后，贺老年纪已经比较大了。但难得的是，贺老在后辈面前却一点也没有什么架子。天宝元年（742年），当时李白四十来岁，无官无职，也还没有什么大名气，而贺老已经八十多岁，更是拥有"太子宾客、银青光禄大夫兼正授秘书监"等一大堆头衔的"知名学者"和"学术权威"。

但是童心未泯的贺老，一见到李白的模样，就"奇其姿"，想那李白喜爱"侠酒诗仙"，颇有些仙风道骨、潇洒出尘的气度，狂放的贺老最喜欢这样的人了，就让李白拿出文章来看看。

李白先拿出他的《乌栖曲》让贺知章看（《乌栖曲》原诗：姑苏台上乌栖时，吴王宫里醉西施。吴歌楚舞欢未毕，青山欲衔半边日。银箭金壶漏水多，起看秋月坠江波。东方渐高奈乐何！）。说实话，这诗应该还没有体现出李白的最高水平和独有风格，但贺老"叹赏苦吟"，说"此诗可以泣鬼神矣"，对李白的赞许是毫不含啬的。

后来李白又拿出《蜀道难》给贺老看，贺老居然"读未竟，称赏者数四"，也就是说没看完，就夸奖了好几遍，由此也可以看出贺老是个性急直爽的人。贺老看完后，更把李白赞为"谪仙人"。李白被称为"诗仙"，后人皆知，但贺老在李白未成名时就独具慧眼，看出李白的才华和潜质，眼光独到，确实不凡。

贺老高兴之余，当场就拉着李白的手去喝酒，可以想象当时贺老肯定问李白"喝酒不喝"？李白自然万分兴奋，答："当然喝，为什么不喝？晚辈朝也喝，晚也喝，睡梦中也喝。"于是二人大笑，一老一少，飞奔向酒楼。可能贺老也是太高兴了，到了酒楼喝起酒来，才想起忘了带酒钱，也可能贺老一高兴把钱包掉啦，哈哈。

看来当时人家唐朝的社会风气就是好哇，按说贺老，堂堂三品大员，吃顿饭签个字也不算什么吧。像如今有些地方，九品也算不上的小科长主任都能签字赊账，从不含糊。但当时是不兴这个呀，于是贺老当场就毫不

犹豫地解下所佩的金龟来付账。说来这金龟也不是寻常之物，只有三品以上的大官才有资格佩戴，那是一种荣誉的象征（武则天一朝改佩金龟，原来是金鱼，叫赐金鱼袋）。但贺老一点也不在乎，以之换酒，成为千古佳话。李白后来回忆道："太子宾客贺公于长安紫极宫一见余，呼余为'谪仙人'，因解金龟换酒为乐。怅然有怀，而作是诗。"

其一

四明有狂客，风流贺季真。长安一相见，呼我谪仙人。

昔好杯中物，今为松下尘。金龟换酒处，却忆泪沾巾。

这时候贺老已经去世了，李白思之，不胜感伤。

贺老这一"金龟换酒"成为千古佳话，后人也纷纷模仿，李白就说："五花马，千金裘，呼儿将出换美酒"；女侠秋瑾也唱："不惜千金买宝刀，貂裘换酒也堪豪"；就是八旗子弟敦诚（只是因为他和曹雪芹有点关系，才沾光让大家知道有他这么一个人儿）也来个什么《佩刀质酒歌》，还写了一篇序说什么"秋晓遇雪芹于槐园，风雨淋涔，朝寒袭袂。时主人未出，雪芹酒渴如狂。余因解佩刀沽酒而饮之。雪芹欢甚，作长歌以谢余，余亦作此答之"。开头就说："我闻贺鉴湖，不惜金龟掷酒垆"，好像这酒不是换来的喝得就不风雅。

其实说实话，贺老"金龟换酒"也有几分作秀的嫌疑。贺老身为三品大员，第一，如果签字赊账，恐怕酒家必然依从。不见《水浒传》中鲁智深做提辖时，还丢下句"主人家，酒钱明日送来还你"就走了。（智深"明日"就打死镇关西跑路了，估计这酒钱十有八九没还。）以贺老的身份地位，这个酒钱肯定好说。第二，就让酒店里派个小伙计去贺老府上取钱，也不是难事。第三，贺老丢下金龟，并非不要了，想必回头有了钱后，必然赎回金龟，不在话下。

当然，像敦诚那个"解佩刀沽酒"更是十足的作秀，我不信敦诚穷成那样，非要卖刀才有钱喝酒，无非附庸风雅罢了。

贺老对待李白这个不出名的后辈是十分真诚感人的，有没有像周伯通和郭靖一样和李白拜了把子，这个我就不得而知了。但成为忘年之交是无疑的。说来好多成名的"学术前辈"有这种气量的并不多见。好多人端着老前辈的架子，对于后辈总是居高临下，很难有真诚的交流。

贺老号称"四明狂客"，狂放真挚中带着几许童心。据说贺知章，常与张旭出入民间，见有好墙壁或屏障，一时兴发，即随手挥毫题字。这张旭有"张颠"之称，也是个惊世骇俗的人。说来这两个人的做法，倒和现在涂鸦的顽童相似。这里大胆猜想一番，贺老幼时肯定也有此举动，但为大人叱骂，现在有了身份地位啦，却童心未泯，大大地痛快一回。

贺老那首著名的《回乡偶书》中，有"儿童相见不相识，笑问客从何处来"之句，说来也只有贺老能道此语。试想，以贺老之老顽童的性格，回乡后肯定也逗村中小儿，于是小儿才"笑问客从何处来"。如果贺老前呼后拥，鸣锣开道，小儿们恐怕早吓得躲在路边，哪里有机会笑问他"客从何处来"？贺老的童心童趣可见一斑。怪不得贺老得享八十六的高寿，这在唐代是极少见的。

贺老生性旷达，谈吐诙谐，为人所尊重并乐与交往。其姑表兄弟工部尚书陆象先曾说："一日不见，则鄙吝生矣。"看来贺知章是个很让人容易

接近的人。贺知章一生官运还不错，在他要求退休时，玄宗皇帝御制《送贺知章归四明》诗赠行，朝臣应制和诗者三十六人，太子以下百官饯行送别。可谓荣华至极。

可惜贺老传下来的诗并不多，《全唐诗》仅存其诗十九首。但贺老的知名度是很高的，因为贺老的《咏柳》《回乡偶书》等都是中小学课本中选入的诗作。这里选贺老的另一首《题袁氏别业》，我们一起欣赏一下：

主人不相识，偶坐为林泉。莫谩愁沽酒，囊中自有钱。

这首诗中贺老的豪爽、天真透纸可见，贺老不认识人家主人，但看着这个"袁氏"的园子里的风景好，就进去坐下赏玩。贺老说不认识不打紧，大家喝回酒不就认识了吗，我钱包里有钱，我请客。哈哈，真是豪爽之人呀！

如果我能穿越到唐朝，真想拉起贺老的手，一起去酒楼，大醉一场，那有多好！就是不知贺老肯不肯哪？我想贺老一定肯，贺老这样豪爽之人，怎么会不肯呢？

张若虚：难忘今宵，不论天涯与海角

正像闻一多先生说过的那样，"在这种诗面前，一切的赞叹是饶舌，几乎是亵渎"。

张若虚，人如其名。当真是"深藏若虚"（《史记·老庄申韩列传》："吾闻之，良贾深藏若虚"）。张若虚一生十分低调，不喜欢炒作自己。说起古人炒作起自己来一点也不比现代人逊色。前面已说过陈子昂摔琴成名的事情，后来学子们为了成名，纷纷拜谒贵人，有把自己的文章做成一个巨大的卷轴，号称"金刚杵"的，也有在自己的文章中夹上一篇小说传奇的，种种手段五花八门，千奇百怪。

但张若虚是比较淡泊的人，所以历史上他的事迹我们所知的也很少。只知道他是扬州人（扬州真是文化名人辈出的地方啊），与贺知章、张旭、包融齐名，称为"吴中四士"。想那贺、张等都是嗜酒如狂的人，张若虚既和他们齐名，想必也是好酒量。但张若虚一生既不图名，也不图利。乃是个真正淡泊于世事的人，既没有像贺知章那样做了朝中大官，也没有像张旭那样在当时就声名鹊起。据记载张若虚只是当过"兖州兵曹"，像这样的芝麻小官其实就只相当于现在的低级公务员一样，顶多算有个"干部"身份而已。

虽然张若虚无官无职，诗也只传下来两篇，但仅凭《春江花月夜》这一首诗，就可以让后世人佩服得五体投地，无可争议地将张若虚纳入才子的行列。当然张若虚的另一首诗虽然不如《春江花月夜》有名，但也是一篇很不错的诗，我们不妨看一下这首《代答闺梦还》：

关塞年华早，楼台别望连。试衫着暖气，开镜觅春晖。
燕入窥罗幕，蜂来上画衣。情催桃李艳，心寄管弦飞。
妆洗朝相待，风花暝不归。梦魂何处入，寂寂掩重扉。

当然《春江花月夜》这首诗写得实在太好了，所以上面这首诗像明月边的星星，其光芒被掩盖了。春江花月夜，这五个字本身就是美不胜收，而张若虚这首诗更透着恬静、空旷、高远、空灵、宛转、幽美。春江、落花、明月、夜色，仿佛是一曲优美的小夜曲。当真如闻一多先生称赞的那样，是"诗中的诗，顶峰上的顶峰"，确实并非过誉之词。

这首诗对后世的影响也特别大，像《红楼梦》中的《秋窗风雨夕》就完全是效仿。我们来看一下，曹雪芹代林黛玉写的这首《秋窗风雨夕》：

秋花惨淡秋草黄，耿耿秋灯秋夜长。
已觉秋窗秋不尽，那堪风雨助凄凉。

助秋风雨来何速，惊破秋窗秋梦续。

抱得秋情不忍眠，自问秋屏移泪烛。

泪烛摇摇爇短檠，牵愁照恨动离情。

谁家秋院无风入，何处秋窗无雨声？

罗衾不耐秋风力，残漏声催秋雨急。

连宵脉脉复飕飕，灯前似伴离人泣。

寒烟小院转萧条，疏竹虚窗时滴沥。

不知风雨几时休，已教泪洒窗纱湿。

这首诗从诗句和风格上都模仿了《春江花月夜》，本来林妹妹这首诗也是非常不错的，但如果非要和原作《春江花月夜》评一个高下的话，还是觉得《春江花月夜》更胜一筹。

这里并非刻意贬低林妹妹。张诗共有三十六句，林妹妹的才二十句，在篇幅上少了近一半，内容当然也就单调了一些，只是一贯地"秋风秋雨愁煞人"的感叹，远不如张诗气象广阔，胸怀博大。

当然林妹妹是闺中小姐，不可能有那样的经历和体会，但《春江花月夜》中的意境显得千古独步，不同凡响，胸襟远胜于前人。林妹妹的那种哭哭啼啼的，人家好多别的才女如聂胜琼等也会："枕边泪共窗前雨，隔个窗儿滴到明！"

我们再来看看《春江花月夜》这首诗，虽然这首诗的美是我根本无力用笔墨来形容的，正像闻一多先生说过的那样，"在这种诗面前，一切的赞叹是饶舌，几乎是亵渎"。但在这里还是忍不住胡乱赞叹了一番，罪过罪过：

春江潮水连海平，海上明月共潮生。滟滟随波千万里，何处春江无月明。

江流宛转绕芳甸，月照花林皆似霰。空里流霜不觉飞，汀上白沙看不见。

江天一色无纤尘，皎皎空中孤月轮。

这几句写春江月夜景色，绘出一个十分真切自然的春江画面，于是下面很自然地转到思古幽情：

江畔何人初见月？江月何年初照人？人生代代无穷已，江月年年只相似。

不知江月待何人，但见长江送流水。

这几句气象开阔，尤其是"江畔何人初见月？江月何年初照人"这一句，和以前那些只是哀鸣"人生如梦"的句子大不一样，而且思接千古，悠远绵长，所以后来李白也在他的《把酒问月》中借用为："今人不见古时月，今月曾经照古人。古人今人若流水，共看明月皆如此。"

张若虚此诗中也有离愁别恨：

白云一片去悠悠，青枫浦上不胜愁。谁家今夜扁舟子？何处相思明月楼？

可怜楼上月徘徊，应照离人妆镜台。玉户帘中卷不去，捣衣砧上拂还来。

此时相望不相闻，愿逐月华流照君。鸿雁长飞光不度，鱼龙潜跃水成文。

昨夜闲潭梦落花，可怜春半不还家。江水流春去欲尽，江潭落月复西斜。

但是，这种离愁是"小别"，"胜新婚"的那一天并不遥远。这种离愁，不是那种"少妇城南欲断肠，征人蓟北空回首"式的生离死别，这种离别应该是短暂的。诗句最后是：

斜月沉沉藏海雾，碣石潇湘无限路。不知乘月几人归，落月摇情满江树。

这不，在这美丽的春江画卷中，已经有人乘着月色回家，等待归人和思妇的将是美好和甜蜜吧。古时没有电话，也不能发短信，思妇应该是在喜出望外中迎来归人，这种氛围和春、江、花、月、夜这几个字是多么的和谐。在这里我们也感受到大唐盛世时的祥和安乐。虽然《春江花月夜》这个诗题并非张若虚首创，在之前也有诗人写过，但将《春江花月夜》写到极致，以至于后人只有仰望的份儿的，只有张若虚！

张若虚凭此诗"孤篇横绝，竟为大家"一点不为过，像乾隆那厮，写了四万首诗，又有何用？

盛
唐
篇

张旭：行为艺术哪家强

张旭一般是狂呼高叫，边舞边写，想来张旭吼的声音恐怕和现代的李小龙差不多。

张颠是张旭的外号，从外号就知道张旭是个什么样的人啦！张旭既然和贺知章同为"饮中八仙"，又与贺老、张若虚等同称为"吴中四士"，想来也是个豪爽狂放的人。唐朝诗人李颀有首诗叫作《赠张旭》，淋漓尽致地描绘出了张旭卓然不俗的风采：

张公性嗜酒，豁达无所营。皓首穷草隶，时称太湖精。

露顶据胡床，长叫三五声。兴来洒素壁，挥笔如流星。

下舍风萧条，寒草满户庭。问家何所有，生事如浮萍。

左手持蟹螯，右手执丹经。瞪目视霄汉，不知醉与醒。

诸宾且方坐，旭日临东城。荷叶裹江鱼，白瓯贮香粳。

微禄心不屑，放神于八纮。时人不识者，即是安期生。

此诗中描绘的张旭潇洒处事，深得老庄之说的妙味。窃以为读此诗可代《汉书》下酒（《汉书》那种看起来味同嚼蜡的东西，有什么好下酒的？）。从此诗中可以看出，张旭嗜酒如狂，对于那些功名利禄，鸡虫得失，根本不屑一顾。

所谓"微禄心不屑，放神于八纮"，可想而知，张旭对于什么职场技巧、经营管理啦之类的东东是不会留意的。张旭醉心研究的只是他的书法艺术，据说张旭见"公主担夫争道而得其意，又观公孙氏舞剑器而得其神"。看来张旭研究书法的境界已达到了相当厉害的高度，韩愈在《送高闲上人序》中说及张旭书法时谓：

往时张旭善草书，不治他技……必于草书焉发之。观于物，见山水崖谷，鸟兽鱼虫，草木之花实，日月列星，风雨水火，雷霆霹雳，歌舞战斗，天地事物之变可喜可愕，一寓于书。故旭之书，变动犹鬼神，不可端倪，以此终其身而名后世。

也就是说张旭观察世间万物时，看见山川崖谷、鸟兽虫鱼、草木开花结果、日月群星、风雨水火、雷霆闪电、歌舞战斗，自然界事物的运动变化，凡是能够使人感奋、使人惊异的，都倾注到书法里了。

因此张旭的草书变化万端，如鬼斧神工，高深莫测。据有些朋友说看古文比看英文还难，可见一斑。看来张旭师造化，悟自然，恐怕早达到了"草木竹石皆可为剑"的程度。

说来张旭所观的"公主担夫争道"这一件事儿，好像很多人读起来也有不少的异议。从字面上看，似乎是有个公主和挑担子的农夫抢路呢，就像《天龙八部》里风波恶和挑粪的农夫在独木桥上抢路一样，后来想想，这事好像不大现实。堂堂公主怎么会和农夫抢路，农夫又怎么敢和公主抢路？

　　但看后来也是书法家的黄庭坚的注解是，"公主担夫争道，其手足肩背皆有不齐，而舆未尝不正"。这"舆"字可以做轿子来讲，看来又似乎是说，给公主抬轿的轿夫的技术高超，即使急匆匆地赶路，手足肩背都歪歪斜斜，但还能保证公主的轿子始终平稳，绝对不能像《红高粱》中唱着"颠轿歌"那样颠轿子。这是用来比喻，写字的时候笔画纵然东倒西歪，但章法俨然，全局重心并未走形。

　　再有一种理解是，公主的担夫们在一起争道而行，虽然拥挤，但井然有序，互不相犯，体现了书法艺术中"宽可走马，密不容针"的艺术特色，在密不容针的紧凑的字里行间中错落有致，不冲不犯。以上三种猜测，大概是第二种解释最为说得过去吧。

　　张旭性情豁达，不拘小节。所以上面的诗谓他是："时称太湖精"，"左手持蟹螯，右手执丹经。瞪目视霄汉，不知醉与醒"。活脱脱是个飘然出世的人物，所以李颀用"安期生"来比喻张旭。这安期生也是一个有名的隐士，据说曾为项羽献策，项羽让他做官他不做，流落到东海桃花岛隐居了。（呵呵，东邪黄药师在桃花岛上不知道有没有找到安期生著的什么武功秘籍呢？）

高适也有一首诗写张旭：

世上谩相识，此翁殊不然。兴来书自圣，醉后语尤颠。

白发老闲事，青云在目前。床头一壶酒，能更几回眠。

张旭当时受皇上器重，升了官了，所谓"青云在目前"，这是多少人梦寐以求的事情呀。但张旭却并不十分高兴，张旭在乎的是不能像以前那样床头上放一壶酒，想什么时候喝就什么时候喝，想什么时候醒就什么时候醒了。

据说张旭也和贺知章一样得享高寿，有人专门做过张旭生卒年的考证。张旭最为精彩的是他的草书，杜甫的《饮中八仙歌》云："张旭三杯草圣传，脱帽露顶王公前，挥毫落纸如云烟。"这个大家都知道。张旭做草书时，必要先喝得半醉，然后才得癫狂之态。就好像武松打醉拳一般，没有酒，不来劲儿。大家知道，好多艺术家都是半疯的，像凡·高什么的，按精神科的医学诊断，十足的精神病患者。

张旭这个做法相比凡·高什么的倒是健康多了，只是喝点酒嘛，又不是服摇头丸，但疯癫狂放之态却神韵全出。张旭一般是狂呼高叫，边舞边写，想来张旭吼的声音恐怕和现代的李小龙差不多。

另外，张旭还有一"绝活"，就是可以用头发沾墨而写，据说"既醒自以为神异，不可复得"——连自己也觉得神奇。这也是张旭为什么要"脱帽露顶王公前"的原因。

张旭的这一手，为后来好多人效仿。据说山海关匾额上那"天下第一关"五个大字，是一个叫萧显的书生写的，但他一开始只写了"天下第关"

这四个字就走了。大家想他走了就走了，补一个"一"字还不容易，但无论谁写气势神韵都差太多。无奈最后只好再请萧显，萧显解开头发，沾墨一甩而就。哈哈，张旭先生如果能来到现代，如果能直播带货时玩这样一手的话，恐怕流量也会爆棚。反正我是会看能把头发玩得如此出神入化的人，不愿意看那些开满十级美颜搔首弄姿的小姐姐。

有趣的是，张旭这一手，后世有个和尚画家，也来效仿。此人叫温日观，也是先喝得半醉，然后大呼小叫地将头浸到盛墨汁的盆子里，再以自己的头当画笔画葡萄。呵呵，张旭想必有一头"柔顺的秀发"，这位大师是秃头也来这手，恐怕应该算"硬笔"书法了，也是一奇。

张旭草书的艺术成就是极高的，而且几乎可以说是前无古人。据说我们常奉为楷模的"颜柳欧赵"等也都有人非议，但对于张旭的草书，大伙儿都口服心服。颜真卿于二十多岁游学长安，随张旭学了两年书法，得其初步指点，但感到还未尽得其传。于是在三十五岁时再赴洛阳访张旭，继续虔诚求教。

金庸先生的《神雕侠侣》中，朱子柳以书法入武功，写张旭的《自言帖》，黄蓉说写这个不能没有酒，用弹指神通弹过去一杯酒，朱子柳的一招"担夫争道"就划伤了霍都的衣裳。不过这朱子柳完全没有悟到张旭的境界，像张旭那样狂放的书法，一杯酒怎么够，就凭朱子柳喝一小杯酒这点就看出来了。朱子柳肯定是小脚女人一样扭扭捏捏地放不开，如果当真武功达到张旭草书那种神惊鬼泣的境界，有所谓"掀天揭地之文，震电惊雷之字"的气势，霍都哪里能抵挡得下三两招？

再有提到张旭的地方是《笑傲江湖》中，向问天用《率意帖》来馋秃笔翁，秃笔翁赞张旭道："韩愈品评张旭道：'喜怒窘穷，忧悲愉佚，怨恨思慕，酣醉无聊。不平有动于心，必于草书焉发之。'此公正是我辈中人，不平有动于心，发之于草书，有如仗剑一挥，不亦快哉！"可见张旭在金庸先生心中也是十分受推崇的。

　　但张旭的醉书狂草，主要体现了他喜欢无拘无束的性格，更像是一种独特的"行为艺术"，似乎并不是真的郁闷不平。张旭一生还是过得不错的，不像后世徐渭（也就是徐文长）那样过得惨苦不堪，徐渭后来是真的癫狂了，还拿大斧头砍自己的头，砍得头里有碎骨头声，又用一长锥子从耳朵往里扎，扎进一寸来深（听来好吓人），徐渭贫病疯癫远甚于张旭，想必不平之气更有过之。

　　之所以这样说，是因为张旭并非一个极度癫狂的狂狷之士。还因为张旭只是草书上狂放一些，在诗歌上并不狂。以张旭的性情，有人以为他的诗也是狂癫无比，至少也和李白相似吧。但从他所存的诗来看，诗写得很不错，但绝不像一个癫狂之人所写，甚至全无癫狂之态。请看《山中留客》：

山光物态弄春晖，莫为轻阴便拟归。

纵使晴明无雨色，入云深处亦沾衣。

哪有半点癫狂之意，全是对友人的贴心之语。又如《桃花溪》：

隐隐飞桥隔野烟，石矶西畔问渔船：

桃花尽日随流水，洞在清溪何处边？

此诗何等的清幽明丽，淡泊自然。

盛唐就是盛唐，诗句中的情景往往是那样的静谧祥和。说来张旭好幸福呀，过着"荷叶裹江鱼，白瓯贮香粳"的日子，又可以自在地在王公贵族面前表演自己得意的书法，并且皇帝都把他的书法定为"三绝"之一。

张旭无意于功名而功名自来，不屑于微禄而厚禄时至，而后世有才者往往落魄，狂放中多带悲苦，再难得见这样自在如意的人物了，真让人羡慕盛唐的年代呀！

孟浩然：一个遇到中年危机的男人

我们现在不也有好多人和他一样，为了生活的现实待在自己不喜欢的地方？其实我们又有多少人怀着理想奋斗，却在现实的磐石前将勇气消磨殆尽？

唐朝的田园诗为数不少，但真正诗句恬淡清真，透着一股禾苗泥土的气息，称得上纯天然而无任何添加剂的诗篇，唯有孟浩然的诗才是当之无愧的。

孟浩然的诗句一向以清淡著称，绝不同于后人模拟的那些伪田园诗，颇多穿凿的痕迹。就算是后人描写得比较好的也不免逊色，比如像《红楼梦》中林黛玉所写的"杏帘在望"一诗：

杏帘招客饮，在望有山庄。菱荇鹅儿水，桑榆燕子梁。
一畦春韭绿，十里稻花香。盛世无饥馁，何须耕织忙。

这首虽算得上好诗，如"一畦春韭绿，十里稻花香"之句也堪称妙句，但这等刻意而为的纤巧字句放在田园类的诗中，总觉得没有孟浩然的"绿树村边合，青山郭外斜。开轩面场圃，把酒话桑麻"之类更显得质朴无华，浑然天成。

孟浩然的诗往往有一种"语淡而味终不薄"的意境，其著名的一句诗"微云淡河汉，疏雨滴梧桐"，出自他四十六岁游京师时，适逢中秋佳节，长安诸学者邀他赋诗作会，他以此句令在座众诗人拍手称绝，纷纷搁笔不敢再写。此联确实清淡优美，宛如天籁，代表了孟浩然的诗风。

孟浩然的诗味清淡，为人也是如此。孟浩然早年隐居在襄阳城外，与汉代著名的老牌隐士庞德公（看过三国的都知道，诸葛亮和庞统这两个"卧龙""凤雏"都敬其为师）所隐居的鹿门山相隔不远。也许是受到当地由庞德公流传下来的隐居之风的影响，孟浩然也比较欣赏隐士的生活。孟诗中这样的诗句很多，像什么："北山白云里，隐者自怡悦"；又比如："松月生夜凉，风泉满清听"。当然比较能代表孟浩然隐逸生活的还是这首《夜归鹿门山歌》：

山寺钟鸣昼已昏，渔梁渡头争渡喧。人随沙岸向江村，余亦乘舟归鹿门。

鹿门月照开烟树，忽到庞公栖隐处。岩扉松径长寂寥，唯有幽人独来去。

黄昏、沙岸、孤舟、月照、烟树、松径、幽人，何等的清幽，何等的静谧，凡世俗尘，一洗而净。李白有诗赞孟浩然："吾爱孟夫子，风流天下闻。红颜弃轩冕，白首卧松云。醉月频中圣，迷花不事君。高山安可仰，徒此揖清芬。"可是，孟浩然却也没有做到一生就这样当个清高自许的隐士，而是在四十岁时，突然起了想当官的心思，所以就到长安游历应试。

我们现在无法得知是什么原因，让孟浩然动了这个心思。但我觉得也不必嘲笑孟浩然："名利何曾伴汝身，无端被诏出凡尘。牵连大抵难休绝，莫怨他人嘲笑频。"

说来功名之心，人所共有，其实"功名"二字对一个人的压力之大，非亲身体会不能感觉。世态炎凉如风刀霜剑，所谓树欲静而风不止，想隐逸一生谈何容易？孟浩然自己也说过"一丘常欲卧，三径苦无资"，隐逸也是要有本钱的呀。

可是孟浩然虽然才气四溢，但人际关系、世事人情方面却稚嫩得很。孟浩然的求功名之路也成了一条辛酸之路。

孟浩然到长安参加应试居然落第，其实说来也很正常。孟浩然清新质朴的诗句，对于那些看惯了四平八稳的应制诗的老爷们，孟浩然的诗并不是太合他们的口味。孟浩然落第后，满腹心酸，写道：

一丘常欲卧，三径苦无资。北土非吾愿，东林怀我师。

黄金燃桂尽，壮志逐年衰。日夕凉风至，闻蝉但益悲。

"一丘常欲卧，三径苦无资"，是的，归隐是快乐的，但生活是现实的，北山的白云虽然可以使隐者怡悦，可毕竟不能当饭来吃。"北土非吾愿，东林怀我师"：北土长安其实不是孟浩然得其所哉的乐土，但是有时候现实就是这样，虽然孟浩然向往隐者的东林精舍，但他还是不得不待在他不喜欢的北土长安。我们现在不也有好多人和他一样，为了生活的现实待在自己不喜欢的地方？

"黄金燃桂尽，壮志逐年衰"："黄金燃桂尽"，言花费多（有米珠薪桂一词，孟此句写烧柴如桂，都是说长安的消费水平太高）而无法维持。看来当年长安和孟浩然隐居的乡下比，物价贵得厉害。此句想必四处求职无门的朋友们会深有所感，屡屡受挫后满腔豪情与日俱减，渐渐冰冷。何其痛哉！所以"壮志逐年衰"此句可谓一声叹息，感慨无限。想孟浩然久居长安，求人无门，金银耗尽，不禁壮志渐衰，雄心尽丧。其实我们又有多少人怀着理想奋斗，却在现实的磐石前将勇气消磨殆尽？

其实据说孟浩然有过一次见到皇上的机会，事情是这样的：据《新唐书·孟浩然传》记载，孟浩然受王维邀请进入府署，忽然听说皇上驾到，孟浩然就吓得躲到床底下去了。要说这孟浩然也是没有见过什么大世面，你说你和王维两个大男人在一起谈谈诗文，又不是被捉奸在床的奸夫淫妇，你往床底下钻个什么劲儿？你就大大方方地让王维引见一下不就得了。

这唐朝的皇帝也好有趣儿，好像后世的皇上都一本正经，很少有到大臣家里去串门的。来的这个皇上正是当朝天子李隆基。王维向皇上汇报了真情，皇上似乎还挺高兴，要见见这个江湖诗人。孟浩然就顶着一脑袋瓜子土爬出来拜见了皇上（你说这样子多狼狈，这可能也为后来的面试失败埋下了祸根）。皇上向他索诗，孟浩然又头脑发昏，给皇上念了这么一首诗：

北阙休上书，南山归敝庐。不才明主弃，多病故人疏。

白发催年老，青阳逼岁除。永怀愁不寐，松月夜窗虚。

李隆基听了大为不悦，说道："先生你根本就没来求仕，我也从来没有抛弃过先生，先生你干吗要诬蔑我呢？"说来也是，孟浩然既然想求官，还说什么"北阙休上书，南山归敝庐"，你既然要归你的"敝庐"还在这里啰唆什么呀，尤其是"不才明主弃，多病故人疏"这两句，字面上说是自己不才，其实不亚于说皇上不才。对照下句，多病故人疏，自己病了故人就疏远自己了，这"故人"是什么道德品质呀？而上联的明主听起来也就满是讽刺意味了。孟浩然真是手足无措，慌中出错，不知道说什么好了。到此，孟浩然的面试彻底失败。

看来孟浩然对世事人情懂得实在太有限了，只凭自己的真性情行事，不知道人前一套，人后一套。你看人家薛宝钗，元春娘娘命题时写的那诗：

芳园筑向帝城西，华日祥云笼罩奇。

高柳喜迁莺出谷，修篁时待凤来仪。

文风已著宸游夕，孝化应隆归省时。

睿藻仙才盈彩笔，自惭何敢再为辞。

谦恭礼敬颂诸词俱全，和宝钗后来自己闲时写来给众儿女看的"眼前道路无经纬，皮里春秋空黑黄"的咏蟹诗那样的尖锐句子天差地别。如果孟浩然兄也来上一首"华日祥云"这样的，说不定唐明皇李隆基龙颜大悦，当场就赏个官给孟浩然当当。

孟浩然经此一事，心下好生沮丧，自己感叹道："遑遑三十载，书剑两无成。山水寻吴越，风尘厌洛京。扁舟泛湖海，长揖谢公卿。且乐杯中酒，谁论世上名。"孟浩然明白了，吴越的山水才是他真的家，才是他的乐土。虽然孟浩然口上说"且乐杯中酒，谁论世上名"，但心中应该还是充满郁闷的吧。他和王维告别时留下这样一首诗：

> 寂寂竟何待，朝朝空自归。欲寻芳草去，惜与故人违。
> 当路谁相假，知音世所稀。只应守寂寞，还掩故园扉。

孟浩然其实还是渴望仕宦生涯的，但现实中，能帮助他的人太少了，所谓"当路谁相假，知音世所稀"，所以孟浩然带着失望回去了（这个想必找工作犯难的朋友也有类似的经历吧），他无奈地掩上柴扉，守住他的寂寞。

但孟浩然的心并未完全死去，在他去世不久前，还写了《望洞庭湖赠张丞相》一诗：

> 八月湖水平，涵虚混太清。气蒸云梦泽，波撼岳阳城。
> 欲济无舟楫，端居耻圣明。坐观垂钓者，徒有羡鱼情。

仍然表达了对功名的渴望之情，不过这次孟浩然不敢再说"不才明主弃"这样的愤愤之语了，而是用"欲济无舟楫，端居耻圣明。坐观垂钓者，徒有羡鱼情"来委婉地恳请张丞相给他点恩惠，读到这里，不禁觉得白头霜鬓的孟浩然很是可怜。

说起来，孟浩然最后的死，另一位大诗人王昌龄还负有相当的责任。孟浩然五十多岁时背上生了一个大疮，肿痛难消。在襄阳休养了一段时间后，背疮即将痊愈，不巧这时候王昌龄前来拜访，王昌龄当时是被贬岭南，遇赦而归。孟浩然和他欢聚之余，不免开怀畅饮，哪知这患背疮是不能过量饮酒的，两个人喝得高兴，也没顾及这些。结果王昌龄走后不久，孟浩然就突然发病，没几天就去世了，终年只有五十一岁。你说这事闹的，要搁现在，老孟家里的人非向王昌龄索赔不可。

孟浩然没有等到功名富贵来到的那一天就离开了人世，其实我想孟浩然如果生前能够知道，千百年来不知有多少辈人从牙牙学语时就用稚嫩的童声读"春眠不觉晓，处处闻啼鸟……"，可能孟夫子真的不会再在乎那些蝇营狗苟的功名了吧。

> 欲讯秋情众莫知，喃喃负手叩东篱。
>
> 孤标傲世偕谁隐，一样花开为底迟？
>
> 圃露庭霜何寂寞，鸿归蛩病可相思？
>
> 休言举世无谈者，解语何妨片语时。

我真想告诉人淡如菊的孟浩然，有这么多人喜爱他的诗文，应该足以抵过他一生中的"圃露庭霜"了。

王维：千年难得一遇的花美男

为将当为执金吾，娶妻当娶阴丽华，嫁郎当嫁王摩诘。

说起王维，不知有多少人对他的倾慕之情当真如滔滔江水一般。王维有才，有貌，精书画，善琵琶，性情平淡中和，虽官至尚书右丞之职，却乐山乐水，心在田园，过着亦官亦隐的生活。这里套用"为将当为执金吾，娶妻当娶阴丽华"之句，可谓"嫁郎当嫁王摩诘"。

王维少年之时，就早已才华横溢。少年的王维有着"相逢意气为君饮"的侠气，有着"红豆生南国，春来发几枝"的纯情，有着"劝君更尽一杯酒，西出阳关无故人"的真挚。在十七岁时，王维写下了著名的一首诗《九月九日忆山东兄弟》：

独在异乡为异客，每逢佳节倍思亲。遥知兄弟登高处，遍插茱萸少一人。

句子平白如话，却浑然天成，毫不雕饰，却情深意挚，其中的真情不知感染了千百年来的多少人。

王维虽然诗才早就不凡，但十九岁时，第一次参加科举考试也是铩羽而归。他自觉发挥得很好，可是发榜时没有自己的名字。后来一问，才知道科举中有请托举荐等诸般潜规则。

据说当时录取的大权掌握在玉真公主手中。唐朝的公主好多都权势极大，并不是像汉代那种只有窝窝囊囊、哭哭啼啼地去和亲的份儿的公主。据说安乐公主和唐中宗那个混蛋皇帝撒娇，将皇帝的眼蒙上，递上名帖，让皇帝签字同意，就这样如同儿戏一样封了好多官。后来皇帝一看，怎么冒出来好多官，自己一点印象也没有，这才想起是公主捣的鬼。

据说当时，玉真公主已内定下张九皋（张九龄的弟弟）为榜首头名。王维和岐王关系比较好，就也想托他走公主的路子。岐王知道王维相貌清雅，又精通音律，就这样导演了一出精彩的千古趣闻：

岐王和公主酒宴之间，让王维抱着琵琶上来了（哈哈，王维这出场的情形好像是个歌伎哦），公主见王维"妙年洁白，风姿郁美"，于是问岐王："此是何人？"岐王答："是一知音。"随即，岐王让王维献上一首自谱新曲。只见王维应手挥弦，潇潇洒洒，大弦小弦嘈嘈切切，乐声哀婉凄切，动人心魄。一曲终了，公主问王维："此曲何名？"王维起身回答："《郁轮袍》。"公主听罢，极口称赞。

此刻，岐王对公主道："此生不仅精通音律，善奏琵琶，而且就文章而言，恐当世也无人能及。"

公主听了岐王的一番议论，随即便问王维有何佳作于世间流传。王维再次起立，将事先抄录好的诗卷奉上。公主阅罢，又是一阵惊奇。因为这些都是公主日常朗诵的诗篇，本以为俱是古人佳作，未料想出自王维笔下。

公主让宫婢将王维带入室内，换上华丽无比的锦绣衣衫。然后置办酒宴，安排王维入宴，坐在宾客的上首。席间，众人谈笑之际，公主觉得座中王维风流蕴藉，语言谐戏，不禁一再瞩目。

然而这么才貌出众、世上稀有的好男人王维其实一点也不渣，不像元稹什么的，他只娶了一个妻子，而且王维在三十一岁丧妻后，终身不再续娶，孤居学佛三十年。是痴情如此，还是心迷佛道？抑或"半缘修道半缘君"？不管怎么样，我觉得王维的妻子想必是少有的幸福女人了，虽然天妒红颜，不令其和王维长相厮守，但嫁得这样一个才貌仙郎，而且又为自己"守节"一生的男人，夫复何求？

王维的性情是淡雅而随和的，他向往的是一种自由自在像山林中鸟雀一样与世无争的生活。他同情体谅弱者，这在他写息夫人（息夫人：春秋战国时息君的夫人很美，被楚王看上了。楚王灭了息国，杀了息君，把息夫人掳来，非常宠爱她，她却是整天不言不语，好像始终忘不了故君故国似的）的那首诗中可以看得出来："莫以今时宠，而忘昔日恩。看花满眼泪，不共楚王言。"

这里没有对息夫人屈身再事二夫的苛责，只有同情。和后来杜牧那首"细腰宫里露桃新，脉脉无言几度春。至竟息亡缘底事？可怜金谷坠楼人"相比，杜牧用殉节的绿珠来反讽息夫人的做法，用今天的眼光来看就很不人道了。

　　其实绿珠为那个人渣石崇而死，死得轻如鸿毛，一点儿也不值。当然，《红楼梦》中引用过的那句更有杀伤力："千古艰难唯一死，伤心岂独息夫人。"这更是一群卫道士恨不得递过去一根上吊绳，让息夫人赶快殉节，然后才快意。

　　所以王维的性情是做不了这种"文死谏，武死战"的"烈士诤臣"的。也许是造化弄人，王维在政治上也遭到了类似息夫人的命运，这就是"安史之乱"时，王维被迫当了一回安禄山伪朝的"叛臣"。当时，安禄山攻破了长安，安禄山也像后来的日寇侵华时一样，也需要一些文化名人来装点一下。所以像王维、吴道子、张璪（也是一画家）、杜甫等人都被看押，然后逼他们出任伪职。

　　虽然现在老杜的名声比王维更强一些，但当时杜甫无论是官职，还是文坛的声望比王维差了不是一点半点，故而安禄山的伪政府对老杜的看管不那么严格。找到一个机会，老杜趁乱逃出，投奔在四川的唐肃宗。但王维却没有那种机缘，王维无奈之下只好违心地做了安禄山的伪官。

　　但王维的内心也是像息夫人一样痛苦，当时又发生了这样一件事情：安禄山捕获了皇宫中的梨园弟子数百人，大宴群贼于凝碧寺，命梨园弟子奏乐。他们触景生情不禁相对流泪，有一位叫雷海清的乐工禁不住弃琴于地，西向恸哭。安禄山大怒，将他乱刀分尸，死得极惨。这应该算是个绿珠式的人物了。王维知道此事后，既悲且愧，就写了一首诗：

　　　万户伤心生野烟，百官何日再朝天。秋槐叶落空宫里，凝碧池
　　头奏管弦。

后来安史之乱平息后，正因为有了这一首诗做证据，加上他的弟弟王缙请求削自己的官职为哥哥赎罪，王维才没有被治罪，只是贬为太子中允。其他陷"贼官"者，十八人被斩，七人赐自尽，余则杖刑。王维也是十分羞愧，引以为平生之耻，用现在的话说就是"社死"的感觉。

所以此后，王维心灰意冷，不愿再过问世事。虽然王维后来官至右丞（相当于现在的副总理一职），但正像他诗中说的那样，"晚年唯好静，万事不关心"，只是在山林泉下"松风吹解带，山月照弹琴"，以此消磨岁月。

王维由于后来笃信佛学，所以有"诗佛"之称。

王维所居的终南山辋川别墅这块地方，一开始原是宋之问的，宋当了考功员外郎贪污了一部分钱财后，曾经买下来修过一套宅院，现在都被王维买过去了。经过扩建，这里有文杏馆、华子冈、临湖亭、竹里馆、辛夷坞等清幽园林胜地二十多处，住在这里，真是神仙一样的出尘脱俗，悠闲自在。

不过您也别嫉妒，我觉得终南山这块风景绝佳的宝地，还就属人家王维配在这里住，让我们住这里，能写下那么多好诗吗？能有和山林花木息息相通，浑融一体的情愫吗？李白诗虽然好，但他性格奔放，让他静静地看"人闲桂花落"，估计他也坐不住。白居易虽然也酷爱闲适，但他不免有樊素、小蛮什么的左拥右抱，对这清幽的山水胜境不能不说是一种沾染。

在终南山的辋川别墅，王维写下了不少妙绝千古的好诗，什么"深林人不知，明月来相照""月出惊山鸟，时鸣春涧中""空山新雨后，天气晚来秋"，都是诞生在这里。

王维的诗，多有一种清寂恬静的气息，接近禅意。之所以说接近禅意，是因为王维虽然能耐得住寂寞，但诗中还是不免有一些感叹的，比如"兴来每独往，胜事空自知”，这个“空”字，透露出埋藏在心中的落寞和伤感。

但是，也正因为这样，王维的诗才更被人喜欢，虽然后人给他送了个“诗佛”的称号，但王维还是有凡人情感的，像寒山、拾得那样，这些不食人间烟火的高僧，那才是“秋到任他林落叶，春来从你树开花”，冷眼旁观这一切枯荣变迁，毫不萦怀，但那样的诗，往往是不讲“人事”，不说“人话”了。

品味王维的诗，有一种远离红尘的静谧。其他人的山水诗，往往发一些个人的感慨，像孟浩然的“江山留胜迹，我辈复登临”之类，不免登临名胜，忆古思今，但王维好多诗不是，王维诗里有时看不到这些，只看到醉心于山林中与之融为一体、水乳交融的幽情雅意。

请看“人闲桂花落，月静春山空”，请看“明月松间照，清泉石上流”，请看“空山不见人，但闻人语响”，请看“雨中山果落，灯下草虫鸣”。王维笔下的那种清幽、安静、自然，如一潭清清的水，无波无澜，却又清清爽爽。真所谓“鸢飞唳天者，望峰息心；经纶世务者，窥谷忘返”。王维的诗简直是一杯清凉的香茗。

如果你一个人有去山里面转的雅兴，当山里一个人也没有，而又风景优美，心情畅快的时候，你心中一定就会不由得想起王维的诗：“兴来每独往，胜事空自知。行到水穷处，坐看云起时。”其实有时候一个人的思想情感也是这样，“胜事空自知”，有时候你的思想达到了一个高度，其他人是很难理解到的。

王维的诗句的艺术成就实在太高了，尤其是五言律诗，读来名句比比皆是。像《红楼梦》中，黛玉对来向她学诗的香菱说：“你只听我说，你若真心要学，我这里有《王摩诘全集》，你且把他的五言律读一百首，细心揣

摩透熟了……"看来王维的五言律诗已是公认的后世学习的楷模。看曹雪芹代香菱所评的：

> 香菱笑道："我看他《塞上》一首，那一联云：'大漠孤烟直，长河落日圆。'想来烟如何直？日自然是圆的：这'直'字似无理，'圆'字似太俗。合上书一想，倒像是见了这景的。若说再找两个字换这两个，竟再找不出两个字来。再还有'日落江湖白，潮来天地青'：这'白''青'两个字也似无理。想来，必得这两个字才形容得尽，念在嘴里倒像有几千斤重的一个橄榄。还有'渡头余落日，墟里上孤烟'这'余'字和'上'字，难为他怎么想来！"

呵呵，其实香菱对王维的了解还是有限，岂不知王维"诗中有画，画中有诗"，这两句由同样精通书画的苏东坡先生品来的评语可不是白叫的。

王维既是诗人，又是极善丹青笔墨的画家，以王维独有的绘画家的眼光的感知，所以才对落日之"圆"和孤烟之"直"，有那样一个绘画者的艺术视角。当然"白""青"这两个字也是画家对色彩方面特有的敏感。所以王维山水诗的成就之高，其他人恐怕难以超越。

有人评论过，孟浩然虽然也是田园山水诗人，但孟浩然的诗和王维不大一样，像孟浩然的"春眠不觉晓，处处闻啼鸟。夜来风雨声，花落知多少"写意的成分比较多，花是什么花，鸟是什么鸟，诗中并未详写，大家去想象就是了。但王维不这样，王维的诗简直就是一幅精绘的工笔画："桃红复含宿雨，柳绿更带朝烟。花落家童未扫，莺啼山客犹眠。"这里花是桃花、树是柳树、鸟是山莺，绘形绘色，诗中有画，当之无愧。

当然，由于两个人的身份阅历不同，王维的格调也不是孟浩然能比的。相比于孟浩然的人生经历，后人说王维"出则陪岐、薛诸王及贵主游，归则餍饫辋川山水，故其诗于富贵山林，两得其趣"——人家王维出山就陪着王爷、公主们游玩，回去就沉醉在终南山的幽静林间，正所谓"上得厅堂，下得厨房"，富丽高华的台阁之辞固然会写，淳古淡泊的隐逸之情自然也深得其中三昧。

不独诗才，王维乃是一个多才多艺的才子，精通乐理，善弹琵琶。虽然我们听不到他的《郁轮袍》，但他的音乐才华是世人公认的。人家公主都赞赏，我等谁能不承认？

《唐才子传》中写，有个人拿一幅《按乐图》给王维看，王维一看就说是"此《霓裳》第三叠最初拍也"。这人不信，试弹一下，弹到此处，对图一看，果然就是这样的姿势，王维音乐方面的才华可见一斑。

王维在绘画方面也是颇具盛名。王维首先采用"破墨"新技法，以水墨的浓淡渲染山水，打破了青绿重色和线条勾勒的束缚，大大发展了山水画的笔墨新意境，初步奠定了中国水墨山水画的基础。看一下王维的《雪溪图》等画，想想王维乃是南宗画之祖，后世文人画的理论和思想，无不出自王维，不禁对王维更是佩服有加。这里我们看一下王维所著的《山水论》中的几句话：

凡画山水，意在笔先。丈山尺树，寸马分人。远人无目，远树无枝。远山无石，隐隐如眉；远水无波，高与云齐。此是诀也。

山高云塞，石壁泉塞，道路人塞。石看三面，路看两头，树看顶头，水看风脚。此是法也。

……

凡画林木，远者疏平，近者高密，有叶者枝嫩柔，无叶者枝硬劲。松皮如鳞，柏皮缠身。生土上者根长而茎直，生石上者拳曲而伶仃。古木节多而半死，寒林扶疏而萧森。

有雨不分天地，不辨东西。有风无雨，只看树枝。有雨无风，树头低压，行人伞笠，渔父蓑衣。雨霁则云收天碧，薄雾霏微，山添翠润，日近斜晖。

……

原文太长，不全部引用了，可以看出，这篇文章中不单叙述绘画理论精妙无比，文辞也极美。王维还有《山水诀》等绘画理论著作，实在让人佩服不已。寻常的人其中一个方面的成就，就可以跻身才子之列，何况王维竟诗书画琴四绝于一身？后世如王维这样的才子，也就苏轼差可比拟，不过苏轼的颜值远不如王维，他一脸络腮胡子拉碴的，形似抠脚大汉。

王维实在是中国数千年来"才子佳人"形象中一个典型的才子，用现在时髦的词，那就是"yyds"！王维给我们留下的那些好诗句，最适宜在雨声滴沥的秋夜里一个人静静地读，读着读着，你的心中的伤感、孤独、寂寞会像被山中的清泉水洗过一样纷纷流走，只留下和诗中山水一样美的心境：恬淡、清幽、澄静。

王之涣：隐匿于市的绝世高手

真是气人，他表弟这个家伙真是我国诗歌史上的一个千古罪人，烧掉的不知道有多少像《登鹳雀楼》这样的千古绝唱。可惜呀！

王之涣，大家都不陌生，因为他的《凉州词》和《登鹳雀楼》都是我们当小学生时就要背诵的诗篇。但对于王之涣这样一位诗才卓绝的大才子，很长时间里人们对他的生平事迹却了解甚少。《唐才子传》里也说得很简略，只是说他"少有侠气"，常"击剑悲歌"，对于王之涣的平生经历却很少有记载。

《新唐书》《旧唐书》这样为"帝王将相"服务的史书上更没有只言片语来记载王之涣的生平。在古时，如果无官无职的人，往往没有记录，事迹能零星见于野史笔记中就不错了，所以连张旭这样有名的人也是生卒年不详，让后人猜来猜去地考证。

万幸，20世纪60年代在河北出土了一块石碑，上面刻有《唐故文安郡文安县太原王府君墓志铭并序》，这是唐人靳能为王之涣所作的墓志铭。于是王之涣的生平情况终于得以重见天日。《唐才子传》说"之涣，蓟门人"，这个不对（这两个资料对比，当然墓志可信度更高，辛文房是元朝人，时代已远，所记不足为凭）。

根据出土的墓志，之涣"本家晋阳，宦徙绛郡"，就是说晋阳（今太原）为其原籍，家居绛州（今山西新绛县）。王之涣的生卒年代也在墓志上得到确认，墓志铭说王之涣卒于天宝元年（742年）二月，享年五十五岁，推算后可知他生于武后垂拱四年（688年）。也就是说，王之涣比孟浩然还要大一岁，比李白和王维都要大十三岁左右。

通过这个墓志铭，我们还了解到王之涣的不少事迹：

王之涣出身于当时望族太原王家。据说当时以陇西李氏、太原王氏、荥阳郑氏、范阳卢氏、清河崔氏、博陵崔氏、赵郡李氏等七姓十族最为有名，说来也是名门之后。

他的五世祖王隆之为后魏绛州刺史，可能因此而移家绛州。曾祖王信，隋朝大夫、著作郎，入唐后改任安邑县令。祖王表，唐朝散大夫、文安县令。父王昱，鸿胪主簿、浚仪县令。从曾祖到父亲，虽然皆为官，但均为县令一级的小官。

王之涣出身于仕宦之家，排行第四，自幼聪颖好学，年龄还不到二十岁，便能精研文章，未及壮年，便已穷经典之奥。不知为什么，王之涣没有去考取功名，走科举之路，而是直接以"干部子弟"的身份调补冀州衡水主簿。任衡水主簿时，王之涣父母均已去世，这时候，衡水县令李涤将三女儿许配给他。

说起来这段姻缘也很有意思，据说当时王之涣已经三十五岁了，也是早已有了老婆孩子的人。我们现在人的寿命普遍都长，有的朋友读研考博，到了这个年龄才结婚的也不是没有，但古时有所谓"人生三十而未娶，不应更娶"之类的格言，这个年龄就算相当大了。

据说当时李小姐才十八岁，比王之涣的年龄差不多要小一半，王之涣年龄又大，又有老婆，且不是很有权势的人，可是堂堂衡水县的县太爷为什么甘心将自己的女儿嫁给这样一个人呢？那恐怕只有一个理由，那就是这位李小姐爱上王之涣了。据说王之涣为人"孝闻于家，义闻于友，慷慨有大略，倜傥有异才"，看来正是因为王之涣的个人魅力征服了李家小姐。所以李小姐就不顾父母的反对执意要嫁给王之涣了。

想到这里，不禁让人感叹盛唐时的社会气氛，真是恢恢然，广广然，昭昭然，荡荡然，社会的宽容度太高了。这要在其他封建时代恐怕又是一出千古悲剧，但在盛唐时，李小姐却吹吹打打地正式嫁给了她心目中的如意郎君——王之涣。这不禁又让人联想起唐朝诗人韦庄的一首词："春日游，杏花吹满头。陌上谁家年少，足风流。妾拟将身嫁与，一生休。纵被无情弃，不能羞。"这首词中的心情，好像就是说的李小姐这样的女子吧。

当然，王之涣不是薄情之人，据说他们过得很恩爱，但唯一有所遗憾的是，王之涣去世后六年，李氏也因病而死。因王之涣有前面的正妻，两人竟不能合葬。但对于这些，李小姐恐怕也不会太在乎了，"纵被无情弃，不能羞"，何况生前同衾，已畅我心，死后同穴，更有何益？

和一切狂放的才子一样，王之涣的官运不是很好，做了一段衡水主簿，王之涣就厌倦了那些官场中的勾心斗角，愤而辞职，"遂化游青山，灭裂黄绶。夹河数千里，籍其高风；在家十五年，食其旧德。雅谈珪爵，酷嗜闲放"。在家里当了十五年的SOHO（自由职业者），看来家底还是很厚实啊！

后来经亲朋劝说，大概也是由于经济亦日渐窘迫的原因吧，在朋友的推荐下，他又当了文安郡文安县尉（王之涣的爷爷就当过这里的县令，还有点老关系吧），但王之涣没有做几年就去世了。王之涣死后，他的诗作竟然散佚了。据说他的一个表弟为其整理诗集，不慎灯烛失火，将王之涣的诗集烧毁了。真是气人，他表弟这个家伙真是我国诗歌史上的一个千古罪人，烧掉的不知道有多少像《登鹳雀楼》这样的千古绝唱。可惜呀！

唐人薛用弱《集异记》里有一个流传极广的"旗亭画壁"故事：说是开元中，王之涣与王昌龄、高适齐名。一日天寒微雪，三人共来旗亭喝喝酒，涮涮羊肉什么的，正好有十多个梨园伶官和四位著名歌伎也来此地卖唱。

当时所唱的曲子，就是一些流行的诗词。他们三人便在旁边一面烤火一面观看。王昌龄提议说："我们各擅诗名，不知究竟谁胜于谁，今天我们可看她们所唱谁的诗多，谁便为优胜者。"

第一个歌伎唱的是王昌龄的"一片冰心在玉壶"，王昌龄好生得意，在壁上为自己画了一道。第二个唱的是高适的"开箧泪沾臆"，高适也为自己画了一道。

王之涣说："这几位为普通歌伎，唱的都是下里巴人的诗作，应看那位最漂亮的歌伎唱的是谁的诗。若唱的不是我的诗，我就终身不敢与你们二位争衡了。"

待那个歌伎唱时，果然为王之涣的诗，三人不觉开心大笑起来。诸伶因他们大笑而奇怪，一问知是王之涣等名人，非常高兴，即拜请他们入席。旗亭画壁，遂成典故。元人还编成杂剧上演。由此可见当时王之涣诗名之盛。这个故事当然也未必就是真事，但说明王之涣的诗才还是很早就得到公认的。

确实，王之涣虽然只剩下六首诗传世，但就算王之涣只剩下《登鹳雀

楼》这一首诗存在，他也能当仁不让地在盛唐诸多锦心绣口的才子中占得一席之地。大家恐怕幼年时就背过王之涣的这首《登鹳雀楼》，但是越是读的诗多了，你就会越觉得此诗妙不可言，当真有"钻之弥深，仰之弥高"之感。让我们再看一下这寥寥的二十字：

白日依山尽，黄河入海流。欲穷千里目，更上一层楼。

这头一联中"白日"对"黄河"，"山"对"海"，简直就是对仗教科书的经典对子，但是这样的对子看起来容易，但要做到信手拈来，浑然天成，毫无生拉硬扯的痕迹却非易事。评诗的大家们都有这样一个看法，就是唐诗和宋诗相较，虽然宋诗有时候对仗更工整，却不免纤巧。所谓纤巧，也就是为了求工整而有一些生拉硬扯的痕迹。

北宋秦观有一首著名的词，开头是"山抹微云，天连衰草"，后人看了觉得"天连衰草"和"山抹微云"对得并不好，于是就想出个"天黏衰草"。周汝昌先生却批评为："'黏'字之病在于太雕琢，也就显得太穿凿；太用力，也就显得太吃力。艺术是不以此等为最高境界的。"所以，周汝昌先生主张宁可对得不那么工整精巧，也不要故意硬对，露出穿凿吃力的痕迹。

又如我们听歌唱家唱歌（这里是传统的声乐理论，摇滚类故作声嘶力竭状的除外），若是歌曲中高亢之音中露出哪怕是一点点费力的感觉，也是失败的。最好是举重若轻，行云流水一般的流畅。

说到这里，大家就看出来了，这"白日依山尽，黄河入海流"一联虽然工整精妙，但却尽是当时诗人眼前的实情实景，恰似不经意地拈来，却又如鬼斧神工，妙绝天成，真是让人拍案叫好。

但不想下一联却更妙，"欲穷千里目，更上一层楼"，既写景，又说理，这一句当然成了大家熟知的格言式的诗句。但这样的诗句写得好是十分不易的，有人说"诗忌说理"，因为诗是一种艺术，贵含蓄，讲意境，不是论文，所以一说理就容易枯燥，甚至口号化。但王之涣这一句却寓景于理，寓情于理，显得十分自然且又诗意盎然，寓意无穷。真可以用"文章本天成，妙手偶得之"来形容。

而且仔细一看，这首诗四句全是对句，但读来浑然一体，全无支离呆板之感。正如沈德潜在《唐诗别裁》中说的那样，"四语皆对，读来不觉其排，骨高故也"。这正是王之涣超人的才气所致。五绝写成这样，真是一字千金，王之涣这一篇就要顶一般的庸俗诗人一万篇还强。

当然，王之涣的另一篇《凉州词》也是妇孺皆知的好诗。据说有人还将其改编成了词的形式："黄河远上，白云一片，孤城万仞山。羌笛何须怨，杨柳春风，不度玉门关。"

有的故事上说这是一个文人给慈禧太后写扇子，掉了个"间"字，老佛爷大怒，这人情急智生，才读成这样，说是自己新编的词，从而免了一场大祸。不管怎么说，这都反映了王之涣的作品流传之广，人们对之喜欢玩味之深刻。

可惜的是，王之涣的其他诗篇看不到了。什么时候再从地底下挖出一个石匣，里面装满王之涣的诗篇，那就好啦，可惜这个愿望太渺茫啦！

王昌龄："七绝圣手"与"诗家天子"

看一个人的为人，看他交的朋友就行了。

盛唐诗人中，王昌龄也是个很有特点的诗人。人们常不禁惊叹，为什么雄浑高远的边塞诗和婉转缠绵的宫词闺怨诗都能出于王昌龄之手？而且王昌龄的七绝尤其写得棒，有"七绝圣手"之称。王昌龄在写绝句方面确实是一绝，有人认为他在七绝上的功力之深唯有李白才能相比。

王昌龄的生平事迹流传下来的倒是比张若虚等人多点，因为王昌龄毕竟中过进士，有过功名。古代对于曾当过官的人还是记载得比较多的。王昌龄于开元十五年（727年）高中进士，时年三十七岁。之后，他补入秘书省校书郎。

唐朝中央机构实行三省六部制。秘书省隶属中书省之下，是中书省的一个文化事业单位，掌管国家的经籍图书，类似于现在的国家图书馆。秘书省校书郎则掌管校对典籍，刊正文章，是个正九品的小官。官是不大，但颇清闲，后来王昌龄就下基层当了汜水县尉，别看县尉官职虽小，但却是仕途晋升的正道。唐朝的那些大官，都是从基层一步步上来的，这样的做法也对，不然书生们一开始就在中央，不了解基层的情况，缺乏实践经验，很容易纸上谈兵。

不过王昌龄生性也不是会当官的人，不久就因文致祸。他写了一篇《梨花赋》讽刺了权贵，此后就连遭贬谪。《唐才子传》上说"奈何晚途不矜小节，谤议腾沸，两窜遐荒"，看来王昌龄也是个不拘于世俗、特立独行的人，所以当时也是毁谤多招。

王昌龄那首《芙蓉楼送辛渐》中有句"洛阳亲友如相问，一片冰心在玉壶"，想必就是有感而发吧。

王昌龄后来贬为龙标（今贵州锦屏隆里古城）尉，龙标当时是个穷山恶水的地方。李白和王昌龄是好友，有诗赠王昌龄："杨花落尽子规啼，闻道龙标过五溪。我寄愁心与明月，随风直到夜郎西"，关切之情溢于言表。另外，王昌龄和孟浩然也是好友，而且据说孟浩然之死和王昌龄还大有干系，当时孟浩然正在生背疮，结果两个人相见后，逸兴横飞，越谈越是投机，于是置酒痛饮，不想孟浩然有病本不能饮酒，竟因此疮发而死，也是一件很遗憾的事。

有人说，看一个人的为人，看他交的朋友就行了。王昌龄和李白、孟浩然既然都是好友，历来物以类聚，人以群分，王昌龄肯定也是潇洒豪放，不拘于凡俗之人。

但所谓"太高人愈妒，过洁世同嫌"，冰心一片的王昌龄当然也为很多俗人所忌，所以安史之乱时，王昌龄在准备回家乡途中，在亳州竟为刺史闾丘晓所杀害。这个闾丘晓不知道因为什么嫉恨王昌龄，肯定也不是好人。

好在"草怕严霜霜怕日，恶人自有恶人磨"，后来闾丘晓也落在一个叫张镐的人的手中。张镐要处决他，闾丘晓说他有八十老娘要养之类的话来求饶，结果张镐说："那被冤杀的王昌龄的老人谁来奉养？"这个闾丘晓才惭愧沮丧，无话可说。张镐算是给王昌龄报了仇啦，但王昌龄因此不知少留下多少诗篇，却是无法挽回的了。

顺便说一下，这闾丘晓是姓闾丘名晓，记得有一个凤凰卫视的女记者，叫闾丘露薇，就是姓这个姓吧。有些不知道的记者还问人家是不是像某些人一样前面加了个夫姓才变成这样的姓名，其实不是这样。算来闾丘露薇也算给她的这个姓添了光彩呀。不然这个姓在人们记忆中就只是杀王昌龄的凶手这一历史人物了。

让我们来看一下王昌龄的诗作吧！王昌龄的边塞诗在盛唐诗人中也是十分出色的，像王昌龄的《从军行》：

青海长云暗雪山，孤城遥望玉门关。黄沙百战穿金甲，不破楼兰终不还。

这首诗读来和王之涣的《凉州词》在意境上倒有几分相似之处，有时就见有些不大熟悉诗的朋友把此诗和《凉州词》弄混了。不过这首诗在气势上比《凉州词》更积极向上，更能体现出盛唐时那种雄浑有力的脉搏。王昌龄还有一首出塞也是写得雄浑苍凉，千载之间不知鼓舞了多少将士豪杰：

出塞二首（其一）

秦时明月汉时关，万里长征人未还。但使龙城飞将在，不教胡马度阴山。

对于这首诗，明代李攀龙曾夸为唐人七绝压卷之作。有人评说此诗中的"但使龙城飞将在，不教胡马度阴山"是说："盖言师劳力竭，而功不成，由将非其人之故……"（清沈德潜《说诗一语》）。意思是讽刺守将无能，和高适那首《燕歌行》中的"君不见沙场征战苦，至今犹忆李将军"差不多意思，一般讲诗时也是这样讲的。不过在这里，提一点不同的想法，总觉得以王昌龄边塞诗惯有的气势，并非就是这个意思，王昌龄边塞诗一般都是比较慷慨激昂的。而且这首诗后面一首是这样写的：

出塞二首（其二）

骝马新跨白玉鞍，战罢沙场月色寒。城头铁鼓声犹震，匣里金刀血未干。

紧接的这首诗，描写的可不是一个"战士军前半死生，美人帐下犹歌舞"的那种腐化将军，而是一个身先士卒、奋勇当先的将军（从白玉鞍、金刀之类的可以看出描写的是将军，不是一般兵卒）。所以和上面的第一首出塞诗联系起来看，那句"但使龙城飞将在，不教胡马度阴山"意思大概是说，只要有龙城飞将这样的英雄在边关镇守，胡兵胡马就休想踏过阴山一步！这才是盛唐时恢宏壮观的气度！

在王昌龄的时代，唐朝国力强盛，社会上的风气也高昂尚武。虽然王昌龄也有"悔教夫婿觅封侯"的诗句来做些感叹，但只是类似于"十五的月亮，你也思念，我也思念"那样的思念之情，诗句中的意境却没有像后来此类诗作中的征妇们那样充满痛断肝肠的凄凉。而且王昌龄在《青楼曲》（这里的青楼并非妓家，而是贵族少妇们的闺楼）中还写了这样的诗句：

白马金鞍随武皇，旌旗十万宿长杨。楼头少妇鸣筝坐，遥见飞尘入建章。

驰道杨花满御沟，红妆缦绾上青楼。金章紫绶千余骑，夫婿朝回初拜侯。

第一首里有两个镜头，千军万马回师长安，楼头的少妇在悠闲喜悦中弹着银筝，好像是欢迎她归来的良人，而第二首就说得更清楚了，她的夫婿凯旋，正要被封侯赐赏呢。这两首诗中透出来的是其他时代罕见的积极上进的气度。

王昌龄描写金戈铁马的塞外风光不但很精妙出彩，而且写女子们的心态和生活也是细腻鲜活。像这首《采莲曲》：

荷叶罗裙一色裁，芙蓉向脸两边开。乱入池中看不见，闻歌始觉有人来。

读罢此诗，仿佛看到一个人面如花的清纯女子，听到从清清的荷塘中传过来缥缈的歌声，这让我们不禁想起朱自清写的"叶子出水很高，像亭亭的舞女的裙。层层的叶子中间零星地点缀着些白花，有袅娜地开着的，有羞涩地打着朵儿的；正如一粒粒的明珠，又如碧天里的星星，又如刚出浴的美人。微风过处，送来缕缕清香，仿佛远处高楼上渺茫的歌声似的……"朱自清这里面荷塘是有了，但是什么美人啦裙子啦，都是他想出来的，但是王昌龄这诗中却真有个鲜活可爱的美眉，在荷塘中忽隐忽现，更增美景美色。

王昌龄还有不少宫词也很出色，像这首《长信秋词五首其一》：

金井梧桐秋叶黄，珠帘不卷夜来霜。熏笼玉枕无颜色，卧听南宫清漏长。

这首诗且不说诗中的意思，一看就惹人喜欢，因为单这首诗中的"金""黄""梧桐""秋叶""珠帘""夜霜""玉枕""南宫"等字样，就觉得像一幅流丹溢彩的工笔仕女图，金玉满堂般的典雅端丽中又透着一种莫名的寂寞惆怅。像这首《西宫春怨》也是这样：

西宫夜静百花香，欲卷珠帘春恨长。斜抱云和深见月，朦胧树色隐昭阳。

王昌龄的宫词诗里的景物常有一种富丽堂皇的气象，感情也写得柔婉含蓄，和宫词这个体裁很相配。所以，王昌龄的宫词写得实在很不错，不逊于后来写有百首宫词的王建。

王昌龄的外号，有人说应是"诗家夫子"，而不是"诗家天子"，虽然宋代刘克庄《后村诗话新集》卷三中说过："史称其（昌龄）诗句密而思清，唐人《琉璃堂图》以昌龄为诗天子，其尊之如此。"但是，有人考证说可能是"夫子"和"天子"字形相近而出现"形讹"的现象。

在旧时"天子"这个称号可不是随便叫的,"诗仙"可以叫,但"诗天子"这个称呼比较犯忌讳,有僭越之嫌。而夫子,一般作为对老师或者有德有才之人的尊称,还是比较普遍的。像李白说的"吾爱孟夫子"之类。而且据考证"琉璃堂"当是王昌龄在江宁时的旧址,王昌龄在那里曾经有过教授生徒,讲习诗文的事迹,故而有"诗家夫子王江宁"之说。

但"诗家夫子"这个外号却显得太不够响亮了,而且一提"老夫子"这个名称,就容易让人想起那些迂腐古板的家伙。王昌龄既然七绝诗才冠绝一时,在诗坛确实有万人之上的地位,仅略逊于"诗仙""诗圣"而已,所以在这里还是喜欢满怀崇敬地叫他"诗家天子"王昌龄。

李白：侠客、酒徒与诗仙

李白的诗句是从骨子里透出一种高华不俗的仙人气质的。一般
人常是跪着看世界，看达官贵人，而李白却经常在云端居高临下。

说起唐朝最为著名的诗人，恐怕首推李白。李白的生平大家应该比较
熟悉，这里就不再过多赘述了。按郭沫若的说法，李白出生在碎叶（今巴
尔喀什湖南面的楚河流域，现今吉尔吉斯共和国），如果按出生地入国籍，
那么说李白还应该算是外籍华人呢。当然，这只是个玩笑，在当时，那里
也是大唐的疆域。

关于李白的出生地，还有不少的争议，但他的幼年却基本上可以确定，
是在四川江油度过的。杜甫诗中写"匡山读书处，头白好归来"，也是指江
油的匡山，绝非山东济南的那个小石堆一样的匡山。

少年的李白在这里读书学剑，并学习道术，因此受道家思想影响很深，
像《访戴天山道士不遇》："犬吠水声中，桃花带露浓。树深时见鹿，溪午

不闻钟。野竹分青霭，飞泉挂碧峰。无人知所去，愁倚两三松"，正是李白当时行踪的写照。

其实，学道后来成为李白求取功名受挫时，最好的安慰剂。当"抽刀断水水更流，举杯消愁愁更愁"时，他就会躲进"早服还丹无世情，琴心三叠道初成"的道家梦境中，得到真正的沉酣和宽慰。

说来李白和一般性格迂腐、文弱如病夫，手无缚鸡之力的书生有很大的不同。李白嘲笑过这种人："鲁叟谈五经，白发死章句。问以经济策，茫然坠烟雾。足着远游履，首戴方头巾。缓步从直道，未行先起尘……"

李白绝不是这类人，李白自己说过："十五好剑术，遍干诸侯；三十成文章，历抵卿相。虽长不满七尺，而心雄万夫。"

看来李白专门练过武功，印象中李白也是仙风道骨、背后常背一宝剑的那种形象。说不定李白还真是一位武功精深的侠客呢。据说他真的曾"手刃数人"。

看李白《侠客行》中对侠客的赞美："赵客缦胡缨，吴钩霜雪明。银鞍照白马，飒沓如流星。十步杀一人（这句到了电影《英雄》里变成"十步一杀"的绝技），千里不留行。事了拂衣去，深藏身与名……"这不正是那种神龙见首不见尾的大侠形象吗？这种诗杜甫写不出来，白居易也写不出来，因为只有了解侠客行径的李白才能活灵活现地写出侠客的风采。

说起来，李白常大把地花钱，常常"金樽清酒斗十千，玉盘珍馐直万钱"，又说什么"主人何为言少钱，径须沽取对君酌。五花马，千金裘，呼儿将出换美酒，与尔同销万古愁"。后面这句虽然也有酒钱不够的情况，但用"五花马，千金裘"换就是了。这"五花马，千金裘"哪来的？李白还是很有钱的嘛！

你看杜甫到处孔乙己一般地赊账："酒债寻常行处有"。曹雪芹混得就更差劲儿了："举家食粥酒常赊"。李白好像一生都不缺钱花，大有巨额财产来源不明的嫌疑。有人考证说，李白来自富商家庭，家里比较有钱，但当时李白随身能带的金银也很有限，然而李白游历四方，丝毫未见有困顿缺钱的情形，倒像是到处都有自动取款机似的。

我倒是怀疑，是不是李白真是位侠客，你看那些武侠小说中的侠客们几时因钱发愁过？看金庸小说中黄蓉之类的人物，什么时候为钱发过愁，像乔峰没钱了就到县衙里盗点公款，令狐冲就找"白剥皮"这样的地主老财抢点银两，李白的钱恐怕也是这样得来的也未可知，要不怎么会那么有自信地说"千金散尽还复来"呢！说不定李白也是一代侠客，只是诗名太过响亮，掩盖了侠名而已。

当然，以上的畅想有些过于浪漫，有专家猜测，李白是出身于富商家庭，大概是对的。他曾经写过《估客乐》："海客乘天风，将船远行役。譬如云中鸟，一去无踪迹。"完全不像其他诗人那样，对商贾们持批判的态度。李白一生游历四方，也有经商的嫌疑，不过唐代时对商人普遍是歧视的，不是什么光彩的事儿，所以李白也可能不怎么想提。

李白还有个独特的地方，就是好酒。说起来诗人好酒的不少，但像李白这样嗜酒并诗酒融为一体，几乎达到无酒不成诗的地步的，恐怕也不多见。"李白斗酒诗百篇"这句话已成了妇孺皆知的俗语了，说起来，李白同学这酒喝得还真叫一个猛：

春天喝：

"开琼筵以坐花，飞羽觞而醉月。不有佳作，何伸雅怀？如诗不成，罚依金谷酒数。"（《春夜宴桃李园序》）

夏天喝：

"人生达命岂暇愁，且饮美酒登高楼。平头奴子摇大扇，五月不热疑清秋。玉盘杨梅为君设，吴盐如花皎白雪……"

秋天喝：

"弃我去者，昨日之日不可留。乱我心者，今日之日多烦忧。长风万里送秋雁，对此可以酣高楼……"

冬天喝：

"孤月沧浪河汉清，北斗错落长庚明。怀余对酒夜霜白，玉床金井冰峥嵘……"

朋友欢聚时喝：

"岑夫子，丹丘生，将进酒，杯莫停……"

一人独处时也喝：

"花间一壶酒，独酌无相亲。举杯邀明月，对影成三人……"

高兴时喝：

"白酒新熟山中归，黄鸡啄黍秋正肥。呼童烹鸡酌白酒，儿女嬉笑牵人衣……"

愁闷时更喝：

　　"平台为客忧思多，对酒遂作梁园歌……"

　　李白的酒量想必是很大的，放现在喝啤酒恐怕要喝一整箱的。杜甫等诗人也喝酒，但看老杜喝酒时喝起来常是"肯与邻翁相对饮，隔篱呼取尽余杯"，哈哈，一杯酒一下子还干不了哪，还要尽"余杯"，难为他和李白怎么一起喝酒来着。老杜好不容易在卫八处士那儿大了点胆子，也只是说"一举累十觞。十觞亦不醉，感子故意长"。

　　李白可大不一样，什么十觞八觞的，还不够太白漱漱口的哪。看人家李白一说就是"会须一饮三百杯"，或者更夸张一点地说"愁来饮酒三千石"。这当然是夸张了，但可以想象，如果李白来到今天和我们喝酒，冰镇啤酒嘴对嘴立马"吹"上几瓶肯定不在话下。

　　更有意思的是，醉眼蒙眬的李白居然把整个汉江都想象成了酒浆，李白《襄阳歌》中写："遥看汉水鸭头绿，恰似葡萄初酦醅。此江若变作春酒，垒曲便筑糟丘台。"哈哈，李白把碧绿的江水想象成是葡萄酒，还想如果酿出汉江这么多的酒，那酒糟也能垒个高台了。这种新奇至极的想象，除了李白这样的好酒之人，无人能想得出来吧。

　　在李白的蒙眬醉眼中，他把那些位极人臣的权贵视如粪土，正所谓"咸阳市中叹黄犬（秦朝的李斯临刑前和他儿子说，现在就是想不做官，在原野上牵狗追逐兔子为乐，也不可能啦），何如月下倾金罍"。就算是帝王又怎么样，在李白笔下照样是"但见三泉下，金棺葬寒灰"。

　　这正是"钟鼓馔玉不足贵，但愿长醉不复醒。古来圣贤皆寂寞，唯有饮者留其名"。李白最推崇的就是喝酒的人啦。李白写过这样的诗：

天若不爱酒，酒星不在天，地若不爱酒，地应无酒泉，

天地既爱酒，爱酒不愧天。已闻清比圣，复道浊如贤。

贤圣既已饮，何必求神仙？三杯通大道，一斗合自然，

但得醉中趣，勿为醒者传。

呵，看李白爱喝酒的这个程度，好像是"人不喝酒，天诛地灭"似的。如果李白在松鹤楼遇上《天龙八部》中的乔峰，两个人对干几大碗酒后，一定也会结为平生知己的。太白与酒，现今已不可分，不见旧时酒楼上常写"太白遗风"四字当广告嘛，但后世多数俗人的酒可能比李白喝得还猛，诗才却连边也沾不上，喝醉了不酒驾、不闹事，就算有修养的啦。

李白另一特色就是有一种与生俱来的"仙气"，李白外号"谪仙人"，这外号也不是白叫的，大气的李白一出手就是撼天动地的大手笔，什么"黄河落天走东海，万里泻入胸怀间"，什么"登高壮观天地间，大江茫茫去不还"，什么"长风几万里，吹度玉门关"，非仙人岂能道哉！

"高堂明镜悲白发，朝如青丝暮成雪"，岂非"山中方七日，世上几千年"的仙人方能感悟？"白发三千丈""黄河捧土尚可塞"（李白当年的黄河可不像现在这样时常断流，现在确实捧土就可塞，其实不捧土有时候就干了，但李白当时就是敢想一般人不敢想的），这些话凡夫俗子哪里敢想。

如果只是夸张的手法倒也罢了，李白的诗句从骨子里就透出一种高华不俗的仙人气质。一般人常是跪着看世界，看达官贵人，而李白却经常在云端居高临下，就算是神仙，也仿佛和他平起平坐。

看李白的妙语："太白与我语，为我开天关。"这诗多有气势，太白金星都和我聊聊天儿，给我打开天关请我进去。这要是一般人写肯定要诚惶诚恐地说："太白宣仙旨，赐我入天关。"而李白仿佛和神仙们是老朋友似的，什么"云间连下榻，天上接行杯"，"永结无情游，相期邈云汉"，这字字句句间无不透着仙风仙韵。

　　李白的狂傲中也是带着仙气的。后世文人虽然也说"笑傲王侯"之类的句子，但从内心里还是跪着看王侯们，还是觉得王侯们是尊贵的。像柳永说什么"才子词人，自是白衣卿相"，心中还是以"卿相"为尊。看李白怎么说："屈平辞赋悬日月，楚王台榭空山丘"，屈原伟大如日月长存，那个什么楚王，一边凉快去吧。

　　"安能摧眉折腰事权贵，使我不得开心颜"，达官贵人算什么，太白老爷我不高兴，我就不侍候你们。看太白的《庐山谣寄卢侍御虚舟》一诗："我本楚狂人，凤歌笑孔丘。手持绿玉杖，朝别黄鹤楼。五岳寻仙不辞远，一生好入名山游……"这诗太有气势了，孔老夫子是什么人物？在李白那个年代，孔夫子的地位可是"万世师表"，人们不是称呼"孔圣人"，也得称"孔夫子"，最差也要喊声"孔子"，李白居然毫无顾忌，直呼其名"孔丘"，倒好像孔夫子是他的一个小徒弟一样。

　　太白就是太白，看那气势："手持绿玉杖，朝别黄鹤楼"，哈哈，李白不会拿的是丐帮的打狗棒吧（记得丐帮帮主打狗棒就是绿玉杖），"朝别黄鹤楼"，好嘛，早上从武汉黄鹤楼来庐山，这句读来觉得李白好像从黄鹤楼飞过来似的，这气势简直就是陆地上的神仙嘛。

　　李白在天子面前依然高傲，一般庸俗官吏更看不上眼。有这样一个故事,《唐才子传》载：李白被玄宗赐金放还，酒醉骑驴路过华阴县衙不下驴，华阴县令大怒，把李白抓起来要问罪。李白道："曾令御手调羹，龙巾拭吐，贵妃捧砚，力士脱靴。天子门前，尚容走马；华阴县里，不得骑驴？"县令大惊，连忙告罪说，不知翰林到此请求恕罪。这种小人，正是李白所鄙视的。

但李白有"傲上而不忍下，欺强而不凌弱"的品格。在五松山下荀媪家留宿时，李白有过这样一首诗："我宿五松下，寂寥无所欢。田家秋作苦，邻女夜春寒。跪进雕胡饭，月光明素盘。令人惭漂母，三谢不能餐。"在这里，李白全无平时的狂傲之态，却对一个平平凡凡当时一般人甚至视为"低贱"的山村老妇人，发出由衷的感谢，将之喻为曾对韩信有一饭之恩的"漂母"。贤哉，太白！

李白虽然仙风道骨，常说什么"早服还丹无世情"之类的话，但李白毕竟不是那种不食人间烟火的修道之士。唐朝那样的人不是没有，像什么太上隐者所说的："偶来松树下，高枕石头眠。山中无历日，寒尽不知年"，没事就睡，什么事都不管，差不多是个半植物人状态。李白不是那样的人，李白是希望在社会中有所成就的，始终关心着人世间的疾苦。像李白的一首古风中所写：

西上莲花山，迢迢见明星。素手把芙蓉，虚步蹑太清。
霓裳曳广带，飘拂升天行。邀我登云台，高揖卫叔卿。
恍恍与之去，驾鸿凌紫冥。俯视洛阳川，茫茫走胡兵。
流血涂野草，豺狼尽冠缨。

李白并没有完全沉醉于"高揖卫叔卿，驾鸿凌紫冥"这样的登仙之境，诗尾却突然将"镜头"转到了血流遍野，茫茫胡兵的人间惨景。在此情形下，李白是不忍心独自寻得桃源的。李白很推崇张良，他很羡慕张良那种功成身退的结局。

所以李白不安分于做一个翰林学士，更不愿只做个宫廷中的应召诗人。李白的渴望是"但用东山谢安石，为君谈笑静胡沙"。所以安史之乱后，李白以为有了他展示才能的机会，所以加入了永王李璘的幕府（也就相当于军事参谋吧），但没有想到，永王的军队先被唐肃宗消灭了，李白因此获罪，被流放夜郎。

后人有时觉得李白只是会吹牛，说大话，如果真让李白指挥军队，说不定又是一个赵括。他们觉得："兵者，国之大事，死生之地，存亡之道，不可不察也。"但李白谈起军事来还是浪漫主义风格，谈起打仗来也跟玩儿似的，肯定要误国，这些人还说幸亏没有让李白带兵打仗。持此观点的人可能也不少，有个动画片叫《大英雄狄青》，里面借狄青之口，也说了以上的观点，认为李白只是空想军事爱好者而已。

但是话说回来，李白带兵打仗也未必就不行。据说有这样一件事：李白在太原时曾救过郭子仪，当时郭子仪只是很普通的士卒，当然后来在平定安史之乱中立了大功，后被封为汾阳王，位极人臣。那时的郭子仪在军中犯了事，要以军法处死，多亏李白的说项斡旋，才予以免罪释放。若干年后，李白因参与永王"平叛"的事而身陷囹圄，多亏已经功勋卓著的郭子仪出面解救，甘愿以其官爵为李白赎罪，才得以使肃宗皇帝免其死罪而流放夜郎。据说李白当时就断定郭子仪不是寻常人物："郭子仪初在行伍间，李白客并州，于哥舒翰座中见之，曰：'此壮士目光如火照人，不十年当拥节旄。'"看来李白的眼光还是很不错的，如果李白真有这样的眼光，那李白的才华就不单单是在诗歌创作上了，如果让李白将兵，说不定会用兵如神呢。

公元762年，是诗仙李白生命中的最后一年，他因终生嗜酒，患上了腐肋之疾，大概是肝硬化腹水这样的病，于这年的冬天病死在当涂。临终前，他把自己的诗稿交付给族叔李阳冰，并写了一首《临终歌》：

大鹏飞兮振八裔，中天摧兮力不济。余风激兮万世，游扶桑兮挂左袂。

后人得之传此，仲尼亡兮谁为出涕。

直到生命的最后一刻，李白还是觉得自己就是一只能振动八方、激荡风云的大鹏鸟，但却没有机会让他展翅高飞。他是带着遗憾离世的，其实，正一品的官历朝历代都有，车载斗量，有何稀奇？可自古至今，只有一个诗仙李白，他在官场上是落寞、失意的，但在诗坛上却是卓然屹立，光焰万丈，是当之无愧的唐诗之魁首！

李白没有机会打仗，有没有军事才华现在已无法确定了，但诗歌方面的成就足以让李白名昭青史了。所谓"李杜文章在，光焰万丈长"。李白的诗歌，千余年来夸的人太多了，这里就不再凑热闹了，不用说大家也知道李白的诗好。但李白的诗最独特的地方除了以上的"侠酒仙"为一体外，就是自然流畅。大家看李白的好诗，古风居多，而且发起狂来字数也是有长有短，随意为之，律诗比较少，七律更少。就算有，往往也不是对仗工整的诗句，比如：

牛渚西江夜，青天无片云。登舟望秋月，空忆谢将军。

余亦能高咏，斯人不可闻。明朝挂帆席，枫叶落纷纷。

这首诗颔颈联根本不对仗，李白这样的诗不少。要究其原因，应该是和李白的性情有关。他不喜欢被格律束缚，但李白的诗可以称得上"清水出芙蓉，天然去雕饰"，明朗、活泼、隽永。像宋诗中那种如裹了脚一样的纤巧扭捏的常见病从来没有。李白的诗歌对后代产生了极为深远的影响。中唐的韩愈、孟郊、李贺，宋代的苏轼、陆游、辛弃疾，明清的高启、杨慎、龚自珍等著名诗人，都受到李白诗歌的巨大影响。当然学得极像，颇有几分神韵的也就李贺、苏轼而已。其中李贺得其奇伟、瑰丽的想象，苏轼得其豪放之情，和李白相比，二人终究还差点东西。

最后，借用同为唐代诗人的皮日休的一段话来赞美一下李白：

言出天地外，思出鬼神表，读之则神驰八极，测之则心怀四溟，磊磊落落，真非世间语者，有李太白。

李白之名高千古！

108

杜甫：你们以为我很忙，其实我是在流浪

所谓"用枯瘦的手去蘸起人民墨汁般浓黑的悲哀"的诗人，首推杜甫，这也是后世推杜甫为"诗圣"的原因吧。

杜甫，后人往往称之为杜工部。像元稹为杜甫写的墓志铭就是"唐故工部员外郎杜君墓系铭"。其实杜甫做的这个"工部员外郎"只是严武保荐的"检校工部员外郎"而已，并非真正掌握工程、水利、交通等大权。所以杜甫这个官只是个虚职，又没有做几天。所以把杜甫叫作杜工部有点名不副实，因为老杜一生困顿潦倒，唐朝诗人中生活凄苦者恐怕要首推老杜，食不果腹，居无完庐。以"杜工部"这一官名相称，恐怕九泉下的老杜也要苦笑，"枉担了虚名"了。

当然更让人哭笑不得的是，20世纪70年代郭沫若先生写了本叫作《李白与杜甫》的书，扬李抑杜，说杜甫的草堂也是高级住宅，草堂边的几亩土地也表明杜甫是个大地主。可怜老杜过着"恒饥稚子色凄凉"的贫苦生活，

却不想千年后被人称为"地主"，真是冤哉！

好多人尤其是少年人，初读唐诗不大喜欢杜甫，总觉得杜甫整天哭丧着脸，穿得也衣衫褴褛，倒像个拾破烂的。当时我看的书上有李白、杜甫的像，上面老杜鬓发苍苍，满脸饿纹，一副愁苦之色。再看李白等人，都是潇洒飘逸神采飞扬。而且杜甫诗中常说什么"战哭多新鬼，愁吟独老翁。乱云低薄暮，急雪舞回风。瓢弃樽无绿，炉存火似红。数州消息断，愁坐正书空"。要酒没酒，有炉没火，一副穷苦样儿。哪有人家李白什么的气质高华。心中的天平自然向李白这边多加了几个砝码。当时对老杜的诗除了常见常选的外，读得极少。

然而，随着年龄的增长，却会越来越觉得老杜的诗如老酒、如名茶，越品越觉得滋味无穷。如果你不再是"少年不识愁滋味"的人，感受到现实中的越来越多的无奈后，才知道并不是所有人都能像李白那样潇洒如意，越来越觉得只有老杜才能道出这世间如山岳般一样压在心中的愁闷。

杜甫的一生是坎坷的，杜甫二十四岁（735年）在洛阳应进士时落选，后来应试中李林甫又把天下学子们涮了一把。奸相李林甫居然让所有人统统落榜，然后向皇上报告，已经是"野无遗贤"了。李林甫这厮也不知道是怎么想的，倒像是现下有些公司的假招聘似的。难道李林甫也是想赚点报名费花花？不会吧！古代科举应该不交报名费和考试费吧？我想，这恐怕是李林甫玩的一种另类颂圣的把戏，但是就算不交费，杜甫又碰上这一出，受到的打击很大。野无遗贤，万邦咸宁，是盛世的标志嘛。

但无论如何，"神仙打架，百姓遭殃"，这事对杜甫确是一大打击。但有人说，是奸相李林甫这出把戏，断送了老杜的科举之路，这是不对的。这只是一次特殊的"制举"，正规的科举还在举行，制举也不是没有再办过。

细看唐史，不说别的人，单说诗人，第二年就有刘长卿进士及第，第三年有高适制举登科，第四年钱起进士及第……所以，"命苦不能怨政府，点背不能赖社会"，老杜没文凭，也不完全是人家李林甫害的。

杜甫没有考上，又不甘心就此罢休回家"修理地球"，于是就在长安过了十多年的"长漂"（该词根据"北漂"一词杜撰）生活。这十多年中，杜甫乃一介书生，没有什么稳定的收入来源，肯定也是经常白水煮面条吧。

杜甫青年时期的豪情，早已化为一腔牢骚愤激，正所谓："像我这样优秀的人，本该灿烂过一生，怎么二十多年到头来，还在人海里浮沉……"

当时任尚书左丞的韦济，虽然欣赏杜甫，但毕竟和杜甫非亲非故，他是不会真心为杜甫花工夫力气的。杜甫三次写信求助失望无奈之余，满腹辛酸愁苦化为《奉赠韦左丞丈二十二韵》这一首诗来倾诉。老杜没有想到，他这篇倾诉，不仅仅倾诉了他当时心中的辛酸怨气，也倾诉了此后千余年来多少落魄文人的心声。

此诗开篇第一句就是"纨绔不饿死，儒冠多误身"，此语如今读来，也让人慨然长叹不已，"骑驴十三载，旅食京华春。朝扣富儿门，暮随肥马尘。残杯与冷炙，到处潜悲辛"。这辛酸没有经历过的人体会不出来，那种四处求人无靠，穷途无路的心情，可能现在求职无门的朋友们会领略一些此中的酸苦。所以后世如曹雪芹的友人为之感叹："劝君莫弹食客铗，劝君莫叩富儿门，残杯冷炙有德色，不如著书黄叶村！"完全借用了杜诗中的句子。

杜甫在《自京赴奉先县咏怀五百字》这一著名长诗中更是表达了心中的凄苦和遗憾：

杜陵有布衣，老大意转拙。许身一何愚，窃比稷与契。

居然成濩落，白首甘契阔。盖棺事则已，此志常觊豁……

杜甫心中有大志，正是因为这样，才时常痛苦。看到自己志向落空，头发已白，心中终是不甘。接下来的几句，我原来半懂不懂，轻易看过，但去年冬夜，细细读来，不觉于我心有戚戚焉："顾惟蝼蚁辈，但自求其穴。胡为慕大鲸，辄拟偃溟渤。"

是的，人家一般人只为自己活得好就行了，要那么多的理想做什么？有一类人也是一直"心慕大鲸"，总想这一生能够做点什么与众不同的事情，结果活得很累。有时候见人家没事就喝酒打牌，赚点小钱占点小便宜，也活得挺滋润的，自己为什么非要为难自己？

不少失意的人，羁旅他乡的人，见到霜天冷月不禁都会想起老杜的"片云天共远，永夜月同孤"之句吧！实在是已欲道者而老杜先道。老杜诗中的苍凉孤寂之感，较之一些明写"断肠"啦、"孤灯"啦、"寂寞"啦的诗句更深沉含蓄。但读来更有"如今识尽愁滋味，欲说还休，欲说还休，却道天凉好个秋"的浓酽味道。像什么"永夜角声悲自语，中天月色好谁看"，像"露从今夜白，月是故乡明"，像"鸿雁几时到，江湖秋水多"等，都是字面上并无特别凄惨哀痛之词，但读来却有一种难以言说的寂寞苍凉。

老杜后来在成都草堂，居无完庐，食不果腹，过着"厚禄故人书断绝，恒饥稚子色凄凉"的生活，这也成为后世许多文人的写照，即使是后世传为风流才子的唐伯虎，也有《贫士吟》道出自己的辛酸：

之五：

青衫白发老痴顽，笔砚生涯苦食艰；湖上水田人不要，谁来买我画中山。

之六：

　　荒村风雨杂鸣鸡，燎釜朝厨愧老妻；谋定一枝新竹卖，市中笋价贱如泥。

　　说来中国的后世文人落魄的实在太多，读老杜之诗，能不同声一哭？

　　大家都知道，老杜后来经历了"安史之乱"，在王摩诘那篇中我们说过，杜甫当时并不是安禄山政府黑名单上的主要人物，他比王维"幸运"一些，抽空逃了出来。但是对于老杜这样官职卑小贫苦无依的人来说，安史之乱在老杜心中刻下的伤痕比王维等其他高高在上的人更深刻痛苦得多。

　　正如赵翼所说，"国家不幸诗家幸，赋到沧桑句便工"，老杜的坎坷经历也铸成了《三吏》《三别》《兵车行》等这样的后人难以逾越的诗中高峰。

　　"呜呼一歌兮歌已哀，悲风为我从天来！"老杜的悲歌不仅仅为自己，也唱给千千万万的普通百姓。此前，从来没有人对中国苦难中的普通百姓写过这样多的诗句，像"朱门酒肉臭，路有冻死骨"这两句，如金铁所铸的字句，更是让百代警耸。所谓"用枯瘦的手去蘸起人民墨汁般浓黑的悲哀"的诗人，首推杜甫，这也是后世推杜甫为"诗圣"的原因吧。

　　王学泰先生说"读杜甫诗近四十年，真正能够读懂杜诗是在十年内乱时期"，看来越是离乱痛苦的年代，人们越读得懂杜甫。中国自盛唐后的苦难实在太多了，所以越来越多的诗家读得懂杜甫，推崇杜甫。不过老杜倘若有知，九泉之下也必然叹息，老杜肯定宁肯他的这类诗不传，也不希望后世的人有这样多的痛苦。老杜既然有"何时眼前突兀见此屋，吾庐独破受冻死亦足"这样的胸怀，肯定也会愿"何日天下太平无离乱，吾诗不传冷落佚亦足"。

但就算是太平之世，我们也可以从老杜的诗中了解到当时的惨景，因为杜甫的诗是被誉为"诗史"的。正史上往往给帝王将相作传，哪里会记载百姓的疾苦，杜甫开此先河，白居易等后世文人不断发扬，终于让以后的诗人有"诗旨不忘能救物"的责任感，所以杜甫称圣，无人不服。

杜甫的仁爱之心是其他诗人所难及的，老杜悲天悯人的胸怀，从诗里到处可见，比如《又呈吴郎》中对一个"无儿无食"的老妇人同情备至，在《缚鸡行》中甚至对一只鸡都寄予了同情：

> 小奴缚鸡向市卖，鸡被缚急相喧争。家中厌鸡食虫蚁，不知鸡卖还遭烹。
> 虫鸡于人何厚薄，吾叱奴人解其缚。鸡虫得失无了时，注目寒江倚山阁。

所以金庸先生在《神雕侠侣》中有这样一段文字：

> 从山上望下去，见道旁有块石碑，碑上刻着一行大字："唐工部郎杜甫故里。"杨过道："襄阳城真了不起，原来这位大诗人的故乡便在此处。"
> 郭靖扬鞭吟道："大城铁不如，小城万丈余……连云列战格，飞鸟不能逾。胡来但自守，岂复忧西都？……艰难奋长戟，万古用

一夫。”

杨过听他吟得慷慨激昂，跟着念道：“胡来但自守，岂复忧西都？艰难奋长戟，万古用一夫。郭伯伯，这几句诗真好，是杜甫做的吗？”

郭靖道：“是啊，前几日你郭伯母和我谈论襄阳城守，想到了杜甫这首诗。她写了出来给我看。我很爱这诗，只是记性不好，读了几十遍，也只记下这几句。你想中国文士人人都会作诗，但千古只推杜甫第一，自是因为忧国爱民之故。”

杨过道：“你说‘为国为民，侠之大者’，那么文武虽然不同，道理却是一般的。”

所以后世心怀天下之人无不敬仰杜甫。

老杜在诗歌艺术上的成就更是让人高山仰止。老杜之诗，沉郁雄浑，如称李白之诗，奔放如滔滔江水，而老杜之作则沉稳如巍巍泰山。李白虽然才分极高，有仙才之称，但讲到格律精严，却远不及老杜。老杜的七律，那是一绝，看被诗论家胡应麟推为古今七律之冠的《登高》：

风急天高猿啸哀，渚清沙白鸟飞回。无边落木萧萧下，不尽长江滚滚来。

万里悲秋常作客，百年多病独登台。艰难苦恨繁霜鬓，潦倒新停浊酒杯。

这诗写得太好了，八句皆对而不觉有对，只觉流畅自然，确实是"古今人必不敢道，决不能道者"。

老杜的七律被评为："气象雄盖宇宙，法律细入毫芒，自是千秋鼻祖。"老杜的五律也极好，像《春望》："国破山河在，城春草木深。感时花溅泪，恨别鸟惊心。烽火连三月，家书抵万金。白头搔更短，浑欲不胜簪。"还有《春夜喜雨》："好雨知时节，当春乃发生。随风潜入夜，润物细无声。夜径云俱黑，江船火独明。晓看红湿处，花重锦官城"等，都是极佳的五律。

至于七绝五绝，杜诗中绝妙者也不在少数，像七绝"两个黄鹂鸣翠柳"，五绝"功盖三分国，名成八阵图。江流石不转，遗恨失吞吴"，等等。

杜诗中还有一手绝活，就是五排，即五言的长篇，像《北征》那样的，后人极少有此类佳作。所以后世学诗的人往往都师法杜甫，李白的诗是好，但一般人学不来，水平差的学李白的诗，恐怕会刀带人飞，而老杜的诗法度谨严，正是打基础的不二法门。

老杜诗中的对句极富特色和变化，几乎可以作为对仗的教科书。像一些特殊的对句，杜诗中都能找到，而且都是妙绝千古的好对子。看流水对："即从巴峡穿巫峡，便下襄阳向洛阳"（《闻官军收河南河北》）；借对："酒债寻常行处有，人生七十古来稀"（用寻常来对七十，这是借对）；当句对："桃花细逐杨花落，黄鸟时兼白鸟飞"，等等，都运用得出神入化，炉火纯青。又如"高江急峡雷霆斗，古木苍藤日月昏"，不但这两句相对，而且当句也对："高江"可对"急峡"，"雷"可对"霆"，"古木"可对"苍藤"，"日"可对"月"，对仗如此巧妙，但又不觉其板，没有一点刻意而为的痕迹，可谓妙绝天成。大家如果不嫌眼晕，试看一下《葚原诗说》中对老杜诗句艺术的描绘：

句法有倒插，有折腰，有交互，有掉字，有倒叙，有混装对，非老杜不能也。倒插句法，如"织女机丝虚夜月，石鲸鳞甲动秋风"，顺讲则"夜月虚织女机丝，秋风动石鲸鳞甲"，与"画省香炉违伏枕，山楼粉堞隐悲笳"皆是。折腰句法，如"渔人网集澄潭下，估客船随返照来"，"集"字、"随"字，句中之腰也。交互句法，如"花径不曾缘客扫，蓬门今始为君开"，谓花径不曾因客而扫，今为君扫，蓬门不曾为客而开，今为君开，上下两意，交互成对。掉字句法，如"桃花细逐杨花落，黄鸟时兼白鸟飞"，及李商隐"座中醉客延醒客，江上晴云杂雨云"之类。倒叙句法，如"侵陵雪色还萱草，漏泄春光有柳条"，"有"已有"还"，"还"有"有"，一字两相关带，故彷徨是倒叙。混装对句法，如"涧道余寒历冰雪，石门斜日到林丘"，谓历涧道冰雪，尚有余寒，到石门林丘，已见斜日，故为混装对。（冒春荣《葚原诗说》）

老杜另一个特色就是风格多样，沉郁苍凉固然是老杜的本色，但正像《红楼梦》中宝钗所说的那样："难道杜工部首首只作'丛菊两开他日泪'之句不成！一般的也有'红绽雨肥梅''水荇牵风翠带长'之媚语。"说得极是，其实王安石说得更详细：

"白之歌诗，豪放飘逸，人固莫及；然其格止于此而已，不知变也，至于甫，则悲欢穷泰，发敛抑扬，疾徐纵横，无施不可。故其诗有平淡简易者；有绵丽精确者；有严重威武，若三军之帅者；

有奋迅驰骤，若泛驾之马者；有淡泊闲静，若山谷隐士者；有风流醖藉，若贵介公子者。盖其诗缜密而思深，观者苟不能臻其间奥，未易识其妙处，夫岂浅近者所能窥哉！此甫所以光掩前人，而后来无继也。"

王安石说李白的诗歌的豪放飘逸固然是别人不能比的，但风格也就是这样子罢了，而老杜各种风格都有。在这里，搜了一些老杜诗句为王安石此文做点注解。所谓"有平淡简易者"，这首好像可以算："挽弓当挽强，用箭当用长"；"有绵丽精确者"，这首应该是："迟日江山丽，春风花草香"；"有严重威武，若三军之帅者"，此句当之无愧："落日照大旗，马鸣风萧萧"；"有奋迅驰骤，若泛驾之马者"，请看这句："王郎酒酣拔剑斫地歌莫哀，我能拔尔抑塞磊落之奇才。豫章翻风白日动，鲸鱼跋浪沧溟开"；"有淡泊闲静，若山谷隐士者"，如"在山泉水清，出山泉水浊。天寒翠袖薄，日暮倚修竹"；"有风流醖藉，若贵介公子者"，如"香稻啄余鹦鹉粒，碧梧栖老凤凰枝。佳人拾翠春相问，仙侣同舟晚更移"。

在上面掉了半天书袋，恐怕有些朋友看得索然无味，如果以武喻文，那么老杜就是一代武学宗师，既能打出雄浑无比的"降龙十八掌"，又会潇洒飘逸的"落英神剑掌"，既擅长流动如水的"武当绵掌"，又精通朴拙精纯的"大金刚拳"，甚至小巧的"兰花拂穴手"，颠倒的"波斯武功"，老杜都运用得得心应手。

所以后世好多人的风格都学习杜甫，像白居易悯农的《新乐府》等诗就源于杜甫的风格，韩柳诗派和贾岛、孟郊，以及后世苏轼等都师法杜甫。杜甫就像黄河哺育了华夏文明一样，哺育了中华后世的百代诗歌。

然而老杜生前凄凉痛苦，幼子被饿死，自己也是经常过着朝不保夕的日子。最后因为没了严武的接济，杜甫连那个破草堂也住不下去了，一直在一条破船上漂泊。所以当老杜孤零零地来到岳阳楼的时候，老杜笔下的洞庭湖是那样的空旷，空旷得使人不由得彷徨失落。"吴楚东南坼，乾坤日夜浮。亲朋无一字，老病有孤舟"，老杜是何等的凄凉。杜甫临终前作的《燕子来舟中作》读来更是让人心酸：

> 湖南为客动经春，燕子衔泥两度新。
>
> 旧入故园常识主，如今社日远看人。
>
> 可怜处处巢居室，何异飘飘托此身。
>
> 暂语船樯还起去，穿花贴水益沾巾。

　　孤舟上多病拄杖的老杜只能和燕子说说话，这是何等的凄凉。此后不到半年，杜甫就去世了。《唐才子传》上记载说，杜甫因为好多天没有吃饭了，有个县令知道杜甫的诗名，给杜甫送去白酒牛肉，杜甫吃得太多，结果腹胀而死。但多数资料中并不承认这样的说法，只是说杜甫因病故于舟中。也许是嫌杜甫胀死这事不光彩而为贤者讳吧。

　　但是我觉得《唐才子传》中的故事多半是真的，但这并不是杜甫的耻辱，这正表现出了杜甫的可悲。那些"同学少年都不贱，五陵裘马自轻肥"的家伙，自不会饿到那样贪婪地吃一顿牛肉的地步，那些"甲第纷纷厌粱肉"的蛀虫，当然有资格笑话杜甫被牛肉撑死，可是，他们又为社会，为人类留下了什么，只是一堆行尸走肉而已。而老杜为我们留下了那么多的

好诗句，千年以来感动了多少人，我们该用多少牛肉酬谢他呀。

杜甫这几句诗是写给李白的，但更像是他自己的写照：

江湖多风波，舟楫恐失坠。出门搔白首，若负平生志。冠盖满京华，斯人独憔悴。孰云网恢恢，将老身反累。千秋万岁名，寂寞身后事！

是啊！千秋万岁名，寂寞身后事！

岑参：想建功立业，那就勇闯天涯

他在诗中反映的边塞诗景，最细腻，最生动，也最真实。多亏了岑参，才得以让我们有机会了解诸多盛唐时代的边塞图景。

如果说田园山水诗派是王（维）、孟（浩然）领军，那么说到边塞诗派，则首推岑（参）、高（适）。

我认为，岑参是唐代最好的边塞诗人，因为他亲身经历过西北大漠的风霜雪雨、雄关冷月，所以他在诗中反映的边塞诗景，最细腻，最生动，也最真实。多亏了岑参，才得以让我们有机会了解诸多盛唐时代的边塞图景。

岑参出身于名门，曾祖岑文本、伯祖父岑长倩和伯父岑羲，是有名的祖孙三代宰相。《初唐卷》中说过：杜易简的姨是岑文本的妈，而杜易简和杜甫的爷爷杜审言是堂兄弟，所以杜甫和岑参是能论上亲戚的，他们见了面后也非常亲热。

但是，岑参的家世，在他出生后，就倚仗不上了，因为经历了武周到玄宗时的政治动荡，伯父岑羲被灭了族，好在岑参不是他的直系亲属，不然唐代诗坛就没这一号诗人了。

好在岑参有志气，还有科举这条路吧！靠自己的本事，改变命运。二十来岁时，岑参就来到长安，但一直到了三十多岁，才中了进士，授了一个从八品的小官。

"丈夫三十未富贵，安能终日守笔砚？"也许是边塞风光吸引了岑参，于是便动了念头，想到边庭立功效命。他后来有诗送友人："脱鞍暂入酒家垆，送君万里西击胡。功名只向马上取，真是英雄一丈夫。"这不仅是对友人的激励，也代表了岑参的"价值取向"。

于是，岑参就到了安西四镇节度使高仙芝幕府中当了掌书记。"书记"这个职务，在今天往往是一把手。但唐代"书记"的职能，是字面上的本义，就是写写记记，做些文字工作，相当于节度使的秘书。如果干得好，可以升为节度副使，甚至是节度使。

这安西四镇都在如今新疆西部和中亚一带，从长安西去，黄沙漫漫，一片荒凉之色，让久居中原的人心生茫然和骇异。这天山脚下的枯草沙碛、冷月残雪，也造就了最出色的边塞诗人——岑参。

走在路上，岑参就开始想家了，他在半路上碰到一个从西北而来，要回长安的使者，人家兴高采烈地回归繁华如锦的都城，自己却奔赴那越走越是荒僻的苦寒关塞，心里别提有多酸楚了，于是有了《逢入京使》这首好诗：

故园东望路漫漫，双袖龙钟泪不干。马上相逢无纸笔，凭君传语报平安。

虽然受了不少的风霜辛苦，但也见识了不少新鲜事，像吐鲁番的火焰山，好多唐朝诗人都没见过吧："火山今始见，突兀蒲昌东。赤焰烧虏云，炎氛蒸塞空。不知阴阳炭，何独烧此中？我来严冬时，山下多炎风。人马尽汗流，孰知造化工！"

现在我们看火焰山，夏天热得要命，冬天却是没有这样热的，但从岑参说的情况看，从这附近过，即便是冬天也热得汗出如浆，这是咋回事呢？看诗中叙述，并不像是岑参有意夸张。有学者研究表明，这是当时有地下煤层发生自燃所致，所以说那烈焰熊熊的火焰山，不只是神话传说。

经过五千多里的长途跋涉，沿着唐僧当年的取经路走了足足有十分之一后，岑参终于来到了天山脚下。当时，节度使高仙芝好战喜功，连续灭掉了西域的石国等诸蕃，虽然这一举动，使众多的胡人部族对唐室产生了不信任感，为后来的西域安定带来无穷的隐患，但当时的高仙芝气势正盛，风头一时无两。

然而，"风险是员工的，利润是老板的"，岑参似乎没有什么太多的收获，"掌书记"只是军中比较低微的文职官员，上面还有节度判官管着他，从现有的资料看，高仙芝对岑参也没有格外重视过。

第一次出征西域，在高节度使领导下的岑参，心情并不是太好。一是因为初次来边塞，不适合这里既苦寒又荒凉的环境；二是在职场上，岑参也觉得不怎么受重视，没什么大的前途。

一天又一天，看着大漠里的如血残阳落下又升起，岑参心中无比苍凉寂寞，他写道："沙上见日出，沙上见日没。悔向万里来，功名是何物！"

好容易熬到五年任职圆满，已是天宝十一年（752年），三十八岁的岑参终于能够回返长安。在长安，岑参住了两年，其间他和杜甫、高适、储光羲等人一起游玩，共同登上长安的慈恩寺塔（大雁塔），并写下同题诗。大家一致认为杜甫写得最好，但岑参的诗其实也不错，像"塔势如涌出，孤高耸天宫。登临出世界，蹬道盘虚空。突兀压神州，峥嵘如鬼工……"气势雄健，有硬语盘空之势，也不比老杜逊色多少。

在长安住了两年，岑参的心又开始痒痒了，于是就有了第二次出使西域的经历。

别说，这次比上次风光了不少，担任的是节度使封常清的节度判官，并领伊西、北庭度支副使，这相当于伊西、北庭两个"大军区"的总后勤部副部长，权力可谓不小。

这一次，岑参诗歌中的情绪明显有了不同，原来凄凄惨惨地叙述"双双愁泪沾马毛，飒飒胡沙进人面"，现在这种笔调收敛了不少，多了些"一生大笑能几回，斗酒相逢须醉倒"的雄健豪爽之气。像著名的《轮台歌奉送封大夫出师西征》中所写的"四边伐鼓雪海涌，三军大呼阴山动"，还有"古来青史谁不见，今见功名胜古人"等，都表现了昂扬向上的精神和气势。

从《岑参集》中留下来的众多诗篇看，他和封常清的关系相当亲密，除了这首诗外，还有《北庭西郊候封大夫受降回军献上》《陪封大夫宴瀚海亭纳凉》《奉陪封大夫宴》《奉陪封大夫九日登高》等，都反映出岑参当时还是挺受器重的。

"琵琶长笛曲相和，羌儿胡雏齐唱歌。浑炙犁牛烹野驼，交河美酒归叵罗……"岑参职位升高，待遇恐怕也随之优厚了很多，吃着烤肉，喝着西域美酒，所以这苦寒荒凉之地，也不显得那样落寞愁惨了。

这里再八卦一下，当时的军中，不但有酒有肉，还有美女，岑参在《敦煌太守后庭歌》中写："城头月出星满天，曲房置酒张锦筵。美人红妆色正鲜，侧垂高髻插金钿。醉坐藏钩红烛前，不知钩在若个边"；在《玉门关盖将军歌》中写："暖屋绣帘红地炉，织成壁衣花氍毹。灯前侍婢泻玉壶，金铛乱点野酡酥……美人一双闲且都，朱唇翠眉映明眸。清歌一曲世所无，今日喜闻凤将雏……"

然而，这种好日子没过两年，天宝十四年（755年），"渔阳鼙鼓动地来，惊破霓裳羽衣曲"，坼裂盛唐画卷的安史之乱爆发了。高仙芝和封常清两位边关名将都去长安勤王抗贼。不幸的是，西域的精兵良将，一时来不及调过去，高、封二人，指挥的都是仓促招募的乌合之众，哪里是安大胖子手下那些骄兵悍卒的对手，战局上连连失败，唐玄宗恼怒异常，加上宦官边令诚又不断说坏话，皇帝一怒之下，降旨先后将封常清和高仙芝二人都砍了脑袋。

岑参没当这样大的官，也没有遭这样的祸，他远在西北，慢慢听命令回中原勤王，倒是平安无事。

当时唐肃宗在宁夏灵武成立了"临时政府"，岑参和杜甫都去投奔。肃宗封了他一个右补阙（从七品上）的官职，杜甫当的则是左拾遗（从八品上），这两种职位都是给皇帝提意见的官，只不过岑参的品级比杜甫要大两级。

此时，岑参已经是四十四岁的人了，鬓上也生出了不少白发——"白发生太速，教人不奈何。今朝两鬓上，更较数茎多"。虽然身为皇帝谏官，职位清要，但毕竟只是个从七品的小官，从心情上来讲，可能还不如在西北"大军区"里当总后勤部副部长（度支副使）来得更实惠。当时，岑参有一首写给杜甫的诗，也比较有名，叫作《寄左省杜拾遗》，其中有"白发

悲花落，青云羡鸟飞"之句，反映出他当时的心境是十分失落的。另外，像《西掖省即事》中写"官拙自悲头白尽，不如岩下掩荆扉"，也是大发牢骚。

岑参五十一岁的时候，官职得到最后一次提升——成为正四品的嘉州刺史。嘉州，即现在的四川省乐山市，不过岑参是看不到乐山大佛的，这尊举世闻名的大佛，虽然在五十年前就开始动工建造，但一直要等到再过四十年以后，才得以完工，从此耸立在岷江、大渡河的汇流处。

看不到大佛倒不要紧，更为不妙的是这年的冬天，蜀中就发生了内乱，朝廷由此罢了岑参的官。

本来，他想回都城长安，然而，此时蜀中盗贼猖獗，将四川到长安的路途完全切断，于是岑参无奈，只好先折回成都，等待时机。哪知道，在这里岑参就此一病不起。他这一生，走过万里迢迢的漫漫长路，去过狂风怒雪、黄沙莽莽的大漠，那些遥在天边的异域，都走了回来，如今却滞留在成都这座花团锦簇的城池中，再也回不去了。

成都虽好，但毕竟不是岑参的家，古人都认为要死在自己的家中，这才算完美的终结。公元770年，五十六岁的岑参病死在成都的旅舍之中，同年，大诗人杜甫死在湘江的孤舟中。

岑参的边塞诗，是唐诗中空前绝后的瑰宝，他亲身经历过天山脚下的狂风、黄沙、残雪、冷月，生动地刻画出当时的边塞风情。安史之乱以后，天山一带就渐渐不再为唐朝所拥有，所以此后的诗人，包括宋、明之时的众多文人，都再也无缘来到这里，更不用说写诗题咏了。

高适：每天都在努力，坚持就是胜利

> 这时候，李白正在永王军中，正是大水冲了龙王庙，大诗人打大诗人。结果是，高适一举消灭了永王的军队，李白也被俘，险些丧命，后来被流放夜郎。

古人常有"人生三十未娶，不应再娶；四十未仕，不应再仕"的说法，虽然传说中也有姜太公八十岁才遇到周文王而发达的事情，但一般来说，过了四十岁，尤其是到了五十多岁，基本上就没有什么提拔的希望了。就算是现在，如果你五十多岁了还是个小科员，你还惦记着远大的前途？我劝你安心等退休好了。

然而，唐代诗人高适，五十岁前，连七品芝麻官也不是，充其量当过从九品的县尉，但短短几年，他被升为谏议大夫、淮南节度使、散骑常侍等职位，成为三品以上的朝中大员，并加封银青光禄大夫及渤海县侯，所以《旧唐书·高适传》中说："而有唐已来，诗人之达者，唯适而已"——

诗人中最为飞黄腾达的就是高适了。

盛唐时人的性格多是张扬奔放的，高适年轻时也是眼高于顶，后来他在《别韦参军》中追述说："二十解书剑，西游长安城。举头望君门，屈指取公卿"——以为自己有了真本事，就可以借此成就功名。但是现在有句话说："不到上海不知道钱少，不到北京不知道官小"，而在唐代一进长安，钱少和官小就完全都能领略得到。

现实是残酷无情的："白璧皆言赐近臣，布衣不得干明主"，长安冠盖如云，富人如过江之鲫，哪里能有人会提携高适这样一个无财无势、没有根底的愣小子？

前面说过，唐代才子，都是习书学剑尚武任侠的，读书科举不成，就转而想从军立功，正所谓"宁为百夫长，胜作一书生"，于是他北上蓟门，漫游燕赵。当时燕山是大唐和契丹、奚等异族相峙的边疆，高适满心想杀敌报国，但他随即发现，原来军队中一样腐化堕落，于是有了那首千古闻名的《燕歌行》：

汉家烟尘在东北，汉将辞家破残贼。男儿本自重横行，天子非常赐颜色。

摐金伐鼓下榆关，旌旗逶迤碣石间。校尉羽书飞瀚海，单于猎火照狼山。

山川萧条极边土，胡骑凭陵杂风雨。战士军前半死生，美人帐下犹歌舞。

大漠穷秋塞草衰，孤城落日斗兵稀。身当恩遇常轻敌，力尽关山未解围。

铁衣远戍辛勤久，玉箸应啼别离后。少妇城南欲断肠，征人蓟北空回首。

边风飘飘那可度，绝域苍茫更何有。杀气三时作阵云，寒声一夜传刁斗。

相看白刃血纷纷，死节从来岂顾勋。君不见沙场征战苦，至今犹忆李将军！

其中"战士军前半死生，美人帐下犹歌舞"，对比何等强烈，读之令人悲慨不已，所以结尾那句"君不见沙场征战苦，至今犹忆李将军"就十分自然有力。由此我们也可以看出，开元时虽然一派盛世光景，但各种矛盾却在积聚，社会各界甚至连军队都是两极分化，上层阶级的腐化，大大削弱了唐的国力。虽然表面上还是强盛繁荣，但实际上已是火山喷发的前夜，果不然，之后让大唐残了半条命的"安史之乱"就突然爆发了。

高适的名篇《别董大》一诗，大概就写于游历燕北的时候："千里黄云白日曛，北风吹雁雪纷纷。莫愁前路无知己，天下谁人不识君。"高适是典型的盛唐人性格，喜四处游历，好结交朋友。他曾和王之涣相识，又和李颀、薛据、李白、杜甫、岑参等各有酬答。

高适蹉跎了很多年，长期游荡于河南河北，穷得有时只好要饭——"以求丐取给"。在此期间，他遇上了李白、杜甫等人，大家一起饮酒赋诗。高适、杜甫都没什么钱，当时又没有花呗，大概花的都是李白的钱吧。杜甫曾写下《昔游》，深情回忆三人壮游的情景："昔者与高李，晚登单父台。寒芜际碣石，万里风云来……"

天宝八年（749年），四十九岁的高适由睢阳太守张九皋推荐，被授予一个封丘（今河南封丘县）县尉这样的小官。县尉这个官，直接受县官领导，常被呼来唤去，做牛马走。

所以，像高适这样心高气傲的人，哪里忍受得了，于是激愤之下，他写成《封丘作》这一名篇：

> 我本渔樵孟诸野，一生自是悠悠者。乍可狂歌草泽中，宁堪作吏风尘下？
>
> 只言小邑无所为，公门百事皆有期。拜迎长官心欲碎，鞭挞黎庶令人悲。
>
> 悲来向家问妻子，举家尽笑今如此。生事应须南亩田，世情尽付东流水。
>
> 梦想旧山安在哉，为衔君命日迟回。乃知梅福徒为尔，转忆陶潜归去来。

这句"拜迎长官心欲碎，鞭挞黎庶令人悲"，写得真是好，不是说字句怎么精妙，是真实地道出一颗赤诚善良之心。不少做官者，多擅长一副双重面孔，兼任多种角色，昧着良心做事。正如后来袁宏道所体会的："遇上官则奴，候过客则妓，治钱谷则仓老人，谕百姓则保山婆。一日之间，百暖百寒，乍阴乍阳，人间恶趣，令一身尝尽矣。苦哉，毒哉……"又说，"钱谷多如牛毛，人情茫如风影，过客积如蚊虫，长官尊如阎老。故以七尺之躯，疲于奔命。"看来无论什么时代，当一个小吏都是如此的无奈！

高适当然受不了这样的生活，于是毅然辞去了好不容易到手的职位。"曾经真的以为人生就这样了，平静的心拒绝再有浪潮"，一般人到了这个时候，大概多是做这样的打算吧。不过壮心不已的高适以五十二岁高龄依旧四处闯荡，后到了河西节度使哥舒翰的帐下做事。没多久，安史之乱就爆发了。

安史之乱中，王维陷贼，身危名污；杜甫投奔唐肃宗，仅得小官；李白则拥戴永王李璘，被视为反逆，而高适却趁机在仕途上直线飙升。当时唐玄宗诏哥舒翰讨贼，结果一向威名远扬的名将哥舒翰，竟然战败被俘，降了安禄山后又被杀掉。

这时，高适却幸免于难，独自快马追上仓皇出逃的唐玄宗，向玄宗诉说了潼关失守的真实情况，并大讲将官只知享乐，不恤士卒，以致唐朝军力衰退的痼疾。这些话要是在唐玄宗和杨贵妃夜夜春宵泡华清温泉时讲，说不定触了玄宗的逆鳞，有贬官罢职之虞，但在此危难之际，玄宗犹如重病之人，药再苦，也得高高兴兴地往下咽。他当下"嘉其忠义"，将高适封为谏议大夫。

不久，江南的永王李璘起事，当初高适就不赞成让诸王带兵，但劝了玄宗后，玄宗不听。等唐肃宗掌了权，对高适的建议十分喜欢，又听高适大讲了一番如何平定江南，讨伐永王李璘的对策，当下对高适委以重任，封为御史大夫、扬州大都督府长史、淮南节度使，率领大军征讨永王。这时候，李白正在永王军中，正是大水冲了龙王庙，大诗人打大诗人。结果是，高适一举消灭了永王的军队，李白也被俘，险些丧命，后来被流放夜郎。

据说此时的高适一点也不念当初和李白的交情，竟然公事公办，一点也不容情。这一点，经常为后人诟病，但如果讲"国家法度"的话，高适这样做也没有什么过错。"因私废公，因亲循情"都是不对的，李白虽然是朋友，但他撺掇永王"抢班夺权"，也不能说是正当行为。

高适和杜甫倒还一直保持着关系，也曾资助过穷困潦倒的老杜。杜甫有诗名《酬高使君相赠》："故人供禄米，邻舍与园蔬"，上元二年（761年）人日时，高适还写了著名的《人日寄杜二拾遗》：

人日题诗寄草堂，遥怜故人思故乡。柳条弄色不忍见，梅花满枝空断肠。

身在南蕃无所预，心怀百忧复千虑。今年人日空相忆，明年人日知何处？

一卧东山三十春，岂知书剑老风尘。龙钟还忝二千石，愧尔东西南北人。

四年后，六十五岁的高适病逝，杜甫有诗名《闻高常侍亡》惋曰：

归朝不相见，蜀使忽传亡。虚历金华省，何殊地下郎。

致君丹槛折，哭友白云长。独步诗名在，只令故旧伤。

高适的诗是典型的盛唐风范，他一生的足迹也是典型的盛唐才子的行径：学书不成就学剑，达则兼济天下，穷则浪迹天涯，不做昧心事，不赚肮脏钱，每天都在努力，一生壮心不已。

中
唐
篇

韦应物：哥已不再是当年的哥

要是唐代也兴给失足少年开报告会，我觉得韦应物倒是不二人
选。从一个流氓阿飞转变成一个安分的诗人，也是一件奇事。

说起中唐时的诗人，韦应物应该是独具特色的一个。后世对于韦应物
评价还是很高的，像《红楼梦》中借宝钗之口所说："怎么是杜工部之沉郁，
韦苏州之淡雅，又怎么是温八叉之绮靡，李义山之隐僻。"这是把韦应物和
杜甫、李商隐等"大腕"放在一起相提并论。确实韦应物是继孟浩然和王
维之后的又一出色的田园山水诗人。

但是韦应物早年时却并不像这类闲逸的人，韦应物是长安人，标准的
京师户口。唐朝时韦姓是个大姓，他们韦家定居在京城长安已达千年之久，
其先祖韦贤和韦玄成是西汉时有名的"父子宰相"，《三字经》中所说的"人
遗子，金满籯，我教子，唯一经"这句格言，正是由韦贤的教子理念中得
来的。

在唐代，韦家更是盛极一时，竟然出了十七位宰相，更有不少韦家的儿女成为皇后、贵妃、驸马等皇亲国戚。绝对称得上是钟鸣鼎食、世代簪缨之族。韦应物也称得上是高干子弟出身。所以韦应物少年时就找了一份好工作——当了玄宗皇帝的近侍，常出入宫闱，跟从皇帝游幸。这些皇帝身边的侍卫和羽林军都是些牛人，像和珅当年就是从这种身份被提拔上去的。王建曾经有首诗叫《羽林行》，生动地描绘了这些人骄横的样子：

　　长安恶少出名字，楼下劫商楼上醉。天明下直明光宫，散入五陵松柏中。
　　百回杀人身合死，赦书尚有收城功。九衢一日消息定，乡吏籍中重改姓。
　　出来依旧属羽林，立在殿前射飞禽。

　　"楼下劫商楼上醉"，足见其有恃无恐。这些人杀人劫货都被大罪化小，小罪化了，可见他们的特殊地位，一般人惹不起。韦应物自己也有一篇叫《逢杨开府》的诗，自述了他这段不良少年的经历：

　　少事武皇帝，无赖恃恩私。身作里中横，家藏亡命儿。
　　朝持樗蒲局，暮窃东邻姬。司隶不敢捕，立在白玉墀。
　　骊山风雪夜，长扬羽猎时。一字都不识，饮酒肆顽痴……

　　诗中韦哥哥自述当年的种种劣迹："家藏亡命儿"，也就是家里窝藏着杀人的要犯，"朝持樗蒲局，暮窃东邻姬"——早上去赌博玩钱（樗蒲是一

种赌具，类似骰子），晚上偷偷去睡了邻家的女人。没文化还撒酒疯——"一字都不识，饮酒肆顽痴"。差一点就是"黄赌毒"俱全了，幸好唐代还不兴吸毒，不然的话韦应物肯定也要吸上了。

但是浪子回头金不换，韦应物在受到挫折之后，居然发奋勤学，而且少食寡欲，常"焚香扫地而坐"。之后的韦应物和从前判若两人，从一个流氓阿飞转变成一个安分的诗人，也是一件奇事。说起来韦应物确实也是天分极高的人。要是唐代也兴给失足少年开报告会，我觉得韦应物倒是不二人选。

韦应物后来做过滁州、江州、苏州等地的行政一把手，而且是个极富责任心的好官。韦应物的一首《寄李儋元锡》一诗中说：

去年花里逢君别，今日花开又一年。世事茫茫难自料，春愁黯黯独成眠。

身多疾病思田里，邑有流亡愧俸钱。闻道欲来相问讯，西楼望月几回圆。

写这首诗时，正逢朱泚作乱，唐德宗仓皇出逃，韦应物的这句"春愁黯黯独成眠"并非男女私情之愁，而是忧国忧民之心。尤其是那句"身多疾病思田里，邑有流亡愧俸钱"一句，更是令后人感叹不已。"先天下之忧而忧"的范仲淹自然有同感，叹为"仁者之言"，南宋诗评家黄彻更是尖锐地说："余谓有官君子当切切作此语。彼有一意供租，专事土木，而视民如仇者，得无愧此诗乎？"

说句不中听的，现在某些号称"公仆"的腐败分子也是"专事土木"，大搞形象工程，野蛮拆迁，视民如仇，视民如猪羊，只有嫌自己的工资低，哪有说"愧俸钱"的？

韦应物见当时的唐朝社会日渐腐败，不愿与之同流合污，就萌生了清静无为的出世念头。庄子有句话叫"巧者劳而智者忧，无能者无所求，饱食而遨游，泛若不系之舟"。韦应物看来也是很喜欢这句话，所以在他的诗中常常化用此语。比如这首《自巩洛舟行入黄河即事，寄府县僚友》：

> 夹水苍山路向东，东南山豁大河通。寒树依微远天外，夕阳明灭乱流中。
>
> 孤村几岁临伊岸，一雁初晴下朔风。为报洛桥游宦侣，扁舟不系与心同。

这句"扁舟不系与心同"分明就是化用"泛若不系之舟"嘛。韦应物的另一首诗更是不露痕迹地化用了这个典故：

滁州西涧

> 独怜幽草涧边生，上有黄鹂深树鸣。春潮带雨晚来急，野渡无人舟自横。

这"野渡无人舟自横"一句，其实也有几分"扁舟不系与心同"的滋味。当然这首诗的清幽寂寥之情更是出色，所以被奉为韦应物的代表作之一。

说起来韦应物的田园山水诗和王维、孟浩然等也是有所不同的，虽然一样的清幽淡雅，但是韦应物的诗作中更多地表现出一种凄清寂寞的味道，而王、孟诗中常是透着安乐、宁静。这应该和中唐时的社会动乱有关，不复有盛唐时的那种和谐型社会的环境了吧。

试看这些句子：

> 庭树转萧萧，阴虫还戚戚。独向高斋眠，夜闻寒雨滴。
> 微风时动牖，残灯尚留壁。惆怅平生怀，偏来委今夕。
> 霜露已凄凄，星汉复昭回。朔风中夜起，惊鸿千里来。
> 萧条凉叶下，寂寞清砧哀。岁晏仰空宇，心事若寒灰。

何等的凄清萧瑟。但历来失意寂寞的人应该是很喜欢韦应物的诗中这凄清幽远之境的，因为他们的心境也是常常寂寞中带着凄苦的。这里再选几首韦应物的好诗和大家共赏：

秋夜寄丘二十二员外

怀君属秋夜，散步咏凉天。山空松子落，幽人应未眠。

这诗真可以用《文心雕龙》所说的"悄然动容，视通万里"来形容，又或是以"神出古异，淡不可收。如月之曙，如气之秋"方可形容，凡夫俗子不敢多作解释，有些好诗说不得，解释不得，一说就如酒掺水，淡而无味了。

还有这首《寄全椒山中道士》：

今朝郡斋冷，忽念山中客。涧底束荆薪，归来煮白石。

欲持一瓢酒，远慰风雨夕。落叶满空山，何处寻行迹？

这首诗太好了，大诗人苏轼赞叹不已，也许是太喜欢这诗了，苏轼和了一首，是这样的：

一杯罗浮春，远馈采薇客。遥知独酌罢，醉卧松下石。

幽人不可见，清啸闻月夕。寄语庵中人，空飞本无迹。

但是东坡这首诗一问世，就遭到众人的非议。《许彦周诗话》载："韦苏州诗：'落叶满空山，何处寻行迹？'东坡用其韵曰：'寄语庵中人，飞空本无迹。'此非才不逮，盖绝唱不当和也。"施补华在《岘佣说诗》中也指出："《寄全椒山中道士》一作，东坡刻意学之而终不似。盖东坡用力，韦公不用力；东坡尚意，韦公不尚意，微妙之诣也。"洪迈的《容斋随笔》也是说苏轼费力不讨好，因为历来"绝唱寡和"。

也是，说起来这事就好像给很出名的电视剧拍续集一样，是个找骂的差事。比如现在如果哪位导演拍个《渴望》的续集，肯定事倍功半，骂声肯定不少。这里不禁又有些佩服起《红楼梦》的续作者高鹗来了，如果《红楼梦》真是高鹗所续，那高鹗的水平也很不错了，要知道续写作品是何等难呀，何况是《红楼梦》这样千古独步的小说？

韦应物的诗作大有陶渊明的味道，为人也仿效陶。和孟浩然同学一生求功名临老还"徒有羡鱼情"相对照，韦应物做了多年的"地委书记"后于贞元七年（791年）退职，寄居苏州永定寺，过起了闲居的生活。

俗话说：“有人星夜赴科场，有人辞官归故乡。”看来这官场也是一座“围城”嘛。韦应物的《幽居》一诗表达了他辞官后的心境：

> 贵贱虽异等，出门皆有营。独无外物牵，遂此幽居情。
>
> 微雨夜来过，不知春草生。青山忽已曙，鸟雀绕舍鸣。
>
> 时与道人偶，或随樵者行。自当安蹇劣，谁谓薄世荣。

韦应物此诗中全无愤激之语，自诉乐于和道人、樵夫为伍，他说之所以这样是因为自己没本事，并不是鄙薄世间荣华而故作清高——“自当安蹇劣，谁谓薄世荣”。如此棱角全无，当真是修炼到“也无风雨也无晴”的古井之心、古淡之境了。后世评之曰：“右丞（王维）之自然，太白之高妙，苏州（韦应物）之古淡，并入化境”，其言不谬。

李益：一个多情的、痴情的、绝情的人

> 他这一生，自从霍小玉恨恨地离他而去后，就再也没有了千金
> 一刻的春宵，也没有了月白风清下可以相依相诉的良夜。

唐代大历年间，是一个承前启后的阶段，这时候李白、杜甫这些盛唐诗人已经退场，而白居易等中唐诗人的花期还没有到来。所以这时候唐诗人中就以"大历十才子"最为有名。

这"大历十才子"众说不一，各种说法中人物的名单也不一致，但其中比较有名的像钱起、李端、司空曙等都写了不少好诗。像钱起在考场上写的那首《省试湘灵鼓瑟》诗中的"曲终人不见，江上数峰青"可谓是神来之笔。而且在考场那样的氛围下是很难写出好作品的，这就更显得难得。李端的"欲得周郎顾，时时误拂弦"和司空曙的"雨中黄叶树，灯下白头人"等也是难得的佳句。

大历年间由于战乱初定，往往到处是"兵火有余烬，贫村才数家。无

人争晓渡，残月下寒沙"（钱起《江行无题》）的情景，所以诗中的情景常有一些凄清之感。不再像盛唐一样多是慷慨豪迈的气势。

在"大历十才子"中，李益是个比较有特色的诗人。由于李益生长在苍凉的陇西，所以他对边塞上的风光事物特别熟悉，他的边塞诗是写得非常有意境的。像《盐州过胡儿饮马泉》：

> 绿杨著水草如烟，旧是胡儿饮马泉。
>
> 几处吹笳明月夜，何人倚剑白云天。
>
> 从来冻合关山路，今日分流汉使前。
>
> 莫遣行人照容鬓，恐惊憔悴入新年。

其中"几处吹笳明月夜，何人倚剑白云天"气势雄伟，直追太白之作。另外像《夜上受降城闻笛》也是写得十分清幽空灵：

> 回乐峰前沙似雪，受降城下月如霜。不知何处吹芦管，一夜征
>
> 人尽望乡。

李益还有一首诗也非常不错，细品一下很有杜甫那种深情沉郁、苍凉尽在不言中的韵味：

喜见外弟又言别

> 十年离乱后，长大一相逢。问姓惊初见，称名忆旧容。
>
> 别来沧海事，语罢暮天钟。明日巴陵道，秋山又几重。

但是这里把李益挑出来写成一篇，还有一个重要的原因就是李益有一段后世传闻极广的"才子佳人"的故事，这里面的"才子"自然是李益，而"佳人"是名伎霍小玉。

　　唐代传奇小说中就有一篇《霍小玉传》。故事大意是歌伎霍小玉的父亲是唐玄宗时代的武将霍王爷，母亲郑净持原是霍王府中的一名歌舞姬，被霍王爷收为妾，要说霍小玉也算是名门之后。不料，霍王爷在御敌时战死，可能也是由于霍家大老婆容不下郑净持吧，所以郑氏和霍小玉就流落民间，过着贫困生活。

　　为了维持母女俩的生计，霍小玉不得不承袭母亲的旧技，做歌舞伎待客。但霍小玉守身如玉，卖艺不卖身。这时候，李益中进士及第，诗名远扬。二人相遇，霍小玉以为遇到了一个理想的郎君，就以身相许，定下终身。

　　不料后来朝廷派李益外出为官，李益打算先回陇西故乡祭祖探亲，来年走马上任，一切安排停当之后再派人前来迎接霍小玉完婚。结果这一回家就出事了，李益的父母说：咱现在堂堂进士及第、朝廷命官，找个当歌伎的做媳妇多丢人呀！他父母赶忙就和豪门卢氏之女定下了亲事。

　　说起来唐朝有几个姓氏一直是很有权势的豪门，大家也可以查一下，像什么姓卢的，姓韦的，姓裴的，等等都是豪门。李益可能看到卢家女有权有势，心里也活动了，就和卢氏结为夫妻。

　　可怜霍小玉早也盼晚也盼，秋凉冬至，整整一年过去了，仍然不见李益的踪影，气得精神恍惚，病倒于床。霍小玉将终身的希望都寄托在李益身上，想来已是伤心欲绝吧。这时候李益倒也进了京城，但是他违心负约，不想也不敢去见霍小玉。唐朝时虽然没有网络等媒体，但霍小玉痴恋李益，

而李益绝情的故事却也居然传遍了长安。

要说这唐朝时的社会风气还真不错，有好多见义勇为的人。这时候一个叫"黄衫客"的（由于他做好事不留姓名，只见他身穿黄衣而不知是何人，所以小说中称他为"黄衫客"），先是假称是李益的粉丝，说喜欢李益的诗，要请李益去喝酒。

但李益随着他走着走着觉得不大对头，这不是向霍小玉家走吗，就想跑。"黄衫客"这位"榜一大哥"居然直接变脸，"绑架"了李益，送到霍小玉面前。还附带送了一桌子酒席，希望他们俩能合好，真是月老现世啊。但事情至此，霍小玉却已知覆水难收，对李益又爱又恨，激动之下，竟然当场死去了。她临死前紧握李益的手道：

> "我为女子，薄命如斯，君是丈夫，负心若此！韶颜稚齿，饮恨而终。慈母在堂，不能供养。绮罗弦管，从此永休。徵痛黄泉，皆君所致。李君李君，今当永诀！我死之后，必为厉鬼，使君妻妾，终日不安！"

霍小玉这话说得好狠，好绝情。小说中说后来果然经常发生一些异事，李益精神恍惚间常看到有男子模样的人和卢氏来往，于是他误以为卢氏有私情，常常打骂卢氏。《唐才子传》中也说："益少有僻疾，多猜忌，防闲妻妾，过为苛酷，有散灰扃户之谈，时称为'妒痴尚书李十郎'。"也就是说李益出门后，怕妻妾有外遇，就在门前地上散了灰，只要有人进出，他就会发现，就要细究是不是有"隔壁老王"来过。

看来李益和《不要和陌生人说话》一剧中的安嘉和差不多了。唉，说来李益为此伤情而心理变态，也是可怜呀，卢氏无缘无故地挨打，也是冤枉。其实最该打的是李益他老爹老妈，这些封建家族的混蛋，几千年来不知办了多少这种混事。

说起来这种痴情女子负心汉的故事数不胜数。身为妓女的美眉们要找个书生才子平安喜乐地从良更是难上加难，像什么杜十娘、王娇鸾（三言中的故事）等都是这样，妓女找才子得成正果的为数极少。像李娃和郑元和那样的比中个百万元大奖的彩票还难得一见。就算是苏三也是千难万难，经过九九八十一难才最后有个好结局。

连《莺莺传》中的大家闺秀崔莺莺最后也是被始乱终弃。好在崔莺莺比较大度，只是说"还将旧来意，怜取眼前人"，并没有像霍小玉那样咬牙切齿。但崔莺莺毕竟是大家之女，不见她母亲说根本不嫁"白衣夫郎"？只要将此事瞒过，就可以过一般贵妇人的正常生活了。而霍小玉是把全部的希望都寄托在李益身上了，一旦成了泡影，就意味着前功尽弃，自己出淤泥而不染的愿望就会落空，就不得不再面对其他男人，或者自甘堕落，真正沦为风尘之女，如何不痛？后来长安城里传出这样的诗句：

一代名花付落茵，痴心枉自恋诗人。

何如嫁与黄衫客，白马芳郊共踏春。

这首诗说得也有几分道理，纵观古时众多故事，觉得像霍小玉这样的美眉从良时选人确实很关键，最好不选书生才子这样的，尤其是家里父母双全或是高门豪第的，成功率更低。像李甲那种绣花枕头，只能听命于他家中父母的更不能要。要选就选家贫志坚，父母双亡，婚姻大事自己能做主的。要说这难度也不小，逛妓院的家伙有几个是好青年呢？

所以，以妓女们的接触层面来说，找一个德才兼备的男人更是难。或者选武将型的，比如梁红玉的从良故事，千百年来就成为成功的经典范例。像韩世忠那样的黑马股，从他贫寒无名时介入，伴随他一路攀升才是上策。另外就是要舍得投资，在他们贫寒落魄时资助，像李娃、苏三等都是这样做的。

其实李益的心中也是十分痛苦的，我觉得他的心中是忘不了霍小玉的，所以才心理乖戾变态。看他的诗句，觉得他应该是个多情的人，看这首诗应该就是在思念霍小玉吧：

写情

水纹珍簟思悠悠，千里佳期一夕休。从此无心爱良夜，任他明月下西楼。

仔细读一读这首诗，你会觉得若不是身有切骨之痛就根本不可能写出这样的诗句来的。"从此无心爱良夜，任他明月下西楼"，李益也是很可怜了，他这一生，自从霍小玉恨恨地离他而去后，就再也没有了千金一刻的春宵，也没有了月白风清下可以相依相诉的良夜。

李季兰：请原谅我这一生放荡不羁爱自由

李季兰的才情是非常高的，我觉得她的诗在唐代女诗人中当数第一。

21世纪初，一大批所谓的美女作家，流行叫什么"××宝贝"之类的。和她们相比，无论是比才情，还是比放纵，大唐才女李季兰都要远胜之。李冶（字季兰）和她们比起来更美女、更作家。

李季兰（又名李冶）出生在浙江吴兴，此地在唐代就已经是文化灿烂、经济繁荣的地方，当时就有大名鼎鼎的"吴中四士"——贺知章、张旭、张若虚和包融。这四个人除了包融大家可能不熟外，其他三人都各有名传千古的诗篇，绝非等闲之辈。

关于李季兰的身世，历史上留下的记载非常少，不过从李季兰深厚的诗文功底和精善琴棋书画的不凡素养来看，她十有八九也是出身于豪门富户的小姐。唐代时，名门闺秀乃至公主都不愿平平凡凡地嫁人，而入道观

过自由生活的也不乏其人。

对于李季兰的童年，《唐才子传》中只写了这样几句："始年六岁时，作《蔷薇诗》云：'经时不架却，心绪乱纵横。'其父见曰：'此女聪黠非常，恐为失行妇人'。"意思是说李季兰六岁那年，就写了一首咏蔷薇的诗，其父亲看了觉得，她这样小的年纪，居然春心萌动（"架却"谐音"嫁却"），性情不宁（心绪乱纵横），长大恐怕也是个放纵不检的女子。

这个故事，多半是后人附会而来，六岁女童，哪会有这样的心思，也太早熟了吧。六岁的女童也就只会玩泥球布娃娃，当然，有的人说，六岁儿童也会玩娶媳妇，过家家，但那只是她们看着结婚的仪式比较热闹、好玩，小女孩看到新娘子打扮得漂亮，心中羡慕，就也学着上花轿，这也是常有的事。但爹妈也不能据此就心中认定她必为"失行妇人"吧？

小女孩对于结婚时的"实质性"内容，还是根本不了解的。女孩大概怎么也要到十四五岁，才懂得点男女之情。对于李季兰这个童年逸事，其实正如过去评书小说中编的什么真龙天子出生时异香满室、红光冲天之类的事情一样，因果关系其实是颠倒的，正是由于李季兰在旧时人的眼里是"失行妇人"，才有了这段附会的故事吧！

据《唐才子传》一书中所说，李季兰"美姿容，神情萧散。专心翰墨，善弹琴，尤工格律"。天下美姿容的女子不少，但"神情萧散"，气质极佳的女子却向来少有。想来李季兰就和现在的"小资型"女子大有相似之处。李季兰容貌出众，才华过人，性情又是开朗放纵，所以她就交了一大堆"男朋友"。当然，其中或许有些真的只是朋友关系。

从存留下来的记载中看，和李季兰关系比较密切的人，主要有刘长卿、陆羽、朱放、皎然、阎伯钧等人。这些人经常在一起聚会吟诗，《唐才子传》

上记载了这样一个故事：

（李季兰）尝会诸贤于乌程开元寺，知河间刘长卿有阴重之疾，诮曰："山气日夕佳。"刘应声曰："众鸟欣有讬。"举座大笑，论者两美之。

意思是说李季兰在乌程县开元寺，和文人学士聚会时，她知道刘长卿有"阴重之疾"，也就是有"疝气"病，我们知道得疝气的人，肠子会下垂，使睾丸肿胀。当时患者没有手术治疗这样的途径，经常要用布兜托起睾丸，以减少痛楚。李季兰知道刘长卿有这种病，所以用陶渊明的诗"山气（谐音疝气）日夕佳"（《饮酒诗二十首》之五）来笑话刘长卿的疝气病。刘长卿也用一句陶渊明的诗来回答："众鸟欣有讬。"（《读山海经诗十三首》之一）这个"讬"字借作"托"字，"众"字借作"重"字，这个"鸟"字也作《水浒传》中骂人用的"鸟"字来讲。

我们看李季兰在公开场合，居然大讲"黄段子"不脸红，确实令人惊讶。另外，李季兰既然连老刘这种隐私都知道，那证明她和刘长卿的关系恐怕非同一般。当然，李季兰的朋友中，也有人坚决抵制她那风情万种的诱惑，像和尚皎然就是。他写过这样一首诗：

答李季兰

天女来相试，将花欲染衣。禅心竟不起，还捧旧花归。

从诗意看，李季兰非常主动，有"诱僧"之举，但皎然却和唐僧有一比，不为其美色所诱，也没有像武松一样"恼将起来"，而是很礼貌地还了她这样一首诗，果然是高僧气度。于是《唐才子传》中就贬损李季兰说"其谑浪至此"。

其实，正是因为后世中清规戒律越来越多，对于男女大防越来越严格，所以再看李季兰的所为，就觉得她似乎淫荡不堪，出奇的放浪。

事实上，在初唐、盛唐时期，男女方面的事情似乎比现在都开放得多，像太平公主、上官婉儿、玉真公主等都是男宠成群，贵族妇女中"出轨"者也不在少数。有记载说，杨国忠外出多年，他老婆不知和什么野男人搞得怀上了孩子，杨国忠也不追究，还自我解嘲说："此盖夫妻相念情感所致。"

可见唐代人对男女之事的态度。所以放在这个"社会大环境"下看，李季兰的所作所为虽然前卫，但不算特别秽亵不堪。正像我们今天一样，"运用你的智慧，炫耀你的身体"，向来是美女作家们的拿手好戏。

而且，我觉得，李季兰虽然放纵大胆，但却出乎真情，不是像妓女一样靠出卖美色来换取钱财。她所交往的全是才华横溢的文人，和现在有些专傍大款的美眉大不相同。

我们看和李季兰来往密切的这些人，先说刘长卿。此人在诗坛倒是有一席之地，有什么"五言长城"之称，但仕途坎坷，在官场上却是个倒霉蛋、冤大头。他屡次被贬官，甚至还蹲了回大狱，和李季兰相识时，官职一直在六品以下，也不是什么有权势的人。

皎然是个和尚，不用说，也是要钱没钱，要权没权的主。而陆羽，虽后世有"茶圣"之称，但当时就是一个山村野人。陆羽早年是个孤儿，三岁时被老和尚拾去，学得识字烹茶。后来他不耐寺庙清规，逃走后加入一个戏班子当优伶演戏。说到演戏，你可别认为陆羽长得漂亮，他长得奇丑，还有点口吃，他演的全是丑角，靠逗人发笑赚上座率。后来他又学着当隐士，这等人能有钱吗？没有半点油水可榨，也就喝他两壶茶水罢了。

朱放和李季兰在一起厮混时，也是穷书生一个，没有功名在身，直到大历中，才被聘为江西节度参谋，终其一生也没有做过大官。所以，在这一点上，我觉得李季兰的行为虽然在我们今天也有所非议，但却也是"发乎真情"，并不是肮脏可耻的行为。我也非常反对将她归于妓女一类。

李季兰虽然到处留情，广交朋友，然而这些男人行踪不定，他们要忙"事业"，忙学业，等等。因此和李季兰的欢会也只是如水中浮萍一般，聚散无常。有道是"男人一夜，女人一生"，虽然李季兰未必就如此执迷不悟，但李季兰再洒脱，作为一个女人，还是会很看重这些感情的。

所以，她和这些男人欢聚的日子总是显得那么短暂，而离情别恨也成了她诗集中的主旋律：

明月夜留别

离人无语月无声，明月有光人有情。别后相思人似月，云间水上到层城。

这首诗写得相当不错，我觉得和李白的《静夜思》有相通之处，都是借月光写思情，都显得是那样的高洁脱俗。月光如水，水长天阔，这情境是那样的深远清峭。李季兰泛舟湖上，满怀离情望着明月，她多么盼望能"云间水上到层城"（层城：昆仑山之最高处），此情此景，殊为优美。然而，诗中的惆怅迷茫也是悠悠不尽。

从李冶的诗集中来看，可以确信是她情人的当数阎伯钧了，然而，两个人经历了一段甜甜蜜蜜之后，阎伯钧却要离开她去剡县了，李季兰依依不舍地写下了这首诗：

送阎二十六赴剡县

流水阊门外，孤舟日复西。离情遍芳草，无处不萋萋。

妾梦经吴苑，君行到剡溪。归来重相访，莫学阮郎迷。

诗中李季兰自称为"妾"，呼阎伯钧为"阮郎"，当真是郎情妾意，缠缠绵绵。所谓"阮郎迷"，是这样一个典故：相传汉明帝时，刘晨、阮肇二人入山遇到仙女，恰似李逍遥遇到赵灵儿，于是二人都被仙女揪入洞房，成为夫妇。山中方十日，世上已百年，当两个人终于乐而思蜀，想回家去时，家中早已沧桑巨变，只打听到他们的七世孙。此处李季兰用此典故，是说希望阎伯钧能不时回来看看她（郯县离她并不是太远），不要像阮肇一样一去不归。

然而，从另一首诗看，阎伯钧也是负心之辈，李季兰这首《得阎伯钧书》就证实了这一点：

得阎伯钧书

情来对镜懒梳头，暮雨萧萧庭树秋。莫怪阑干垂玉箸，只缘惆怅对银钩。

所谓"阑干垂玉箸"，是指泪流满面的样子，"玉箸"在古人诗中往往形容长垂的双泪（不过我觉得这个词比较别扭，泪水一般来说不可能成为长长的一条，鼻涕倒是可以）。

从诗中来看，李季兰得到阎伯钧的书信后，大哭一场，懒得再梳妆打扮，那姓阎的这封信十有八九就是和李季兰的分手信。有道是"多情总被无情伤"，李季兰不免经常暗自伤情，她有一首诗说："心远浮云知不还，心云并在有无间。狂风何事相摇荡，吹向南山复北山。"是啊，李季兰一颗心，也是如狂风中卷起的蓬草一样，起起落落，飘荡无依。酒席欢宴散时，良辰酒醒之后，依旧逃不掉那如影随形的寂寞：

感兴

朝云暮雨镇相随，去雁来人有返期。玉枕只知长下泪，银灯空照不眠时。

仰看明月翻含意，俯眄流波欲寄词。却忆初闻凤楼曲，教人寂寞复相思。

当李季兰生病时，她更加感到寂寞苦闷。然而，好多的男人都是有酒场饭局和寻欢作乐时才来，真正需要帮助和关怀时却一个个都踪影全无。好在"茶圣"陆羽还不错，在阴冷的大雾天中，前去探望李季兰，于是李季兰写下了这首诗：

湖上卧病喜陆鸿渐至

昔去繁霜月，今来苦雾时。相逢仍卧病，欲语泪先垂。
强劝陶家酒，还吟谢客诗。偶然成一醉，此外更何之。

病中憔悴不堪的李季兰看到身上沾满清霜的陆羽，不免打心底感到一丝温暖。"相逢仍卧病，欲语泪先垂"，想来此时李季兰正处在感情受伤的时刻，恐怕是心病更多于身病。

不过在陆羽的劝慰下，两个人饮酒赋诗（"陶家酒"指陶渊明的酒，"谢客诗"指谢灵运，都是借指），心情也渐渐开朗了起来。说来也是，人家陆羽原来当过优伶，专演逗人乐的角色，想来哄李季兰一笑也不难。但是从诗中看，李季兰把陆羽只是当作朋友，并没有什么特别亲昵的语言。

钟惺《名媛诗归》卷十一说："微情细语，渐有飞鸟依人之意矣。"这句我不是很赞同，我觉得此诗潇洒磊落，纯为抒发友情而写，就算放入孟浩然和李太白集中也不见逊色，并无一般女子那种"小鸟依人"的媚态。

李季兰一开始也是满怀真情，但是带给她的却是屡屡受伤，像她的《春闺怨》又说："百尺井栏上，数株桃已红。念君辽海北，抛妾宋家东。"这个"抛"字很能表现出李季兰的愁怨。在心中刻满伤痕后，李季兰可能真的想通了，她写下这样一首至情至理之诗：

八至

至近至远东西，至深至浅清溪。至高至明日月，至亲至疏夫妻。

这四句平白如话，但却意味深长，可谓精警千古。前三句其实全部是衬托最后一句，"至亲至疏夫妻"，此六字写世事人情，堪称入木三分。即使现代社会21世纪中，依然是这样。夫妻间亲密起来可以无话不说，让对方从身上咬口肉也心甘，但如果恨起来，却恨不得你吃了我，我吃了你，倒似有不共戴天之仇一样。

钟惺《名媛诗归》评此诗说："字字至理，第四句尤是至情。"我觉得此诗"字字至理，第四句尤是至理"。清黄周星《唐诗快》中说："大抵从老成历练中来，可为惕然戒惧。"这句话意思倒还对付，但"老成历练"恐怕用词不当，应该说是李季兰从无数次伤心之泪中领悟出来的吧。由于有关李季兰的资料太少，不知道她是否正式结过婚，但从这句"至亲至疏夫妻"一句话来看，想必也是"翻过筋斗来的"。

"自古美人如名将，人间不许见白头"。晚年的李季兰，日子过得也非常艰难。年轻的时候，男人们倾慕她的芳名，为之趋之若鹜，李季兰又是广于应酬的人，因此度日不难。而一旦人老珠黄，顿时门庭冷落，无人理睬。

李季兰最后死得也非常凄惨，唐德宗年间，叛臣朱泚篡位，立国号大秦。而李季兰却给伪帝朱泚献诗称贺，这种行为在当时，就像抗日战争中当汪伪汉奸差不多的性质。李季兰为什么要蹚这个浑水呢？如果不是受胁迫的话，就是李季兰当时穷困已极，十分落魄。

这也很有可能，因为像李季兰这样的女人晚景一般比较凄凉。像一代名妓赛金花，晚年也十分落魄，据说接受过韩复榘的资助，还写了首诗给老韩："含情不忍诉琵琶，几度低头掠鬓鸦。多谢山东韩主席，肯持重币赏残花。"

然而，不管怎么说，李季兰的"附逆"行为在当时来说是非常严重的大罪，德宗斥责她一点思念故君的感情也没有，很有可能李季兰是主动献诗给逆贼朱泚的。于是德宗盛怒之下，命人将李季兰乱棍打死。算来李季兰当时已是个七十多岁的老太太了，临老却惨死在棍棒之下，也很是可怜。下手行刑的人可能根本不知道，这个枯瘦的小老太太当年在江南是那样的光彩照人，倾倒众生。

李季兰在后世恪守礼教的人看来行止甚是不端，临老还"附逆"于贼，"人品"很是糟糕，所以后世人们夸女子有才时，很少用"李季兰"做比喻。

然而，李季兰的文采却是他们不得不服气的，确实，李季兰留下来的诗虽然不多，只有十六首，但篇篇精彩，没有一篇平庸乏味之作。不少人都觉得这一首诗最好，《唐诗鉴赏辞典》中也选了这首：

寄校书七兄（一作送韩校书）

无事乌程县，蹉跎岁月余。不知芸阁吏，寂寞竟何如？

远水浮仙棹，寒星伴使车。因过大雷岸，莫忘八行书。

对于这首诗，唐人高仲武《中兴间气集》中就没命地夸："如'远水浮仙棹，寒星伴使车'，盖五言之佳境也。"明胡应麟《诗薮·杂编·闰余上》中也夸："李季兰'远水浮仙棹'二语，幽闲和适，孟浩然莫能过。"其实，依我来看，这首诗比较平平，比李季兰的其他诗篇并不强，之所以古人称道，是因为当年的口味是不一样的。

当时的人，觉得诗写得典雅大方，像男人写的那样，才算有才。我们看李季兰这首诗中不露痕迹地化用诸般典故，比如"远水浮仙棹，寒星伴使车"，不了解典故，从字面上也能想象出一个水陆兼程的行旅图景，但其中却暗含了下面的典故："远水浮仙棹"，是指汉代博望侯张骞奉使乘槎探索河源的故事。"寒星伴使车"则是《后汉书·李郃传》中的故事——汉和帝派使者到各州县去微服察访，汉中小吏李郃会看天象，他见二座星向他这里移动，因而就知道有使者前来。

"大雷岸"云云，是指鲍昭写给其妹鲍令晖的《登大雷岸与妹书》。这些在古时都是学子们必读的文章，因此在当时来看，他们会觉得李季兰熟用诸般典故，巧妙妥帖，甚是高妙。但我们今天来看，不免觉得生疏隔膜。

156

所以，我并不最喜欢李季兰这一首诗。

李季兰的才情是非常高的，我觉得她的诗在唐代女诗人中当数第一。薛涛虽然写得也不错，但是她因身为官妓，有好多诗不免有刻意迎合官长之嫌，阿谀拍马的违心之作也不少。而李季兰的诗却清气满怀，萧然有林下之风，脱落自在。

李季兰的诗带有浓郁的盛唐气息，严羽《沧浪诗话》中说："盛唐诸人惟在兴趣，羚羊挂角，无迹可求。故其妙处透彻玲珑，不可凑泊，如空中之音，相中之色，水中之月，镜中之象，言有尽而意无穷。"李季兰的诗确实有这样的意味，我尤其喜欢李季兰这首诗：

相思怨

人道海水深，不抵相思半。海水尚有涯，相思渺无畔。

携琴上高楼，楼虚月华满。弹著相思曲，弦肠一时断。

有人常称叹孟浩然的诗是"语淡而味终不薄"，依我看，李季兰的这首诗也当之无愧。这首诗中没有生涩难解的典故，字句虽然平易，但却诗味醇永，韵致天然。读来如行云流水，风神疏朗，悠然有林下风致。有道是"诗必盛唐"，所以，虽然身处中唐时期却有着盛唐之音的李季兰，她的诗才在唐代女诗人中堪称艳绝群芳，高居魁首。

白居易：道不尽红尘奢恋，诉不完人间恩怨

诗人为皇帝写诗吊祭毫不稀奇，而皇帝为同时代的一位诗人写诗作吊，仅此一例，再无他人。

说起唐朝大诗人，除了李白、杜甫，恐怕公认的 No.3 就是白居易了。记得小时候看过一本唐代三大诗人的少儿读物，其中的人物就是李白、杜甫和白居易。确实，白居易的诗作之多，影响力之大，较之李杜，丝毫不见逊色。

白居易也应该算是"神童"类的人物，相传他不会说话时就认识"之""无"两字，五六岁便学写诗，九岁便能够辨别声韵。当然白居易也是很刻苦用功的，他自己曾叙述："昼课赋，夜课书，间又课诗，不遑寝息矣，以至于口舌生疮，手肘成胝。"写字手肘都长了茧，可见用功程度了。我见有的网迷，整天玩鼠标，有的手腕上也磨出茧子来了，呵呵，倒和白乐天前贤有一比，不过你玩游戏能玩出什么成就来？白居易十五岁就写出

了一首很出色的七律：

> 时难年饥世业空，弟兄羁旅各西东。田园寥落干戈后，骨肉流
> 离道路中。
>
> 吊影分为千里雁，辞根散作九秋蓬。共看明月应垂泪，一夜乡
> 心五处同。

此诗风格老到，一看之下还以为是老杜的诗呢，不想出自年纪小小的白居易手中，实在难得。白居易十六岁时，就写出了那首著名的《赋得古原草送别》：

> 离离原上草，一岁一枯荣。野火烧不尽，春风吹又生。
> 远芳侵古道，晴翠接荒城。又送王孙去，萋萋满别情。

当时的诗家前辈顾况见到年轻的白居易后，就拿白居易的名字开涮，说是："长安米贵，居恐不易"（现在的京城里米倒不贵，房子却贵得离谱）。顾况心想京师里的物价水平哪里是你这样的小辈能承担的，但看了这首诗中居然有"野火烧不尽，春风吹又生"这样惊人的句子后，才不得不改口说：白居易既然有这样的才华，长安还是住得下的。

后来以白居易的才华，当然进士及第，后来被封为左拾遗一职。早年的白居易刚直尖锐，满怀书生意气。白居易这段时间写了好多针砭时弊的诗篇，以《秦中吟》和《新乐府》最为出名，在这些诗篇里，白居易反映了当时深刻的农民问题，像"农民真苦，农村真穷，农业真危险"这样的

事情，在诗中都有体现：

农民真苦：

观刈麦

田家少闲月，五月人倍忙。夜来南风起，小麦覆陇黄。

妇姑荷箪食，童稚携壶浆。相随饷田去，丁壮在南冈。

足蒸暑土气，背灼炎天光。力尽不知热，但惜夏日长。

复有贫妇人，抱子在其傍。右手秉遗穗，左臂悬敝筐。

听其相顾言，闻者为悲伤。家田输税尽，拾此充饥肠。

……

农村真穷：

村居苦寒

八年十二月，五日雪纷纷。竹柏皆冻死，况彼无衣民！

回观村闾间，十室八九贫。北风利如剑，布絮不蔽身。

唯烧蒿棘火，愁坐夜待晨。乃知大寒岁，农者尤苦辛。

……

农业真危险：

杜陵叟，杜陵居，岁种薄田一顷余。

三月无雨旱风起，麦苗不秀多黄死。

九月降霜秋早寒，禾穗未熟皆青干……

债台如"泰山"："典桑卖地纳官租，明年衣食将何如"；负担如"珠峰"："长吏明知不申破，急敛暴征求考课"；"干部"如"蝗虫"："剥我身上帛，夺我口中粟。虐人害物即豺狼，何必钩爪锯牙食人肉"；"政策如谎言"："不知何人奏皇帝，帝心恻隐知人弊。白麻纸上书德音，京畿尽放今年税。昨日里胥方到门，手持尺牒榜乡村。十家租税九家毕，虚受吾君蠲免恩"。

真是上有政策下有对策，皇家发了文件让"尽放今年税"，但是奸猾的乡村里胥们，根本不及时传达这个精神，直到"十家租税九家毕"，这才玩马后炮，让农民空欢喜一场。看来白居易只用《杜陵叟》一诗就将诸多农民问题叙述得很到位了。

白居易是很同情这些贫苦人民的，常在诗中自责自问："今我何功德，曾不事农桑。吏禄三百石，岁晏有余粮。念此私自愧，尽日不能忘。"有时觉得，古代任命这些书生举子为官，也有些好处。这些人自幼读"圣贤"书，多半都有点书呆气。古代有所谓"官清似水，吏滑如油"之说，像贾雨村那样的，一开始还想秉公办案，但被门子这个小吏一教，马上变坏了。

当然也会有些书呆气厉害的，不为小吏的言辞所动，而做些好事儿。像后世海瑞之类的书呆，以及电视剧《大宋提刑官》中宋慈这样的形象都是如此，这样的官比单纯从小吏中提拔那些"官油子"还是强得多的。尤其是在吏治败坏后，小人当权时，小人选拔小人，最终形成可怕的小人集团，好多王朝都是这样崩溃的。

白居易这些讽喻性很强的诗篇，被他自己收入诗集的讽喻篇中。白居易连皇帝身边的人也敢讽刺，像我们大家熟悉的《卖炭翁》就是"苦宫市也"，反映了宫里太监们的霸道行为。但卖炭翁还不算最倒霉，毕竟还给了"半匹红纱一丈绫"，假如卖炭翁碰上的是更不讲理的"暴力执法"的"城管"，直接连牛带车和炭全没收，弄不好还要挨顿揍。

白居易这些诗，当然不像歌功颂德的话听起来那么顺溜，我们来简单看一下《秦中吟》这一组讽喻诗是怎么令那些权贵恨得牙根痒痒的。

《轻肥》中讽刺当时大吃大喝的腐败行为："樽罍溢九酝，水陆罗八珍。果擘洞庭橘，脍切天池鳞"，而老百姓过的是什么日子呢："是岁江南旱，衢州人食人"。而这些靡费民脂民膏的是什么人呢？——"借问何为者，人称是内臣。朱绂皆大夫，紫绶或将军"，是朝中的显贵，包括宦官、三品以上的文武高官。

《歌舞》一诗也是把矛头对准朝中大佬："雪中退朝者，朱紫尽公侯。贵有风云兴，富无饥寒忧……日中为一乐，夜半不能休。岂知阌乡狱，中有冻死囚！"深刻揭露出"问题出在前三排，根子就在主席台"的本质。

《不致仕》则讽刺朝中的老家伙们贪官恋栈，不肯退休，虽然"齿堕双眸昏"，还是不甘心放下权力，于是"金章腰不胜，伛偻入君门"。

所以白居易也知道，这些诗让好多人不痛快，他自己在给密友元稹的信中，曾经骄傲地说过："闻《秦中吟》，则权豪贵近者相目而变色矣。"

除了《秦中吟》，白居易还写下了三十首《新乐府》，其中就有我们熟悉的《卖炭翁》《红线毯》之类，也是刺贪刺虐入骨三分的作品。因为率性大胆，说了好多人不敢说的话，白居易也因此名声大噪。

这样的性格，当然不为权贵所喜，也造成了白居易后来的官运不佳，但是白居易还是自豪地说：

一篇长恨有风情，十首秦吟近正声。每被老元①偷格律，苦教短李②伏歌行。

世间富贵应无分，身后文章合有名。莫怪气粗言语大，新排十五卷诗成。

《秦中吟》之类的诗，确实代表了白居易年轻时的锋锐之气，扶正祛邪的高昂之志。但是这也造成了他仕途上的不顺。白居易因上疏请急捕刺武元衡者，为宰相所恶，被贬为江州司马。这段时间连续被贬，使白居易的心情受到很大的打击，从此，他的思想发生了很大的变化。为避祸远嫌，"不复愕愕直言"，"世事从今口不言"。就在这时，他写下了著名的《琵琶行》长诗，把自己和沦落为商人妇的歌女相提并论，一时间红袖青衫俱湿，开创了文人和商女惺惺相惜的先河。

说起来在白居易的长诗中，喜欢《琵琶行》者要多于《长恨歌》，当然在艺术上《长恨歌》的成就也极高，但唐玄宗和杨贵妃的爱情故事本身缺乏号召力，总觉得他俩有点"野鸡配色狼"的意思，并不是那样值得同情的。而《琵琶行》思想情感更能深深地打动千年来那许多的失意文人。

说起这些长篇叙事诗，应该说白居易写得最好了，像《长恨歌》《琵琶行》之类的读来朗朗上口，韵律优美。杜甫虽然也有《北征》之类的诗作，

---

① 老元是朋友元稹。

② 短李是写《悯农》的诗人李绅，因他个子矮小，所以称短李。

163

但那些长诗就远不如白居易的诗更易让一般诗歌爱好者记住和喜爱。后来像元稹虽然也写过《连昌宫词》之类的长诗，但比之白居易逊色了许多。

后来白居易又做了杭州刺史、苏州刺史等。白居易无心在朝中参与党争，而自愿做地方官。说起来既是一种反抗，也是一种逃避。白居易信奉"达则兼济天下，穷则独善其身"的信条，这段时间即白居易的后半生，也就是白居易"穷则独善其身"的时候。白居易这时候写了好多闲适之作，从白居易诗集中找到的《适意》这首诗，应该能比较贴切地反映出白居易此时的心情：

> 十年为旅客，常有饥寒愁。三年作谏官，复多尸素羞。
> 有酒不暇饮，有山不得游。岂无平生志，拘牵不自由。
> 一朝归渭上，泛如不系舟。置心世事外，无喜亦无忧。
> 终日一蔬食，终年一布裘。寒来弥懒放，数日一梳头。
> 朝睡足始起，夜酌醉即休。人心不过适，适外复何求？

但是白居易此时也有点放纵，以妓乐诗酒放情自娱。他蓄妓与嗜酒无厌，直到暮年。白居易家里蓄的妓不少，最出名的是小蛮和樊素。这俩美眉是杭州的美女，有"樱桃樊素口，杨柳小蛮腰"之称，看来唐朝时也不是只喜欢杨贵妃型的，江南女子杨柳一样的小蛮腰也是让人赞美的。另外据《容斋随笔》上说，白居易有首诗，叫作《小庭亦有月》云：

> 小庭亦有月，小院亦有花。菱角报笙簧，谷儿抹琵琶。
> 红绡信手舞，紫绡随意歌。左顾短红袖，右命小青娥……

白居易自己作注说："菱、谷、红、紫，皆小臧获名。"臧获，即家姬。诗中的菱角、谷儿、紫绡、红绡等女子都是他的小妾或者说叫家妓。早年白居易曾上书极力反对皇帝选美，不想白居易后来也深溺于声色之中。说来白居易也够堕落的了。当然唐代士大夫们蓄妓并非只有他一人，是一种很普遍的现象。好像樊素等人对白居易还是蛮有感情的。据说白居易后来老了，决定卖马，放妓。但是他心爱的马居然反顾而鸣，不忍离去。樊素也感伤落泪说：

> 主乘此骆五年，衔橛之下，不惊不逸。素事主十年，巾栉之间，无违无失。今素貌虽陋，未至衰摧。骆力犹壮，又无痞瘠。即骆之力，尚可以代主一步；素之歌，亦可以送主一杯。一旦双去，有去无回。故素将去，其辞也苦；骆将去，其鸣也哀。此人之情也，马之情也，岂主君独无情哉？

白居易也长叹道：

> 骆骆尔勿嘶，素素尔勿啼；骆返厩，素返闺。吾疾虽作，年虽颓，幸未及项籍之将死，何必一日之内弃骓兮而别虞姬！素兮素兮！为我歌杨柳枝。我姑酌彼金罍，我与尔归醉乡去来。

这里白居易把女人和马相提并论，有些女读者觉得很不平，但旧时就是那样，侍妾之类的女人和马就是差不多的待遇。想来樊素和小蛮这样的女子在白居易这里总比沉沦于青楼之类的污浊之地强点吧。

当然最后樊素和小蛮还是走了，这也算是为她们后来的幸福着想吧，白居易思念中写道：

两枝杨柳小楼中，袅娜多年伴醉翁。明日放归归去后，世间应
不要春风。
五年三月今朝尽，客散筵空掩独扉。病与乐天相共住，春同樊
素一时归。

灿烂的春光仿佛和樊素一起走，那不仅仅是春光，也是白居易的青春岁月，从此，白居易真的就是一个衰翁了。

说来蓄妓的行为是当时的士大夫们的普遍行为，在今天看来白居易似乎德行有亏，但当时并不算什么过分的行为。当然那时候也有像王维这样清心自守的人，更让我们崇敬。

白居易晚年所撰《醉吟先生传》自我表白云："性嗜酒、耽琴、淫诗（是说浸淫于诗词之中，可不是写黄色的淫诗）。凡酒徒、琴侣、诗友多与之游，游之外，栖心释氏。"

其实白居易还有个爱好是下围棋，大家知道有一首叫《问刘十九》："绿蚁新醅酒，红泥小火炉。晚来天欲雪，能饮一杯无？"这首诗流传很广，白居易还有一首叫《与刘十九同宿》，这诗中写了两个人的活动："红旗破贼非吾事，黄纸除书无我名。惟共嵩阳刘处士，围棋赌酒到天明。"两个人下了一晚上的棋，看来白居易的棋瘾也很大。

但白居易在《醉吟先生传》里并没有写他喜欢下棋这一爱好，当然也没有好意思写"蓄妓"这一项爱好。说起来白居易实在和早年的他有点判若两人了，早年的白居易反对皇帝选美，也反对礼佛，以免增加人民的负担。这时白居易的作为实在和早年大相径庭。

不过即便如此，白居易还不是那种彻底腐败暴虐的坏官。白居易还是比较勤政的，他在一首诗中说："清旦方堆案，黄昏始退公。可怜朝暮景，销在两衙中。"白居易在西湖上修堤蓄水灌田。人们为了怀念他，名所筑之堤为"白堤"。此外，还浚城中六井，以供市民饮用。白居易在离开杭州时，耆老遮路，壶浆满筵，群众和白居易依依惜别，这说明白居易还是个好官的。

说来也是，所谓江山易改，本性难移。早年写出那么多同情人民疾苦的白居易肯定也不会太贪虐百姓的。他暮年时写过一首诗："先卖南坊十亩园，次卖东郭五顷田。然后兼卖所居宅，仿佛获缗二三千……"对自己的财产做了一次诗歌形式的申报，在当时来说，白居易还是比较清正的。

到了七十五岁这一年的夏天，白居易在安详的睡梦中永远地长眠了。此时中唐时的著名文坛大腕们早已相继谢世，如李绅、刘禹锡、元稹等都无法吊祭这位继李、杜之后最有影响力的诗人了。

不过，有一位重量级的吊客，写下了这样一首诗："缀玉联珠六十年，谁教冥路作诗仙。浮云不系名居易，造化无为字乐天。童子解吟长恨曲，胡儿能唱琵琶篇。文章已满行人耳，一度思卿一怆然。"此诗作者就是新继任的唐朝皇帝唐宣宗，诗人为皇帝写诗吊祭毫不稀奇，而皇帝为同时代的一位诗人写诗作吊，仅此一例，再无他人。

白居易的诗歌流传之广，比李杜有过之而无不及。白居易对自己

的作品是很爱惜的，白居易六十五岁时，把自己的作品仔细整理，分为讽喻诗、闲适诗、感伤诗、杂律诗四大类，集成七帙，共六十五卷，凡三千二百五十五首，题名叫作《白氏文集》，"共享"在洛阳圣善寺钵塔院律疏库楼里。题记中说明：这部文集是"不出院，不借官客，有好事者任就观之"的。这样做实际上起到放在图书馆里的作用了，这比好多人的诗集被他人收集整理强多了。

后来白居易把自己的文集又整理了一次，除家藏一本外，别处放有三本。一本已经放在洛阳圣善寺钵塔院，一本放在庐山东林寺藏经处，另一本放在苏州南禅院千佛堂内。所以，白居易的诗集保存得很完整，诗集之全，诗作之多，题材之广，也是空前的。这也算是诗坛一大幸事吧。

白居易的诗通俗易懂，据说白居易先念给不认字的老太太听，竟达到连老太太也能听懂的标准。王安石叹道："世间好语，都被杜甫说尽，世间俗语，又被白居易说尽。"白居易还首开说理诗之风，像什么"草萤有耀终非火"之类的哲理诗，直接影响了苏轼等人的诗风。

白居易的诗流传极为广泛，所谓"二十年间，禁省、观寺、邮候、墙壁之上无不书，王公、妾妇、马走之口无不道。至于缮写摹勒街卖于市井，或持之以交酒茗者，处处皆是。"用现在的眼光来看，白诗如果放在论坛上肯定点击率极高。

白居易的诗当时还传到了日本、新罗（今朝鲜）、日南（今越南）等国。据史料记载，当时日本嵯峨天皇就曾经抄写过许多白居易的诗，藏之秘府，暗自吟诵。契丹国王亲自将白诗译成契丹文字，诏番臣诵读。另外，白居易还首次写出了高质量的词，虽然常说李白是"百代词曲之祖"，但传闻是李白所作的那两首词，作者究竟是谁，众说纷纭，难以确认就是李白所写，而白居易的《江南好》《长相思》（汴水流，泗水流，流到瓜洲古渡头，吴山点点愁。思悠悠，恨悠悠，恨到归时方始休，月明人倚楼。），既是脍炙人口的好词，又有十分明确的版权，所以白居易才是当仁不让的词家之祖。

有个故事说："闻有军使高霞寓者欲聘娼妓，妓大夸曰：'我诵得白学士《长恨歌》，岂同他妓哉？'由是增价。"呵呵，连这类女子会背白居易的诗都能身价高一筹，可见白诗的地位和影响。

更有一个白居易的追星族，叫葛清，酷爱白居易诗，此人不仅"自颈以下遍刺白居易舍人诗，凡三十余处"，而且背上也刻上白居易诗中字句，"若人问之，悉能反手指其去处，沾沾自喜"。由于此人常袒胸裸臂于街头且行且歌，市人见之，便呼为"白舍人行诗图"，实在是太走火入魔了。古代也没有文身贴纸之类的，诗句刻在胳膊上、背上一带就是终身了，这人也实在是太痴迷了。

杭州西湖历来被称为人间佳景，想这西湖胜景，若没有白、苏两位诗人的深厚文化底蕴，也难享如此大名。在此录一首白居易的《杭州春望》为此文作结：

望海楼明照曙霞，护江堤白踏晴沙。

涛声夜入伍员庙，柳色春藏苏小家。

红袖织绫夸柿蒂，青旗沽酒趁梨花。

谁开湖寺西南路，草绿裙腰一道斜。

元稹：喜欢我的诗，不一定要喜欢我这个人

有人说女孩富养，男孩穷养，其实男孩子生长在贫寒之家也不见得好，尤其是和这类人谈恋爱的女孩子，一定要提防他们，因为他们吃苦吃怕了，爱情不见得是他们最想要的。

元稹是个一生"绯闻"很多的唐代诗人，现在网上的名声越来越臭，几乎成为"渣男"的典型代表。最重要的原因就是，元稹早年的风流事被他自己写成一篇《莺莺传》，又叫《会真记》的传奇小说。这个故事被后来的王实甫改编成《西厢记》的剧本，从而家喻户晓。

现在大家熟知的《西厢记》故事和《莺莺传》虽然大意相同，但是从细节上看是有很多不同之处的。从元稹自传体性质的《莺莺传》一文中，可以看出早年元稹的一些情况。

元稹八岁丧父，故而家中贫困，但父辈藏书颇富，也算是书香门第了。贞元十五年（799年）冬，元稹寓居蒲州（今山西永济），与其母系远亲崔

姓之少女名"双文"者（即后来传奇小说《莺莺传》中的崔莺莺）相恋。元稹在他的《莺莺传》里是这样说的："唐贞元中，有张生者，性温茂，美风容，内秉坚孤，非礼不可入。"这里的张生就是元稹的化名，鲁迅先生在《中国小说史略》中说："《莺莺传》者……元稹以张生自寓，述其亲历之境。"

看来元稹年轻时还是比较老实的男孩子，而且"年二十三，未尝近女色"。看来在唐代这个年龄还是处男也算一件比较稀罕的事，有人就笑话他，张生就说了这番道理："登徒子非好色者，是有淫行。余真好色者，而适不我值。何以言之？大凡物之尤者，未尝不留连于心，是知其非忘情者也。"看来元稹的这个观点，倒与后来《红楼梦》中的那段"体肤滥淫"和"意淫"的观点有点相似。看来这时的元稹也是崇尚有感情基础的性爱，好色而不淫。

但这个"张生"在《莺莺传》的故事中的表现也很有趣儿。张生先通过红娘递话儿，红娘劝他："郎之言，所不敢言，亦不敢泄。然而崔之姻族，君所详也，何不因其德而求娶焉？"让他走正式求婚的途径。可张生说："昨日一席间，几不自持。数日来，行忘止，食忘饱，恐不能逾旦暮。若因媒氏而娶，纳采问名，则三数月间，索我于枯鱼之肆矣。尔其谓我何？"意思是说看了莺莺后就神魂颠倒，要是求婚至少好几个月，那我可等不及了，我就要像枯鱼一般渴死了。呵呵，张生急色色的表情跃然纸上。

红娘就说：这话让我传我不敢说，也不好说，你发挥特长，写诗给我们小姐。张生一听，茅塞顿开，写了诗给莺莺。莺莺还给他这样一首诗："待月西厢下，迎风户半开。拂墙花影动，疑是玉人来。"诗中之意，分明是暗许他穿墙窬穴来成就好事。张生一听，喜得如得了纶音佛旨一般，当天晚上就爬墙过去来到西厢房中，没有想到的是，莺莺居然"端服严容"，大义

凛然地将张生训了一通："非礼之动，能不愧心，特愿以礼自持，无及于乱。"张生如同迎头浇了一桶凉水，好生绝望，自此也绝了这个念头。

哪想过了几天后，这天晚上，红娘先抱着崔小姐的枕头被子过来了（嘻嘻，人家唐朝小姐偷情也很讲究，还带自己的枕头、被子），崔小姐过来后，和那天态度大不一样，两个人成就了鱼水之欢。想来这崔小姐先前的态度，也是故意做样子罢了，先推阻一下，显显闺中小姐的风度而已。和诸葛亮故意让刘备寻访三次，并先假意推辞有点类似。

其实后来并不像《西厢记》中那样，莺莺的妈妈郑夫人极力阻挠反对，《莺莺传》中说："张生常诘郑氏之情，则曰：'知不可奈何矣，因欲就成之。'"郑老夫人觉得木已成舟，也无可奈何，就想成全他们呢。由此看来，唐代时的风气，不像后世那样古板，当时的家长也不是"反动礼教"的典型代表。

但张生后来说要去赶考，聪明的莺莺就知道事情不妙。莺莺说："始乱之，终弃之，固其宜矣，愚不敢恨。必也君乱之，君终之，君之惠也；则殁身之誓，其有终矣，又何必深感于此行？"就是说如果你对我"始乱终弃"，我也不敢怨恨，但如果你能始终如一，那是你有良心。

莺莺是大度和明智的，当然莺莺也是很看重这份感情的，张生到长安考试不中，崔莺莺寄信和玉环、丝、文竹茶碾等东西给他，写信说是"玉取其坚润不渝，环取其始终不绝。兼乱丝一绚，文竹茶碾子一枚。此数物不足见珍，意者欲君子如玉之真，俾志如环不解，泪痕在竹，愁绪萦丝……"这些文字可能真的就是崔莺莺的手笔，看来莺莺的文采也是很不错的。

但元稹（即文中的张生）终于及第后，却抛弃了莺莺。这事在《莺莺传》里写得语焉不详（当然啦，元稹自己理亏的事他不好意思写呀），我们从正史资料里找一下吧。元稹自从赴京应试以后，以其文才卓著，被京兆尹韦夏卿所赏识，且与韦门子弟交游（韦、卢、裴都是唐朝大族，据说当时陇西李氏、太原王氏、荥阳郑氏、范阳卢氏、清河崔氏、博陵崔氏、赵郡李氏等七姓十族最为著名），从而得知韦夏卿之女韦丛尚未许配与人，于是想到这是一个走门路、攀高枝的绝好机会。

从三品的朝中大员韦夏卿非常欣赏他，并且有意将自己最幼小的女儿韦丛许配给他为妻。这是何等关键的一步，娶了韦丛，肯定要少奋斗二十年啊，而娶了崔莺莺，说不定终生都是个落魄书生。

因此，元稹咬咬牙，狠狠心，最终抛弃了莺莺。这就像电影《致青春》中的那个陈孝正，真挚的爱情在这一类男人心中永远不是最重要的，他们爱的是财富与权力，爱的是别人的仰望和羡慕。为了实现这一切，他们不惜出卖色相，抹杀爱情。有人说女孩富养，男孩穷养，说是怕穷养的女孩，长大后爱慕虚荣，为了钱啥都敢做，从此堕落。其实男孩子生长在贫寒之家也不见得好，尤其是和这类人谈恋爱的女孩子，一定要提防他们，因为他们吃苦吃怕了，爱情不见得是他们最想要的，他们不是百物不缺，唯爱情至上的纳兰公子和贾宝玉那一路人。

元稹有诗名《陪韦尚书丈归履信宅因赠韦氏兄弟》："紫垣驺骑入华居，公子文衣护锦舆。眠阁书生复何事，也骑羸马从尚书。"诗中一副趋炎附势的丑态。对于这件事，人们无不大骂负心郎元稹，尤其是那些信奉"让爱做主"的女孩子。如果元稹能穿越到今天，恐怕会像电影《九品芝麻官》里的包龙星待遇一样，一上街，那菜叶子、烂西红柿、臭鸡蛋之类的劈头盖脸地统统砸过来。

后来，据说元稹听到崔莺莺已经嫁人，就想以表哥的身份见她一面（我

们说过元稹和崔莺莺是远房表亲，这倒不是冒充的），但崔莺莺坚决不见他。我要是崔莺莺，也不见他。

后来看到元稹"怨念之诚，动于颜色"，也就是说还真的表情很难过，就写了诗劝他："弃置今何道，当时且自亲。还将旧时意，怜取眼前人。"从此后就再也没有理过元稹。说来崔莺莺也是个很聪明理智的女子。

元稹早年虽然做了这件负心之事，但是好像并不以此为耻。他写这篇《莺莺传》和《会真诗》等，也有些炫耀自己有"艳遇"故事的意味。像《会真诗》中的什么：

> ……
>
> 低鬟蝉影动，回步玉尘蒙。转面流花雪，登床抱绮丛。
> 鸳鸯交颈舞，翡翠合欢笼。眉黛羞偏聚，唇朱暖更融。
> 气清兰蕊馥，肤润玉肌丰。无力慵移腕，多娇爱敛躬。
> 汗流珠点点，发乱绿葱葱。方喜千年会，俄闻五夜穷……

香艳无比，颇有几分用"下半身写作"的意味。唉，幸亏是唐代，不然一个女孩子的隐私之事被写成诗和故事到处传，让人家还怎么做人呀？当然莺莺可能是假名，据说真名是"双文"，元稹也写过艳诗《赠双文》：

> 艳时翻含态，怜多转自娇。有时还自笑，闲坐更无聊。
> 晓月行看堕，春酥见欲销。何因肯垂手？不敢望回腰。

元稹这样毫无顾忌地显摆，也不知道人家崔小姐当时感觉到什么精神压力没有。

刚开始仕宦生涯的元稹还是比较正直的，他曾经任监察御史，负责巡视东川（现在四川东部），成立专案组，调查原剑南东川节度使严砺涉嫌违法乱纪、贪污腐败的案子。年轻气盛的元稹到达东川后，很快彻查此案，并揪出与本案有关的七个州刺史，没收了严砺非法所得的众多财产。

然而，经验不足的元稹，不小心惹到了宦官。有一天，从外地出差回来的元稹，走到距长安不远的华阴县二十多里处的"敷水驿"，已是非常疲惫，于是就在这座官驿中的上厅（豪华间）休息。但元稹刚睡下不久，宦官仇士良的爪牙刘士元就来到此处。见元稹先住了上厅，于是喝令他让出来。其实按"旧例"是这样的："御史到馆驿，已于上厅下了，有中使后到，即就别厅。如有中使先到上厅，御史亦就别厅。"应该是讲究个先来后到的，所以元稹认死理，一时不大情愿让。

于是刘士元大怒，竟然破门而入，抢起鞭子就打元稹，元稹吓得鞋也没来得及穿就跑到后院，但这姓刘的不依不饶，追上去冲着元稹的俊俏小脸就是一鞭子，打得是"满脸桃花"，鲜血淋漓。

从事情的来龙去脉看，元稹完全是受害人，可状子呈上去，皇帝唐宪宗袒护宦官，竟然责备元稹"年少轻树威，失宪臣体"，说他一个年轻人，太不懂得谦让，把他贬为江陵士曹参军。

在这段时间内，元稹过得并不是太如意，而在之前的元和四年（809年），他的妻子韦丛去世了。元稹对韦丛的感情看来也是很深的，元稹恐怕也是个多情种，可能也是见一个爱一个，爱起来就发痴的那种人吧。不过元稹写给他妻子的这几首悼亡诗，倒是让好多人感动不已：

谢公最小偏怜女，自嫁黔娄百事乖。顾我无衣搜画箧，泥他沽酒拔金钗。

野蔬充膳甘长藿，落叶添薪仰古槐。今日俸钱过十万，与君营奠复营斋。

昔日戏言身后意，今朝都到眼前来。衣裳已施行看尽，针线犹存未忍开。

尚想旧情怜婢仆，也曾因梦送钱财。诚知此恨人人有，贫贱夫妻百事哀。

闲坐悲君亦自悲，百年都是几多时。邓攸无子寻知命，潘岳悼亡犹费词。

同穴杳冥何所望，他生缘会更难期。唯将终夜长开眼，报答平生未展眉。

这三首诗写得太好了，从诗中所写的贫贱夫妻诸般情景，来表达元稹对韦丛的愧疚之情，确实令人感动。像"唯将终夜长开眼，报答平生未展眉"等句子，不禁让人眼湿鼻酸，为之动情。"同穴杳冥何所望，他生缘会更难期。唯将终夜长开眼，报答平生未展眉"，这些字句感动着千千万万的人，因为只要是人，就逃不开生离和死别。对于夫妻也是这样，一般来说，总会有一个先要离世而去的。

当然，现在来看这三首著名的悼诗也让人产生了疑问，按说韦丛嫁了元稹也并不会过着"野蔬充膳甘长藿，落叶添薪仰古槐"这样穷困的日子吧？前面说了，韦丛是名门望族之女，她嫁元稹也不是文君私奔那样的，也不会遭到娘家的唾弃而不通音信，而且元稹虽然当时常遭贬谪，但好歹是朝廷命官，也不会吃糠咽菜吧。唉，不说了，再说下去，这三首好诗要为之减色了。

元稹为韦丛共写了三十三首诗，像《六年春遣怀八首》《离思五首》，等等。其中《离思五首》中之四更是为人广为传诵：

曾经沧海难为水，除却巫山不是云。取次花丛懒回顾，半缘修道半缘君。

这首诗意境深远，为人所喜爱。"曾经沧海"成为一个含义颇深的典故。但是可惜的是声称自己"曾经沧海难为水"的元稹，"取次花丛懒回顾"的元稹并没有像王维那样亡了妻子后就孤单终老，而是两年后就纳妾安仙嫔，又过数年即娶裴淑（又是个裴姓望族之女）为妻。

另外，元稹还和薛涛有过一段关系（据查，当时正是韦丛快去世的时候），后来还和一个船家歌女刘采春关系很密。看来元稹对于泡妞确实有一套，堪称PUA的前辈。怪不得陈寅恪先生对其评价说："自私自利。综其一生行迹，巧宦固不待言，而巧婚尤为可恶也。岂其多情哉？实多诈而已矣。"

所以即便元稹上面那些诗是出于当时的真情，也不值得好女人托付终身于他，其实嫁郎还是当嫁王维那样的好。说起来，这人有时候也真可怕，一般的纯情美眉，碰上元稹这样的给写上几首如此情深意浓的诗，肯定就

会感动得一塌糊涂，什么也不顾地生死相许。哪知道竟是个这样的人？看来崔莺莺没有嫁给他，倒也是件幸事。当然也可能元稹像《天龙八部》里的段正淳一样对每个女人都有真情。但是上面那几首好诗的作者是元稹这样的薄幸之人，很是可惜。恨不得递给元稹一根上吊绳，让他在韦丛死后殉节了才好。

可惜的是，千古以来吊挽亡妻的诗词，大家最熟知的就是元稹这三首《遣悲怀》和苏轼的《江城子》（"十年生死两茫茫"），然而，赚来无数人眼泪的背后，却是这两人各自结新欢，元稹有安仙嫔、裴淑，苏轼有王闰之、朝云等；说到文章，冒辟疆写下几万字的《影梅庵忆悟》，到后来也是娶了两个能诗善画的小妾——蔡含、金玥，并将她们所画的图册拿出来炫耀，可见男人靠得住，母猪能上树。对于这点，白居易倒很坦白，有诗道："男儿若丧妇，能不暂伤情？应似门前柳，逢春易发容。风吹一枝折，还有一枝生。"

当然了，凡事有例外，王维可是三十多岁丧妻后就终身不娶了，人家也没有说什么"唯将终夜长开眼，报答平生未展眉"，可见"叫唤的狗不咬人，咬人的狗不叫唤"。有的女孩子往往是感性动物，经常想从男友或老公嘴里听到"我爱你""如何如何爱你"之类，好像才能获得终生的安稳，其实这些都不管用。

元稹后来学了乖，转而依附于宦官，通过宦官一路平步青云，后来被升为中书舍人，翰林承旨学士，并且当过三个月的宰相。但是元稹因为人品不怎么样，很多大臣都讨厌他。据说有次大臣们在一起吃西瓜，元稹一进门，有人就做赶苍蝇状说："哪儿来的绿袍苍蝇，怎么也混进来了。"让元稹很是尴尬。

元稹后来确实也做了很多不光彩的事情，单就诗坛来说吧，有好多人受过元稹的气，首先是李贺，据说当时元稹还很年轻的时候，应试明经科考中了第一名。元稹也喜欢写诗，想与李贺交往，李贺说："一个考中明经科的人，有什么事来见李贺啊？"明经科只靠死记硬背，相比进士科来说比较好考。看来当时也有学科之间的歧视现象，像现在有的理科学生看不起文科生一样。元稹听了就羞怒起来，愤恨而归。

后来元稹当了礼部郎中，也就是教育部长的职务，主管考试。当李贺要参加应试的时候，元稹说李贺的父名晋肃的"晋"与进士的"进"相讳，不能参加应试，李贺就此没有了考试资格，连名也报不上，从而郁郁终生。

再一个受过元稹气的是贾岛，贾岛把自己的诗作献给元稹，元稹根本不搭理他，连话也不回。

还有一个是张祜。张祜到了长安，求令狐楚选辑了三百首诗献给宪宗皇帝，当时元稹正在朝中任宰相。宪宗就把他召来征求意见。元稹回答说："张祜雕虫小巧，壮夫不为，若奖激太过，恐变陛下风教。"意思是说张祜的诗只是一些花巧的东西，如果你过于奖励提拔他，会影响社会导向和风气，所以不能任用。

事实上，元稹与令狐楚朋党之争，积怨较深。因此，令狐楚推荐张祜，元稹就予以阻挠。所谓"城门失火，殃及池鱼"。在这种情况下，张祜就成了朋党之争的牺牲品了。

元稹最后在五十三岁时暴卒于武昌军节度使任所，所谓暴卒，就是突然死去了，大概是患了心肌梗死或脑出血之类的疾病吧。白居易和元稹是铁哥们，关系极好，元稹死后，他痛心地写下悼诗，其中有："君埋泉下泥销骨，我寄人间雪满头……"这首诗现在也流行起来了，不过好多人不明就里，都以为是男女爱情呢。

为元稹写墓志铭，白居易当然是最佳人选。当时写墓志铭都收费，而且要价不低，韩愈就惯写墓志，成为其一笔重要收入。元稹家也给了白居易不少财物，但白居易觉得元稹是好朋友，坚决不收，推辞几番，白居易以元稹的名义布施在寺庙里。在诗风上两个人也有相似之处，被后世合称"元白"。

不过总觉得元稹在诗歌上面的艺术成就比白居易要差一些，像元稹的《连昌宫词》分明是依照《长恨歌》来写的，但远不如《长恨歌》婉转动人，词句可人。元稹有首《菊花》诗写得也不错：

秋丛绕舍似陶家，遍绕篱边日渐斜。不是花中偏爱菊，此花开尽更无花。

这诗不错，应该很动人的，可惜现在知道了元稹一生有那么多的污点（虽然元稹也没有做什么大奸大恶的坏事），这首诗也喜欢不起来了。不过元稹还是比较多才多艺的，元稹精通围棋，像什么"酿酒并毓蔬，人来有棋局"就反映了他的这一爱好，还有"无事抛棋侵虎口"等句子。他还有一首长诗叫作《酬段丞与诸棋流会宿弊居见赠二十四韵》，详细描写了当时聚会下棋的情景。

另外，元稹还喜欢品茶，他写过一首有趣的宝塔形茶诗：

茶，

香叶，嫩芽，

慕诗客，爱僧家。

碾雕白玉，罗织红纱。

铫煎黄蕊色，碗转曲尘花。

夜后邀陪明月，晨前命对朝霞。

洗尽古今人不倦，将至醉后岂堪夸。

这诗也是很有意思的，看来元稹倒也是个很有生活情趣的人，也怪不得有那么多的女子喜欢他，所以本书的才子中也不能没有他吧。

而且，中年之后的元稹，对于当年的莺莺，还是充满了回忆和怜惜，其中不乏追悔之情，他写诗说：

半欲天明半未明，醉闻花气睡闻莺。獠儿撼起钟声动，二十年前晓寺情。

花的香气，莺的啼鸣，伴着晓寺钟声，生命没剩下多少时光的元稹似乎又回到了二十年前的那个春天："有顷，寺钟鸣，天将晓，红娘促去，崔氏娇啼宛转……"（《莺莺传》中所载）

寺钟响了，莺莺要走了，那时他是如此不舍，美好的那一瞬深藏在他的心中，足够让他用一生的时光去回味。

薛涛：多少人曾爱慕你年轻时的容颜

　　如果有机会让我去见一见薛涛的话，我更想去拜访晚年的薛涛，穿过那片凤尾森森，龙吟细细的竹林，来到一灯如豆的望江楼，坐在白发苍苍的薛涛面前，听她讲蜀中的风云变幻与世情的空幻炎凉。

　　中唐时，蜀地前前后后走马灯一般更替了十一位剑南节度使，而每一位都对蜀中才女薛涛从青睐有加到十分敬重，薛涛始终管领春风，她虽身为官妓，但却以高洁的品格、出众的才华远超那些庸俗的"桃李"，让人不得不由衷地敬仰。

　　薛涛确实无论是作诗还是做人，都透着一种庄重高贵的气象，相比之下，"女道士"李季兰、鱼玄机等人，倒显得不是妓女而胜似妓女，更加放浪无忌。也许正像有人所说，男人就喜欢风尘女子中带有闺秀的气质，良家女子中带有风尘味。

和李季兰一样，薛涛也有个关于她的诗谶故事。据传薛涛八岁那年，她父亲薛郧看着庭中的一棵茂盛的梧桐树，以"咏梧桐"为题，吟道"庭除一古桐，耸干入云中"，让小薛涛来答。

小薛涛答了句："枝迎南北鸟，叶送往来风"。她父亲一听就觉得是不祥之兆，预示着女儿日后恐怕会沦为一个迎来送往的风尘女子，结果果真就这样了。对于这个故事，我还是觉得是后人附会的成分多，和刘邦斩白蛇，某某的妈梦吞星斗之类的事情差不多。

薛涛的才情美貌名动蜀中，最先赏识薛涛的是蜀中的名臣韦皋。韦皋当时任剑南节度使，开府成都，统辖军政，经略西南，并且屡败吐蕃等外敌，是位很有作为的政治人才。《鹿鼎记》上有一段，几个拍马屁的官员帮韦小宝认了个"祖宗"，就是认的这个韦皋，儿人把韦皋也大拍特拍了一回。不过韦皋确实也是唐朝后期政绩很不错的一个地方官。

韦皋听说薛涛诗才出众，而且出身不俗，是官宦之后，就把她找来，要她即席赋诗，薛涛当时写下了这样一首诗：

谒巫山庙

乱猿啼处访高唐，一路烟霞草木香。

山色未能忘宋玉，水声尤是哭襄王。

朝朝夜夜阳台下，为雨为云楚国亡。

惆怅庙前多少柳，春来空斗画眉长。

韦皋拿过来一看，不禁大声称赞，觉得身为官妓的薛涛即兴赋诗，就写得很有气势，有愁旧怅古的深意，绝不像一般欢场女子的庸俗之作。一

般欢场女子，就算有几分才情，比如像《红楼梦》中陪薛蟠等作乐的云儿那样，也不过只会说些什么"女儿愁，妈妈打骂何时休。女儿喜，情郎不舍还家里"这样的句子罢了。

韦皋看过后又传给客人，众宾客也莫不叹服称绝。从此后，帅府中每有盛宴，韦皋必定召薛涛前来侍宴赋诗，薛涛也成了帅府的常客，更被人们看成是蜀中重大交际场合上不可缺少的嘉宾。

随着对薛涛的了解越来越多，韦皋越来越觉得薛涛只当个"花瓶"似的角色实在是屈才，就让她参与原来由幕僚们做的案牍（官方文件）方面的工作，其实就相当于现在女秘书的角色。并且还打算上报朝廷，正式下文件让薛涛任校书郎的官职。

这时有人劝阻说："军务倥偬之际，奏请以一妓女为官，倘若朝廷认为有失体统，岂不连累帅使清誉；即使侥幸获准，红裙入衙，不免有损官府尊严，易给不服者留下话柄，望帅使三思！"其实用现在的话来说，就是"影响不好"，所以韦皋才没有申报。（可见电视剧《大宋提刑官》中宋慈身边有个叫英姑的漂亮美眉当女书吏是编的啦，唐朝那样开放的社会都难通过，何况宋代理学盛行的时候？）不过薛涛虽然没有转入正式编制，但薛涛却是实实在在地担任起了校书郎的工作。唐朝诗人王建有诗送薛涛：

寄蜀中薛涛校书

万里桥边女校书，枇杷花里闭门居。扫眉才子知多少，管领春风总不如。

此诗对薛涛进行了由衷的赞美，也认可她是"校书郎"这一角色。薛涛的名气越来越大，粉丝爆棚，好多高官名士、公子才子都来招惹。薛涛也有点得意，用胭脂掺水制出红色的小彩笺，题上诗句（薛涛的字也是很有名的），赠予那些她认为合意的来客，成为后世传颂不已的"薛涛笺"。

后来李商隐曾说过："浣花笺纸桃花色，好好题诗咏玉钩。"韦庄有诗名《乞彩笺歌》，其中就有"也知价重连城璧，一纸万金犹不惜。薛涛昨夜梦中来，殷勤劝向君边觅"之句。

薛涛笺一时成为蜀中最有名的特产之一了，假如放今天，薛涛直播带货，这薛涛笺的销量肯定不低于李子柒的螺蛳粉。但是这时候韦皋吃起醋来了，把薛涛贬往偏远的松州。薛涛是个冰雪聪明的女子，立刻醒悟到自己闹得有点过了，以后还得在人家韦皋手下混日子，于是她在赶赴松州的途中写下了十首著名的离别诗，总称《十离诗》，差人送给了韦皋，这《十离诗》倒是很有意思：

《十离诗·犬离主》：驯扰朱门四五年，毛香足净主人怜。无端咬着亲情客，不得红丝毯上眠。

《十离诗·笔离手》：越管宣毫始称情，红笺纸上撒花琼。都缘用久锋头尽，不得羲之手里擎。

《十离诗·马离厩》：雪耳红毛浅碧蹄，追风曾到日东西。为惊玉貌郎君坠，不得华轩更一嘶。

《十离诗·鹦鹉离笼》：陇西独自一孤身，飞去飞来上锦茵。都缘出语无方便，不得笼中再唤人。

《十离诗·燕离巢》：出入朱门未忍抛，主人常爱语交交。衔泥秽污珊瑚枕，不得梁间更垒巢。

《十离诗·珠离掌》：皎洁圆明内外通，清光似照水晶宫。只缘一点玷相秽，不得终宵在掌中。

《十离诗·鱼离池》：跳跃深池四五秋，常摇朱尾弄纶钩。无端摆断芙蓉朵，不得清波更一游。

《十离诗·鹰离鞲》：爪利如锋眼似铃，平原捉兔称高情。无端窜向青云外，不得君王臂上擎。

《十离诗·竹离亭》：蓊郁新栽四五行，常将劲节负秋霜。为缘春笋钻墙破，不得垂阴覆玉堂。

《十离诗·镜离台》：铸泻黄金镜始开，初生三五月徘徊。为遭无限尘蒙蔽，不得华堂上玉台。

这十首诗用犬、笔、马、鹦鹉、燕、珠、鱼、鹰、竹、镜来比自己，而把韦皋比作是自己所依靠着的主、手、厩、笼、巢、掌、池、臂、亭、台。只因为犬咬亲情客、笔锋消磨尽、名驹惊玉郎、鹦鹉乱开腔、燕泥污香枕、明珠有微瑕、鱼戏折芙蓉、鹰窜入青云、竹笋钻破墙、镜面被尘封，所以引起主人的不快而厌弃。

俗话说，女人们最厉害的武器就是温柔和眼泪，薛涛这十首悲悲切切的《十离诗》，那一句句"不得""不得"，不啻十道温柔金牌，韦皋便是铁石心肠也要熔为绕指柔，不用说，马上把薛涛召了回来。由此可见，薛涛确实是个聪明女子，不但诗才好，对于世事也精明得很。

薛涛经此一事，成熟了很多。她更加明白了世事人情，对韦皋也更加曲意逢迎，韦皋心中大悦，亲自批示，为薛涛解除了乐籍，从此薛涛成了自由之身，她退隐于西郊浣花溪，在门前种满了枇杷花，这时薛涛年方二十岁。

后来，高崇文任成都节度使时，在席间行酒令，要求是想出"一字象形，又须逐韵"。高崇文起令道："口，有似没梁斗。"

机敏的薛涛答道："川，有似三条椽。"

高崇文挑剔说："你那个三条椽中怎么有一条是弯的啊（指川字第一笔是撇）？"

薛涛答道："阁下是堂堂节度使却用'没梁斗'，我一个小女子，用个弯了一些的椽有什么不可啊？"

高崇文等众人大笑之余，不得不赞叹薛涛的聪明机灵。看来元稹诗中夸薛涛是"言语巧似鹦鹉舌"，确实并非过誉之词。如果薛涛生活在现在，当个电视节目主持人什么的，肯定能随机应变，妙语连珠，远胜当下那些花瓶似的女主持人。

时光匆匆，急如流水。转眼间已是太和四年（830年），蜀中又换了三任节度使。这一年，新任剑南西川节度使的李德裕建了一座雄伟壮观的筹边楼。筹边楼高大雄伟，是节度使与僚属将佐们瞭望远近情况并筹谋大策的地方，楼上四壁彩绘着蛮夷地形险要图，作战时此楼还可以充当最高指挥所。

高楼建成之日，李德裕大摆酒宴，一时冠缨四集，高朋满座。其中一个身穿道袍白发苍苍的老妇人特别引人注目，有好多人不知道，她就是当年明媚照人的薛涛，现在她老了。然而，当李德裕请她即席赋诗时，她铺开白纸，饱蘸浓墨，落笔如风，气势苍劲如松，写下了这样一首诗：

筹边楼

平临云鸟八窗秋，壮压西川四十州。诸将莫贪羌族马，最高层处见边头。

诗意豪迈，风格雄浑，见地深远（"诸将莫贪羌族马，最高层处见边头"这句是告诫众将不要贪功轻动，以致兵祸相连），这哪里像是个风尘女子写的，简直就是胸有百万甲兵的军中主帅嘛。怪不得后人评价薛涛的诗作是"工绝句"，"无雌声"。

此时的薛涛，已不是那种凭媚姿讨人欢喜的官妓了，她已是历任节度使们了解蜀中军政大事和风土人情的重要参谋。

薛涛的很多诗风格苍劲老到，不像一般娇滴滴的弱女子整天哭哭啼啼地哀吟，请看这首：

酬人雨后玩竹

南天春雨时，那鉴雪霜姿。众类亦云茂，虚心宁自持。
多留晋贤醉，早伴舜妃悲。晚岁君能赏，苍苍劲节奇。

读薛涛的诗，往往能感受到一种在女诗人身上很少见到的大气和宽阔胸襟，所以薛涛的诗句境界是相当高的。

当然身为女子的薛涛也不是没有过细腻的感情，像她的《咏牡丹》，以牡丹拟人，在夜深露重中与盛开的花儿细诉衷情。这也反映了薛涛的内心有很多时间是很寂寞的，诗云：

去年零落暮春时，泪湿红笺怨别离。

常恐便同巫峡散，因何重有武陵期。

传情每向馨香得，不语还应彼此知。

只欲栏边安枕席，夜深同花说相思。

还有这四首诗，也写得细腻动人：

春望词四首

花开不同赏，花落不同悲。欲问相思处，花开花落时。

揽草结同心，将以遗知音。春愁正断绝，春鸟复哀吟。

风花日将老，佳期犹渺渺。不结同心人，空结同心草。

那堪花满枝，翻作两相思。玉箸垂朝镜，春风知不知。

薛涛一生未嫁，按说以薛涛的情况，她是有从良的资格和条件的，但不知为什么她直到终老，也没有这样做。薛涛在四十二岁时，和当时来蜀中的元稹交往很密切，结下一段情缘。元稹比薛涛要小十一岁，也算是"姐弟恋"啦。薛涛给元稹写过一首叫作《池上双鸟》的诗：

双栖绿池上，朝暮共飞还。更忙将趋日，同心莲叶间。

另外，下面这首诗也是写给元稹的：

寄旧诗与元微之

诗篇调态人皆有，细腻风光我独知。月下咏花怜暗淡，雨朝题柳为欹垂。

长教碧玉藏深处，总向红笺写自随。老大不能收拾得，与君开似好男儿。

可见两人的关系如糖似蜜，但好景不长，元稹和她毕竟不能长相厮守，而且元稹其人，本身就是有名的渣男。"他家本是无情物，一任南飞又北飞"（薛涛《柳絮诗》），元稹正是这样的人。他虽然写过"曾经沧海难为水，除却巫山不是云"这样的诗句，但是他先负于崔双文（就是《莺莺传》中的崔莺莺），后在妻子韦丛死后，一边写着"唯将终夜长开眼，报答平生未展眉"，一边又纳妾安仙嫔，娶妻裴淑，还和船娘刘采春不清不楚。所以，薛涛一度钟情于他，也是不会有什么好结果的。元稹回到长安后，只是寄了这样一首诗给薛涛，以后他们就再没有见过面：

锦江滑腻峨眉秀，生出文君与薛涛。言语巧似鹦鹉舌，文章分得凤凰毛。

纷纷辞客多停笔，个个公侯欲梦刀。别后相思隔烟水，菖蒲花发五云高。

薛涛到了晚年,年岁渐大,也厌倦了官场上的应酬。同时她也是个明智的人,知道该收的时候就收的道理。所以后来的节度使段文昌再邀她时,她写了首诗说"侬心犹道青春在,羞看飞蓬石镜中",婉拒了这类邀请。

此后,薛涛隐居在望江楼中,穿起女道士的服装,过起了相对平淡的生活。不知她最后的心中是存着"向帘儿底下听人笑语"的凄楚,还是阅尽人间沧桑的坦然。我想以薛涛这样聪颖明达的女子,恐怕心境为后者的可能性居多。

说起来,薛涛这一生还算不错啦,少有才名,老得安乐,生前享高寿(据说薛涛活了七十三岁),身后有盛名。从官妓能混到这份儿,也很了不起啦!当然,这也是薛涛的聪颖过人所致,薛涛一生和高官打交道,却能有理有节,恰到好处,像前面我们所说的李季兰,就是政治嗅觉极差的女子,而上官婉儿之类又太沉溺权力了。薛涛却做得不温不火,可见其才智之高绝非仅见于诗文。

如果有机会让我去见一见薛涛的话,我更想去拜访晚年的薛涛,穿过那片凤尾森森,龙吟细细的竹林,来到一灯如豆的望江楼,坐在白发苍苍的薛涛面前,听她讲蜀中的风云变幻与世情的空幻炎凉。

薛涛死后,当时的剑南节度使段文昌为她亲手题写了墓志铭,并在她的墓碑上刻上"西川女校书薛涛洪度之墓"(薛涛字洪度),看来是追认薛涛为"校书"了。据说成都有一座叫望江楼的古迹,上面有对联写道:

古井冷斜阳,问几树枇杷,何处是校书门巷?
大江横曲槛,占一楼烟雨,要平分工部草堂。

扫眉才子、西川校书薛涛,能直追诗圣老杜,要平分工部草堂,谁敢以轻贱视之?

柳宗元：我醉提酒游寒山，霜华满天

> 凡事往敞开处想，"希望就在前方，梦想插上翅膀，我们飞向太阳，享受灿烂的光芒……"

后人常把柳宗元和韩愈放在一起，称为"韩柳"，而且唐宋八大家中，唐朝也只有"韩柳"二人（当然这是指文章成就，并非论诗），两个人还都是古文运动的倡导者，所以不少人误以为柳宗元其人其文风格和韩愈差不多。其实大谬不然。

对于韩老师（韩愈），我有一种敬而远之的心情，总觉得韩老师的文章常常是一副正襟危坐的样子，韩老师的文章像什么《原道》《原毁》《争臣论》等一篇篇都是讲大道理训人的样子，让人看来索然无味。韩老师的诗也常是以文为诗，好多诗作除了极少许有些清新可人的句子外，多数也是和韩老师的文章一样难嚼难咽。

清人吴乔《围炉诗话》中说："意思，犹五谷也，文，则炊而为饭；诗，则酿而为酒也。"可这韩老师的诗文，除了《马说》等极少数外，多数对于我来说就像高粱面饼子一般难以下咽。当然这里并非贬低韩老师，只是偏好不同罢了，就像有人爱吃肉，有人爱吃菜，有人爱吃米，有人爱吃面一样。

不过柳宗元和韩愈的文章虽然齐名，但风格却大为不同。相比韩愈极浓的儒家气息，柳宗元更多了一种道家的韵味。像什么《小石潭记》《种树郭橐驼传》以及《三戒》等寓言都是妙趣横生，寓意深远，颇有几分先秦诸子妙文的风采。而柳宗元的诗也是简淡幽峭，工细深婉，读来令人清气满胸。

柳宗元本来是山西河东（今山西省永济市）的望族，柳家与薛、裴两家被并称为"河东三著姓"。顺便说一下，后世"河东狮吼"这个典故里很凶的女人也是柳姓的河东人。想来也是仗着自己是名门望族才敢吼老公的。但柳宗元家里并不富有，据说柳宗元的母亲为了供养子女，常常自己挨饿，看来柳宗元少年时也过了一段苦日子，所以柳宗元后来对那些只顾搜刮百姓而不管百姓疾苦的贪官酷吏是很痛恨的。

柳宗元的母亲姓卢，是卢氏大姓的女子，知书达礼，童年时的柳宗元，因其父经常奔波于宦途，主要就是跟着母亲学习诗书。据他的《先太夫人河东县太君归祔志》中写："某始四岁，居京城西田庐中，先君在吴，家无书，太夫人教古赋十四首，皆讽传之。"由此看来，娶个有文化的老婆很重要啊，要想不让你的孩子输在起跑线上，就要从择妻开始。

柳宗元在二十岁就高中进士（和刘禹锡是同科，两人日后也成了好友），可谓少年得志，但由于柳宗元并不是那种只顾自己前程的钻营之辈，而是总想着干点大事情，消除唐朝当时的一些积弊。于是他就和当时的王叔文、王伾进行了"永贞革新"，和他一起做如此主张的还有好友刘禹锡。当时被称为"二王刘柳"。要说当时的永贞革新，是打击当时专横跋扈的宦官和藩

镇割据势力，利国利民的好事。后来事实证明，大唐就毁在宦官专权和藩镇割据这两样病患上，这时候应该正是"病在腠理，不治将恐深"的时候。

可惜这事却遭到不少大臣的反对，像韩愈就是反对者。要说这韩老师也是有点迂腐，反对宦官和藩镇这样大的事情他却不支持，后来宪宗皇帝迎个佛骨，韩老师却死活不让。其实搞个仪式热闹热闹也没有什么大的危害，倒也有点活跃经济，增强群众凝聚力的效果吧！要说花钱，我们现在办奥运会也花钱呀。而人家柳宗元干的才是实实在在的大事。事实证明，后来宦官居然能杀死大臣甚至皇帝后妃，藩镇割据势力如朱温等也像癌细胞一样让曾经辉煌了三百多年的大唐迅速死去。

中国历史上历来都是改革难，"永贞革新"也不例外，改革失败后，柳宗元这一派人贬的贬，杀的杀，像王叔文把命都搭进去了。柳宗元也被贬往永州（湖南零陵，现在又改叫永州了）。别看现在的永州有湘桂铁路经过，据说还有机场，想来也是个很繁华的城市。但柳宗元那时候整个中国的南方都是未开发之地，永州地处湖南和广东交界的地方，当时更是荒僻，是个人烟稀少的可怕地方。

和柳宗元同去永州的，有他67岁的老母、堂弟柳宗直、表弟卢遵等人。可他们到永州后，连住房都没有，后来在一位僧人的帮助下，在龙兴寺寄宿。由于生活艰苦，到永州未及半载，他的老母卢氏便离开了人世。柳宗元由于水土不服，对这里的气候不适应，也患上了"行则膝颤、坐则髀痹"的毛病。可能是患了风湿病吧，南方不比北方，潮湿得很。

初来永州这几年，柳宗元战战兢兢，如履薄冰，不敢多说一句话，多走一步路，自己画地为牢，视同罪囚。他曾在《答周君巢饵药久寿书》中写道："宗元以罪大摈废，居小州。与囚徒为朋，行则若带纆索，处则若关

桎梏。"

　　然后，就在这样近乎绝望的困境中，柳宗元的精神却得到了超脱和升华，他写出这样一首震烁千古的好诗：

江雪

千山鸟飞绝，万径人踪灭。孤舟蓑笠翁，独钓寒江雪。

　　窃以为，这诗也有一流和超一流之分，像这首《江雪》，堪称千古来不可多得的佳作，和孟浩然的《春晓》、李白的《静夜思》都可以称为五绝中的超一流之作。相形之下，贾岛的"松下问童子"那种，就只能算一般的好诗，并非超一流的神品。

　　在永州，柳宗元一住就是十年，在这里，柳宗元有志难伸，寂寞之余，转而著书立说，作文赋诗。在这里他写了著名的《永州八记》，记得当年中学课本上就有《小石潭记》这一篇。当时读来只觉得清新流畅，现在才明白柳宗元是借名不见经传，遗弃于荒僻之地的美好山水景物，来象征他的不幸遭遇。柳宗元说小石潭附近"其境过清，不可久居"，所谓"一切景语皆情语"，"凄清寒骨，悄怆幽邃"的何止是小石潭呀！

　　这时，柳宗元写了很多重量级的作品，有的思想性甚至一直影响到千年之后。像《封建论》是他政论文的代表作，当时人们普遍有个思维定式，就是把秦始皇评为暴君之类的反面人物，从来没有肯定过。柳宗元却不同凡俗，肯定了秦始皇的郡县制，认为历史是发展的，不是什么"鸟生鱼汤"（尧舜禹汤）之类的就好得不得了。

　　过去常有崇古的说法，一些腐儒常觉得周公好，周公以前的"鸟生鱼

汤"更好，三皇五帝统治的时候是天堂，其实都是痴人说梦。柳宗元率先阐述这一观点，是很有见地和勇气的。

柳宗元虽然被贬，但对人民苦难生活更多地进行实际了解，像在永州和一个姓蒋的捕蛇者交谈后，写下了著名的《捕蛇者说》，其中像"孰知赋敛之毒有甚于蛇者乎"这样尖锐深刻的句子，敢道者不多。柳宗元的思想是很先进的，在当时的情况下，官员常被称为"民之父母"，好像理所当然地高人民一头。

但柳宗元不这样认为，他说：

"凡吏于土者，若知其职乎？盖民之役，非以役民而已也。凡民之食于土者，出其什一佣乎吏，使司平于我也。今我受其直，怠其事者，天下皆然。岂惟怠之，又从而盗之。向使佣一夫于家，受若值、怠若事，又盗若货器，则必甚怒而黜罚之矣。以今天下多类此，而民莫敢肆其怒与黜罚者，何哉？势不同也。势不同而理同，如吾民何？有达于理者，得不恐而畏乎！"

这段话如果译成白话文，其大意为：凡在一个地方做官的人，你知道他的职责是什么吗？他应该把自己当作百姓的差役，而不是役使百姓就行了。凡凭种田为生的人，拿出十分之一的收入供养官吏，为的是要我们当官的人能公平地为其办事。当今拿着百姓的俸禄却不认真为百姓办事的官吏，天下太多了。不仅不为百姓办事，反而窃取百姓之财。倘若你雇了一个用人，他收了你的佣金却不给你干活，还偷窃你的财物，想必你是一定十分恼怒并要赶走他处罚他的。可如今天下的为官者中像那样子的用人太多了，而百姓却不敢表示愤怒，更不能赶走他们和处罚他们，这是为什么呢？这是因为百姓与官吏的势力不一样啊。势力不一样而道理却是一样啊，如果百姓一旦被逼急了起而造反，那官吏又能把百姓怎样呢？为官者如能懂得这个道理，能不感到恐惧吗？

看来柳宗元认为唐朝当时的官就应该是"人民公仆"了，应该是百姓的差役，官员的收入来源柳宗元也揭露了本质——是来源于老百姓，而并非是什么皇家给予的俸禄，但多数官吃老百姓的，喝老百姓的，却不为百姓谋福利，这还不算，甚至还贪污残害百姓，这是什么道理？这是因为百姓与官吏的势力不一样啊，老百姓是弱势群体，但是老百姓的忍耐也是有一定限度的，不然会官逼民反的。

这样的道理我们今天来看毫不稀奇（当然，即使是现在，个别"公仆"能否真正做到也很难说），但在当时的条件下，柳宗元的思想实在是太超前了，可以说闪耀着现代民主精神的光彩。

柳宗元还写了好多妙趣横生的寓言故事，像除了我们大家熟知的《黔之驴》外，还有《永某氏之鼠》《临江之麋》等寓言，这两则都写了外强中干的家伙们一旦失势后可耻的下场，应该是讽刺那些宦官的吧。另外《蝜蝂传》也是一篇很有意思的寓言，说有一种小虫，见东西就背，贪得无厌，累得不行了，人们就算帮它从背上弄下来点，减轻一下它的负担，它却还是固执地再背上，直到累死。真是"身后有余忘缩手"呀。柳宗元借此辛辣地讽刺了这种人。

柳宗元在永州一过就是十年，后来终于在元和十年（815年）正月与刘禹锡等被召回京。但由于反对派的仇视，他们席不暇暖，二月到长安，三月便宣布改贬。柳宗元改贬为柳州（今广西柳州市）刺史，刘禹锡为播州

刺史。柳宗元想到播州比柳州还要艰苦，刘禹锡还有八十多岁的老母随身奉养，便几次上书给朝廷，要求与刘禹锡互换。后来因有人帮忙，刘禹锡改贬连州，柳宗元才动身向柳州。说来柳宗元真是够朋友。

这一去柳宗元就再也没有机会回到长安。

当时的柳州也是荒凉之地，比永州更远。柳宗元来到这里后，心情自然也是百般惆怅：

登柳州城楼寄漳汀封连四州

城上高楼接大荒，海天愁思正茫茫。惊风乱飐芙蓉水，密雨斜侵薜荔墙。

岭树重遮千里目，江流曲似九回肠。共来百越文身地，犹自音书滞一乡。

这首诗道出了柳宗元此刻的心情，说起来这个时候柳宗元的心情比在永州时更消沉了。可就是在这个时候，柳宗元写了很多好诗。像这首《别舍弟宗一》：

零落残魂倍黯然，双垂别泪越江边。一身去国六千里，万死投荒十二年。

桂岭瘴来云似墨，洞庭春尽水如天。欲知此后相思梦，长在荆门郢树烟。

这句"一身去国六千里，万死投荒十二年"，写得工整精巧，沉痛深刻，说来这好诗是才与情不可缺一的。这些诗句没有极高的才华写不出来，没有沉痛的切身感受也是写不出来的。柳宗元的"万死投荒"虽作为诗歌形式来写有所夸张，但他在永州就四次遇火灾，濒临险境也不是虚言。

又如这首《柳州二月榕叶落尽偶题》：

宦情羁思共凄凄，春半如秋意转迷。

山城过雨百花尽，榕叶满庭莺乱啼。

此诗也表达了柳宗元凄黯迷茫的心情，这里我们可以清楚地体会到，和在永州相比，柳宗元的心绪更迷茫了，因为接二连三的打击让他不得不叹服于命运的难以抵挡。

当然柳宗元也不是完全意志消沉，柳宗元在柳州办了不少的好事。他决心废除这里"以男女质钱，约不时赎，子本相侔，则没为奴婢"的奴隶制残余风习，于是想出了一套释放奴婢的办法，规定那些已经沦为奴婢的人，都可以按时间算工钱，抵完债即恢复人身自由，回家和亲人团聚。此举深得人心。

针对当地百姓迷信、落后的种种习俗，柳宗元严令禁止江湖巫医骗钱害人；举办和发展文化教育事业，兴办学堂，推广医学，并使从不敢动土打井的柳州，接连打了好几眼井，解决了饮水问题。柳州的荒地很多，柳宗元组织闲散劳力去开垦，仅大云寺一处开垦的荒地就种竹三万竿，种菜百畦。他又重视植树造林，并多次亲自参加了植树活动。

对于以上的事迹，柳宗元这首名为《种柳戏题》的诗可以算作"有诗为证"吧：

柳州柳刺史，种柳柳江边。谈笑为故事，推移成昔年。

垂阴当覆地，耸干会参天。好作思人树，惭无惠化传。

又有《柳州城西北隅种柑树》一诗：

手种黄柑二百株，春来新叶遍城隅。方同楚客怜皇树，不学荆
州利木奴。

几岁开花闻喷雪，何人摘实见垂珠？若教坐待成林日，滋味还
堪养老夫。

这首诗中，柳宗元表现了很矛盾的心情，一方面他故作轻闲地说："若
教坐待成林日，滋味还堪养老夫"，表面是说等到自己亲手种的橘子树结了
橘子来品尝奉老，实在是个不错的事情。但是柳宗元的内心深处隐隐地担
心自己就真的老死在柳州，再也没有回乡的希望。清人姚鼐说："结句自伤
迁谪之久，恐见甘之成林也。而托词反平缓，故佳。"是啊，柳宗元内心深
处是十分期盼着能够回去的，他有诗说：

海畔尖山似剑铓，秋来处处割愁肠。
若为化得身千亿，散上峰头望故乡。

柳宗元的思归之情是多么的热切，思乡归不得，居然就想化身千亿，
在每个山头上看看远方的故乡也是好的，实在令人不得不同为感伤。但是

柳宗元没有等到这一天，愁病相煎的柳宗元健康状况越来越坏，未老先衰。他的好友吴武陵托了权臣裴度的关系（裴度与柳宗元是老乡，都是河东人）说情，宪宗才同意召回柳宗元。但是，诏书未到柳州，柳宗元就闭上了他那终日向故乡遥望的双眼。他没有听到让他回去的好消息。可惜呀！柳宗元终年仅四十七岁。

临死前，柳宗元写信给好友刘禹锡，并将自己的遗稿留交给他，后来刘禹锡编成《柳宗元集》。

其实，柳宗元还是要学一下刘禹锡那种乐观开朗的豪迈精神，凡事不怕不愁，活着一切皆有可能，死了才是真正的失败。唐宪宗不是最不喜欢咱们吗？再多活两个月，他就要挂啦——唐宪宗死于元和十四年正月二十七日，柳宗元死于前一年的十一月初八。你说多可惜，对于柳宗元来说，真可谓死在了黎明前的黑暗中。

看人家刘禹锡，身板越老越硬朗，越活越精神。熬死他们！"剩"者为王！唐宪宗死了，穆宗死了，文宗死了，人家老刘依然活着，论资排辈混资历，最后也弄个正三品的太子宾客、检校礼部尚书干干。所以，诸位读者，凡事往敞开处想，"希望就在前方，梦想插上翅膀，我们飞向太阳，享受灿烂的光芒……"

刘禹锡：山歌好像春江水

　　学习和吸收了民歌的风采，好比吃了山中的千年人参，长了不少功力，所以清新之气，在唐人诗歌中独树一帜。别人难有此际遇，学也难学来。像近代歌王王洛宾，所写的如"达坂城的姑娘"之类的好歌，也都是从民间汲取营养得来。

　　刘禹锡在唐代众诗人中也是一个特别有性格的人，据说他出生在浙江嘉兴。当时江浙一带人才很多，刘禹锡童年时到吴兴陪侍诗僧皎然、灵澈吟诗，得到他们的指点。呵呵，不知道当时李季兰是不是也见到过刘禹锡。不过在刘禹锡十二岁时，李季兰就死了，两个人年岁差好几辈，想编风流故事的人别在这儿下手。

　　刘禹锡的仕途还算顺，刘禹锡二十一岁时即贞元九年与柳宗元同榜登进士第（原来他俩有同榜之谊呀，怪不得关系不错），接着又登宏词科，开始了官场生涯。

刘禹锡的官运一直坎坷。在柳宗元一文中介绍过，"二王刘柳"锐意革新，结果被贬。当时柳宗元贬到永州，刘禹锡则贬到朗州（今湖南常德）当司马。和柳宗元一样，刘禹锡当然也是气愤难平，但和柳宗元略有消沉的态度相比，刘禹锡更具有桀骜不驯的反抗精神，他在朗州写下了《聚蚊谣》一诗，讽刺当朝的宦官和权臣们：

沉沉夏夜兰堂开，飞蚊伺暗声如雷。嘈然歘起初骇听，殷殷若自南山来。

喧腾鼓舞喜昏里，昧者不分听者惑。露华滴沥月上天，利觜迎人看不得。

我躯七尺尔如芒，我孤尔众能我伤。天生有时不可遏，为尔设幄潜匡床。

清商一来秋日晓，羞尔微形饲丹鸟。

刘禹锡谪居的地方湖南常德，正好是谪贬之祖屈原（木匠祖师是鲁班，农家祖师是神农，我觉得这谪贬之祖应该非屈原莫属）流放的地方。刘禹锡感物伤情，不禁也有些伤感。不过刘禹锡却是性格外向，比较能看得开的人。他在朗州这段时间，并没有完全沉浸在伤情感叹中，相反他却对这里和中原文化有明显不同的风俗民情很感兴趣，并学习这里的民歌风格创作了《竹枝词》等别具风格的好诗，像这首：

山上层层桃李花，云间烟火是人家。银钏金钗来负水，长刀短笠去烧畬。

以一种比较明快喜悦的心情欣赏了当时少数民族的风俗，这和柳宗元对于"共来百越文身地"那种惆怅排斥的态度是完全不一样的。像这两首《竹枝词》：

杨柳青青江水平，闻郎江上唱歌声。东边日出西边雨，道是无晴却有晴。

山桃红花满上头，蜀江春水拍山流。花红易衰似郎意，水流无限似侬愁。

此诗明显是学习和吸收了民歌的风采，好比吃了山中的千年人参，长了不少功力，所以清新之气，在唐人诗歌中独树一帜。别人难有此际遇，学也难学来。像近代歌王王洛宾，所写的如"达坂城的姑娘"之类的好歌，也都是从民间汲取营养得来。刘禹锡这类的诗为数不少，除《竹枝词》的组诗外，还有《杨柳枝词》《踏歌词》等。这也说明刘禹锡是个很容易适应新环境的人嘛，怪不得柳宗元同学没有活到五十岁就逝世了，而刘禹锡和柳宗元一样地被贬谪僻远之地，却得以七十一岁之长寿。看来性格决定命运，建议大家今后要向刘禹锡同志学习。

刘禹锡在湖南常德一待就是十年，直到他四十二岁左右才和柳宗元等一起被召回长安。刘禹锡来到长安听安排时，闲着无事，去玄都观"公园"游玩。到了那儿看到满树桃花，想起回来后见到朝廷官员中，新提拔起很多他看不惯、合不来的小人，于是就写了这首《戏赠看花诸君子》：

紫陌红尘拂面来，无人不道看花回。玄都观里桃千树，尽是刘郎去后栽。

这诗中的讽刺之意，让当权者十分不高兴。所以，随即就贬刘禹锡、柳宗元等去了更远的地方，说来还是刘禹锡惹的祸，没见话本上常说："是非只因多开口，烦恼只因强出头。"但好友柳宗元却没有埋怨他，还考虑到他有八十多岁的老母，请求把派给他柳州的官职跟刘禹锡对调，替刘禹锡到更偏远、更艰苦的播州去。后来朝廷开恩，将刘禹锡改贬到连州（今广东连州）。

在刘禹锡被贬为连州刺史的四年半中，连州人却"因祸得福"。当时的广东连州，是文化落后的蛮荒之地，认字的可能都没有几个。作为连州刺史，刘禹锡决定治贫先治愚，于是亲自登台讲学，教化当地的人们。在刘禹锡这样的名师指导下，元和十二年间，连州就出了第一个进士刘景。刘禹锡有首贺诗名为《刘景擢第》：

湘中才子是刘郎，望在长沙住桂阳。

昨日鸿都新上第，五陵少年让清光。

之后，刘景之子刘瞻又高中进士，后官至唐朝宰相。此后数百年，连州名人辈出，相继有陈拙、张鸿、黄损、邓洵美、孟宾于等十数位诗人闻名于世。看来刘禹锡还是一位教育家呢！这有点像20世纪六七十年代期间，有好多老教授和大学生经过"上山下乡"到了偏远农村，倒让平日说什么也接触不到这类高人的孩子们得到这些人的指点和熏陶，也是不幸之中的幸事。但王叔文曾说，刘禹锡有宰相之才。以宰相之才为连州刺史，是"函牛之鼎烹小鲜"了。对于唐王朝，实在是一个损失，怪不得唐朝气数江河日下。

刘禹锡在连州待了一段时间，他的心情没有像柳宗元那么悲观，反而说"剡溪若问连州事，惟有青山画不如"，相比柳宗元的"岭树重遮千里目，江流曲似九回肠"的愁苦，内心还是相当乐观的。

后来当裴度为相时，刘禹锡重新回到京城，到玄都观旧地重游。那里种桃的道士已经死去，观里的桃树也多半枯死了，满地长着燕麦野葵，一片荒凉。寻常人有了上次的教训后，早就"近来学得乌龟法，得缩头时且缩头"。但刘禹锡却不是那等人，顾不得当年写诗惹的祸，就又写下了一首诗，抒发他心里的感慨，诗里说：

百亩中庭半是苔，桃花净尽菜花开。种花道士归何处？前度刘郎今又来。

这首诗结果又惹得朝中那些家伙的不满，《唐才子传》中说"权近闻者，益薄其行"。但是千年来有志气的人却对刘禹锡此举拍案叫好，刘禹锡这种不怕惹事的倔劲儿才真叫有勇气，像个汉子。不过由于得罪了权贵，刘禹锡又被改贬到和州（安徽和州），在这里刘禹锡写下我们熟知的《陋室铭》一文，这个大概语文课本里就有，在此就不再复录出来了。据说，关于《陋室铭》还有这样一个故事：

刘禹锡当时被贬作一名小小的通判（类似《水浒传》中黄文炳当的职务），据说按级别，通判应在县衙里住三间三厢的房子。可和州县官看人下菜碟，见刘禹锡是失了势的人，就给他小鞋穿。先安排他在城南面江而居，刘禹锡不但无怨言，反而很高兴，还随意写下两句话，贴在门上："面对大江观白帆，身在和州思争辩。"和州知县知道后很生气，吩咐衙里差役把刘禹锡的住处从县城南门迁到县城北门，面积由原来的三间减少到一间半。

新居位于德胜河边，附近垂柳依依，环境也还可心，刘禹锡仍不计较，并见景生情，又在门上写了两句话："垂柳青青江水边，人在历阳心在京。"那位知县见其仍然悠闲自乐，满不在乎，又再次派人把他调到县城中部，而且只给一间只能容下一床、一桌、一椅的小屋。半年时间，知县强迫刘禹锡搬了三次家，面积一次比一次小，最后仅是斗室。刘禹锡想想这位势利眼的狗官，实在欺人太甚，遂愤然提笔写下这篇超凡脱俗、情趣高雅的《陋室铭》，并请人刻上石碑，立在门前。

这个故事未必全是实情，资料上记载刘禹锡当时是和州的刺史，行政一把手，并非通判，想来不敢有什么人给他气受。

现存的刘禹锡的"陋室"坐落在和县城中，三幢九间呈品状，依山傍水，风光秀丽，主室斗拱飞檐，古雅别致，偏屋白墙黑瓦，简朴小巧，也不像故事中说的"只下一床、一桌、一椅的小屋"。

不过，人的感受是随着地位、环境的变化而来的，像刘禹锡这样本来在京师中为官的，去做个小地方一把手就觉得委屈了，但如果一般布衣百姓让他当个小吏，可能就乐得好几天合不上嘴。刘禹锡的陋室虽然远不如杜甫草堂简陋，但比起京城的条件来恐怕差远了，不过《陋室铭》中表达的高洁不俗，不同流合污，不随波逐流的态度却是历来让人欣赏赞叹的。

这《陋室铭》简洁明快，读起来朗朗上口，自是广为流传。而且后世

还产生好多的改编版本。当年我在大学公共教室中的课桌上就看到过仿《陋室铭》的《课桌铭》：

> 分不在高，及格就行；学不在深，作弊则灵。斯是教室，唯吾闲情。小说传得快，杂志翻得勤，琢磨下围棋，寻思看电影。可以画漫画，写书信。无书声之乱耳，无作业之劳形，虽非跳舞场，堪比娱乐厅。学子云：混张文凭！

类似的文字以前早就有过，还有《寄园烟馆铭》《斗室铭》（民国·吴稚晖）《麻将铭》《关系铭》《会场铭》等好多版本，不再多录，只看一则《会场铭》吧：

会场铭

> 会不在听，到场就行。思不在会，坐完就灵。斯是会场，尔吾闲情。谈谈处世道，话话《山海经》。可以拉家常，可以眯眼睛。无群言之乱耳，无世事之忧虑，无职业之操心。虽非麻将场，不亚跳舞厅。心里云：蓄锐养神。

虽然文辞和刘禹锡的原版正宗的相比有些庸俗，但讽刺之辛辣却完全继承了刘禹锡的风格。

刘禹锡这种开朗乐观、不服输的性格，终于熬死了唐朝五代皇帝，等到了"守得云开见月明"的一天。后来刘禹锡回来当了太子宾客。后又加官为检校礼部尚书，寿至七十一岁而终，也算善终了。

刘禹锡的胸怀豪放，白居易称他为"诗豪"，和他关系不错。两个人有很多唱和的诗，比较有名的有这首：

和乐天春词

新妆宜面下朱楼，深锁春光一院愁。行到中庭数花朵，蜻蜓飞上玉搔头。

白居易原诗是：低花树映小妆楼，春入眉心两点愁。斜倚栏干背鹦鹉，思量何事不回头。白居易的诗当然也不错，描写细致生动，但刘禹锡更为新颖有韵味。而另一则两人的唱和之作，却觉得刘禹锡的作品远胜于白居易：

酬乐天扬州初逢席上见赠

巴山楚水凄凉地，二十三年弃置身。怀旧空吟闻笛赋，到乡翻似烂柯人。

沉舟侧畔千帆过，病树前头万木春。今日听君歌一曲，暂凭杯酒长精神。

这里面的"沉舟"和"病树"是比喻的自己，但是表达了极豁达的襟怀。后人也赋之于新意，以至于广为引用。而白居易的诗中"诗称国手徒为尔，命压人头不奈何。举眼风光长寂寞，满朝官职独蹉跎"之类的一味颓丧，比之刘禹锡的诗终逊色一筹。刘禹锡由于胸怀宽广，所以好多怀古的诗写得纵横开阖，酣畅淋漓，苍莽幽远。像这几首都是深受人们喜欢的：

石头城

山围故国周遭在，潮打空城寂寞回。淮水东边旧时月，夜深还
过女墙来。

乌衣巷

朱雀桥边野草花，乌衣巷口夕阳斜。旧时王谢堂前燕，飞入寻
常百姓家。

这两首太妙了，好诗不多解释，如同好酒，大家自己品味吧。刘禹锡
还有一首怀古诗《蜀先主庙》也是很有名：

天地英雄气，千秋尚凛然。势分三足鼎，业复五铢钱。

得相能开国，生儿不象贤。凄凉蜀故妓，来舞魏宫前。

这诗中的"天地英雄气，千秋尚凛然"是很出名的名句，记得1994年
那时的那种4M大小的老游戏《三国演义》里，自己定义一个君主后PC机
喇叭中（当时还不大兴声卡）就怪声怪气地说："天地英雄气，千秋尚凛然"，
现在想起来，很是好玩。后来网上出了一个为当年的网红芙蓉姐姐建的芙
蓉神教，先有四句口号曰："天地英雄气，千秋尚凛然。神教势问鼎，芙蓉
百花前。"看来这两句，生命力还是很强的，挺能与时俱进的。

刘禹锡被称为诗豪，的确是一个很豪爽的人，晚年与白居易登上一座
高塔时，刘禹锡就写了这样一首诗：

步步相携不觉难，九层云外倚阑干。忽然笑语半天上，无限游人举眼看。

刘老身体看来还挺好，爬到塔上高声谈笑，好多游人惊奇地看他，刘老还自得其乐，说来豪气直追盛唐的贺知章。刘禹锡对秋天特别有感情，像他的《秋词》：

自古逢秋悲寂寥，我言秋日胜春朝。晴空一鹤排云上，便引诗情到碧霄。

还有《始闻秋风》这首：

昔看黄菊与君别，今听玄蝉我却回。五夜飕飗枕前觉，一年颜状镜中来。
马思边草拳毛动，雕眄青云睡眼开。天地肃清堪四望，为君扶病上高台。

诗中爽朗潇洒之情，在古来诗人中少见，多数人都是"秋风秋雨愁煞人"，而刘禹锡却一反常态，喜欢秋天，只有心胸特别开阔的人才会这样喜欢秋天，比如像开国伟人，就说"不是春光，胜似春光"嘛。所以称之为"秋爽诗豪刘禹锡"，应该还算恰当吧。

李贺："奇""诡""冷""艳"的另类诗人

李白诗中是飞上天去，也就一个直升机的高度，还能看到茫茫胡兵什么的，而李贺这诗恐怕都赶上杨利伟了，把整个中国看成九点轻烟一般，海水好像可以盛在杯子中的水一样，确实是站在宇宙空间高度才能看得出的景象。

翻开唐人的诗集，恐怕再也找不到有比李贺更伤感孤寂的人了。曹雪芹先生在《红楼梦》中塑造出林妹妹这样一个多愁善感、才气过人的艺术形象，让好多人为之感伤。在唐才子中，李贺简直就是一个活生生的忧郁多才的男版"林妹妹"，而且有过之而无不及。

李贺，字长吉，说起来李贺也是名门之后，他的远祖李亮是唐朝开国皇帝李渊的从父（伯父、叔父），唐朝建立后被封为郑王。但是到了李贺这一代祖上的荣华早已成为过眼烟云，李贺的父亲李晋肃只做过县令，而且大约在李贺十八岁那年，他便早早去世了。

据说李贺也是个神童，《唐才子传》说"七岁能辞章，名动京邑"。当时韩愈、皇甫湜不信是他写的，就亲自把他请到家里来，李贺当时还是个小小童子，"总角（就是哪吒那种发型）荷衣而出，欣然承命，旁若无人"，写了篇叫《高轩过》的文章。这篇文字是这样的：

华裾织翠青如葱，金环压辔摇玲珑。马蹄隐耳声隆隆，入门下马气如虹。云是东京才子，文章巨公。

二十八宿罗心胸，九精照耀贯当中。殿前作赋声摩空，笔补造化天无功。庞眉书客感秋蓬，谁知死草生华风。我今垂翅附冥鸿，他日不羞蛇作龙。

这篇诗歌出自七岁孩童之手，确实令人惊奇。说句不中听的，现在的大学中文系的研究生们能写成这样也算不错了。怪不得当时就"二公大惊，以所乘马命联镳而还，亲为束发"，怜爱之意自不待言。但是不幸得很，李贺少时就才华显露，但其一生却没有"他日不羞蛇作龙"，而是一生郁郁，难伸其才，人中之龙，却屈如蛇虫。

我在元稹那篇中说过，元稹由于李贺早年无意中得罪了他，就借口认为李贺父名"晋肃"，"晋"字与"进士"的"进"同音，触犯家讳，不能应试。韩愈为他抱不平，专门写了《讳辩》一文，主张"不讳嫌名"，但无济于事，李贺就这样莫名其妙地失去了考功名的资格，这也造成了李贺一生的忧郁难平。

当然李贺也是那种典型的抑郁质的人，所以才一生郁郁，但李贺毕竟是皇室王孙，虽然没能参加进士考试，仍旧享有某些官职的世袭权，而且他一直受到韩愈的赞赏，元和六年（811年）春，韩愈被任命为行尚书职方

员外郎，从洛阳迁至长安任职，与此同时，李贺也被任命为奉礼郎。

这奉礼郎的职务是个品次极低（从九品）的小小京官，《唐书·百官志》说它的职务是："掌君臣版位，以奉朝会祀之礼……凡祭祀、朝会在位拜跪之节，皆赞导之。公卿巡行诸陵，则主其威仪鼓吹，而相其礼。"

由此可见，奉礼郎的职责就是当王公大臣举行祭祀时，去招呼摆祭品，引导众人进入位次，行跪拜之礼。当公卿巡行诸陵时，领导仪仗队和吹鼓手，主持祭祀礼。这样的职务如果是个比较精明的市井小人之类来担任，可能如鱼得水，一可以采办祭品时多开点发票，捞点油水；二可以多接触一下王公大臣们，混得脸熟，好办事。

但是李贺那样木讷、单纯的男孩却不适合这个工作，李贺在这里没有朋友没有亲人，还常想家，当然从另一个角度也说明李贺生活自理能力比较差。他在《题归梦》一诗中这样写道：

> 长安风雨夜，书客梦昌谷。怡怡中堂笑，小弟裁涧绿。
>
> 家门厚重意，望我饱饥腹。劳劳一寸心，灯花照鱼目。

李贺想念家中的弟弟，又思念在昌谷（河南宜阳）老家的生活。说起李贺的家庭情况，不少人觉得好像李贺一生孤单，其实李贺也有媳妇，只是好像没有后代。他有一首《美人梳头歌》就是写给他妻子的：

> 西施晓梦绡帐寒，香鬟堕髻半沉檀。辘轳咿哑转鸣玉，惊起芙
> 蓉睡新足。
>
> 双鸾开镜秋水光，解鬟临镜立象床。一编香丝云撒地，玉钗落

处无声腻。

纤手却盘老鸦色，翠滑宝钗簪不得。春风烂漫恼娇慵，十八鬟多无气力。

妆成娇鬓歆不斜，云裾数步踏雁沙。背人不语向何处？下阶自折樱桃花。

从诗中可以看出，李贺还是很喜欢他的娘子的，可惜据说他的妻子也体弱多病，比他死得还早。不久，李贺就辞职回家了。从此，李贺在昌谷老家，每天"旦日出，骑弱马，从平头小奴子，背古锦囊，遇有所得，书置囊里。凡诗不先命题，及暮归，太夫人使婢探囊中，见书多，即怒曰：'是儿要呕出心乃已耳！'上灯，与食，即从婢取书，研墨叠纸足成之。非大醉吊丧，率如此。"

以上这段文字经常被引用，大家想必也看过，李贺每天起来骑着瘦马（也有的说成是驴），在外面苦吟索诗，一直到晚上。现在围棋界有个韩国高手叫李昌镐，性格也是很木讷、单纯，有人说他一天到晚，就连吃饭睡觉都是在想棋，这李昌谷（李贺的别称）也是几乎一天到晚在想诗。李贺母亲很担心他的健康，说他要把心都呕出来才算完。

李贺的身体很差，和林妹妹一样经常吃药：所谓："虫响灯光薄，宵寒药气浓"，唉，自古红颜多薄命，才子多短命，正所谓"咽咽学楚吟，病骨伤幽素。秋姿白发生，木叶啼风雨"（李贺诗《伤心行》）。李贺香魂一缕，终于随冷雨而去，终年不到二十七岁。

唉，这二十七岁好像是才子们的一个坎儿，好多人像王勃之类都是二十七岁左右夭折。《唐才子传》说是"上帝新作白玉楼成，召君作记也"，说是李贺应天帝所召做文章去了，这无非是像宝玉想象晴雯去当芙蓉姐姐了一样，聊慰生者之心罢了。唉，你说当这诗人有什么好呢？

宋朝有个叫周益公在他的《平园续稿》中说："昔人谓诗能穷人，或谓非止穷人，有时而杀人。盖雕琢肝肠，已乖卫生之术；嘲弄万象，亦岂造物之所乐哉？唐李贺、本朝邢居实之不寿，殆以此也。"呵呵，诗能穷人又能杀人，看来是精神鸦片了。可能确实如此，在此改古人两句——"诗是穿肠毒药，词是剐骨钢刀"。

李贺之诗不但在唐人的诗中独具特色，就算在整个诗歌史中也是风格迥异，鲜有相类者。前面说过李白的风格是"侠酒诗仙"，而李贺的特色就是"奇诡冷艳"，其实杜牧在《李长吉歌诗叙》中就归结得很精妙："云烟绵联，不足为其态也；水之迢迢，不足为其情也；春之盎盎，不足为其和也；秋之明洁，不足为其格也；风樯阵马，不足为其勇也；瓦棺篆鼎，不足为其古也；时花美女，不足为其色也；荒国陊殿，梗莽丘垅，不足为其怨恨悲愁也；鲸呿鳌掷，牛鬼蛇神，不足为其虚荒诞幻也。"

但"云烟绵联""水之迢迢""春之盎盎""秋之明洁"等风格其实并非李贺最独特的风格，而最突出的还是"奇""诡""冷""艳"四字：

奇，也是所谓的"鲸呿鳌掷"：李贺之诗，想象之奇特，比之李太白尚有过之，像什么"女娲炼石补天处，石破天惊逗秋雨"，确实有石破天惊之势，而"天河夜转漂回星，银浦流云学水声"，以及"南风吹山作平地，帝遣天吴移海水"，等等。天上的银河都听得到水声，南风将山吹作平地，此等情景，别说无人可见，就是连想，一般人也不敢想啊。确实是雄奇诡谲，幻象纷呈。像"羲和敲日玻璃声"，"忆君清泪如铅水"等都是匪夷所思的奇语妙句，我觉得最能代表李贺诗句奇之特色的恐怕要数这一首了：

梦天

　　老兔寒蟾泣天色，云楼半开壁斜白。玉轮轧露湿团光，鸾佩相逢桂香陌。

　　黄尘清水三山下，更变千年如走马。遥望齐州九点烟，一泓海水杯中泻。

　　这样的情境真是难为李贺怎么想出来的，李白的诗中说："恍恍与之去，驾鸿凌紫冥。俯视洛阳川，茫茫走胡兵。"李白诗中是飞上天去，也就一直升机的高度，还能看到茫茫胡兵什么的，而李贺这诗，恐怕都赶上杨利伟了，把整个中国看成九点轻烟一般，海水好像可以盛在杯子中的水一样，确实是站在宇宙空间高度才能看得出的景象。李贺只凭着自己的想象就构思出这样瑰丽奇特的景象，实在是太难得了。

　　在我们山东济南，有座千佛山，山半腰有座牌坊，写着齐烟九点，其实是断章取义了，这个牌坊上的"齐烟"指的是山东啦，而九点是指济南北面那几座海拔不过百米的小山儿。这样引用比喻，未免有点牛刀杀鸡的意味。

　　再说诡：李贺诗句之奇，有时就近于诡异，看上面的诗中就有老兔、寒蟾之类的形象，而其他诗中更有凤凰、老鱼、瘦蛟、博罗老仙、蛇毒、烛龙、碧驴等诸多日常生活中不可见的怪物做比喻，从而使他的诗中有一种光怪陆离的奇诡景象，这就是所谓："牛鬼蛇神，不足为其虚荒诞幻也"。

　　《苦昼短》这首诗最能代表李贺的奇诡风格：

飞光飞光，劝尔一杯酒。吾不识青天高，黄地厚。唯见月寒日暖，来煎人寿。

食熊则肥，食蛙则瘦。神君何在？太一安有？天东有若木，下置衔烛龙。

吾将斩龙足，嚼龙肉，使之朝不得回，夜不得伏。自然老者不死，少者不哭。

何为服黄金，吞白玉？谁似任公子，云中骑碧驴？

刘彻茂陵多滞骨，嬴政梓棺费鲍鱼。

当然，李贺还有一些"鬼诗"像什么"鬼灯如漆点松花"等，也增加了李贺诗的诡异色彩。

读李贺的诗如秋风苦雨，不禁觉得寒气逼人，这就是李贺诗味中"冷"的特色，即杜文中所谓"荒国陊殿，梗莽丘垅，不足为其怨恨悲愁也"，李贺被称为诗鬼，也不是没有原因的。

李贺诗中好多"死""葬""魂"之类的字句，其实好像一切抑郁短命的才子才女都这样吧，像林黛玉也张口闭口地"冷月葬花魂""何处有香丘"什么的。而李贺诗中的这类句子更多、更奇，像什么："几回天上葬神仙"（《官街鼓》），神仙都死了，"彭祖巫咸几回死"（《浩歌》），神仙都死了，彭祖巫咸这些老寿星更要死好几回啦，"津头送别唱流水，酒客背寒南山死"（《十二月乐词》），山也是会死的。

李贺还好用"血"这一字入诗，像什么"恨血千年土中碧"，还有"青狸哭血寒狐死"（《神弦曲》）。读了这些诗句，不禁感觉李贺实在是太孤寂悲观了，只有如此寂寞悲凉的人，才能够写出这种仿佛从腹中呕出来的鲜血一般殷红的句子。

后世有蒲松龄老先生，常写鬼狐，他在《聊斋志异》的序中写道："独是子夜荧荧，灯昏欲蕊；萧斋瑟瑟，案冷疑冰。集腋为裘，妄续幽冥之录；浮白载笔，仅成孤愤之书：寄托如此，亦足悲矣！嗟乎！惊霜寒雀，抱树无温；吊月秋虫，偎阑自热。知我者，其在青林黑塞间乎！"李贺想必也是如此的萧瑟寂寞，所以才寄情于"青林黑塞"间吧。李贺有一首诗叫《苏小小墓》，简直就像一篇诗体化的聊斋小故事：

幽兰露，如啼眼。无物结同心，烟花不堪剪。

草如茵，松如盖。风为裳，水为珮。油壁车，夕相待。

冷翠烛，劳光彩。西陵下，风吹雨。

诗中婉媚多姿而又索寞凄凉的苏小小的鬼魂，和诗人空寂、幽冷的心境是多么契合！江湖夜雨当年也是常常中夜无眠，思前想后，自怨自艾，自吟自叹，将此诗反复来看。觉得即便是来个女鬼和自己聊聊天也是好的呀，可惜只见星沉月落，却哪里来的倩女幽魂？

李贺诗的另一个特色就是"艳"，也就是所谓"时花美女，不足为其色也"。李贺喜欢用带色彩的字眼，像什么"冷红泣露娇啼色""塞上燕脂凝夜紫""粉霞红绶藕丝裙""踏天磨刀割紫云"等。像这首《将进酒》很能代表李贺瑰丽的风格：

琉璃钟，琥珀浓，小槽酒滴真珠红。烹龙炮凤玉脂泣，罗帏绣幕围香风。

　　吹龙笛，击鼍鼓；皓齿歌，细腰舞。况是青春日将暮，桃花乱
落如红雨。

　　劝君终日酩酊醉，酒不到刘伶坟上土！

　　当然，李贺诗作中最后的句子，往往还是从艳丽的色泽中转入了"刘
伶坟上土"这样的惨淡凄凉的氛围。这让我们联想到张爱玲，据张爱玲说，
"我学写文章，爱用色彩浓厚、音韵铿锵的字眼，如'珠灰''黄昏''婉妙'"。
而且张爱玲也是喜欢在色彩斑斓的字句中蕴藏着无限的感慨和苍凉。我觉
得张爱玲之作在这个方面和李贺之诗倒是有异曲同工之妙。

　　李贺的诗当然也有缺陷，有人说他的诗"艰涩难懂"，有的句子虽奇，但
整篇的结构却并不出众。此说也有几分道理，像这首我很喜欢的诗《开愁歌》：

　　秋风吹地百草干，华容碧影生晚寒。我当二十不得意，一心愁
谢如枯兰。
　　衣如飞鹑马如狗，临歧击剑生铜吼。旗亭下马解秋衣，请贳宜
阳一壶酒。
　　壶中唤天云不开，白昼万里闲凄迷。主人劝我养心骨，莫受俗
物相填豗。

　　我很喜欢这首诗，尤其是前四句，常反复吟叹。但是在这里狂妄一次，
斗胆说出自己的感觉，和大家研讨。我觉得这首诗最后两句偏弱，有压不

住场的感觉，还不如把"壶中唤天云不开，白昼万里闲凄迷"这两句换到最后，把"主人劝我养心骨，莫受俗物相填豗"放到这两句前面，倒显得有收尾的感觉。当然这是我的浅见，不一定对。

李贺诗有一个遗憾，就是他的诗作多是古体诗，律诗很少，尤其是七律更难见到，这也不能不说是一种遗憾。

清朝蘅塘退士编的《唐诗三百首》中一首李贺的诗都不选，可能也是基于此吧。《唐诗三百首》作为旧时教材性质的读物，注重于五绝五律，七绝七律这样的"教材大纲"范围内的诗作，李贺之诗因此竟然落选。说到此处，不禁让人这样猜想，如果李贺真的被允许应试，也不一定就能很顺利，因为当时考试的标准也是律诗呀。

但是李贺在诗坛上的影响是伟大深远的，像李商隐等都或多或少受到李贺诗风的影响。曹雪芹先生也是很欣赏李贺的，敦诚《寄怀曹雪芹》有云："爱君诗笔有奇气，直追昌谷（李贺）破篱樊。"毛主席也是特喜欢李贺的诗，并且在自己诗中直接引用李贺的诗句，像什么"天若有情天亦老""雄鸡一唱天下白"，等等。

李贺确实是一位不同凡俗的才子，是另类中的另类，让我们一起读一下最能代表李贺风格的这首《秋来》，凭吊一下这位命短才高、风格卓异的才子吧：

桐风惊心壮士苦，衰灯络纬啼寒素。谁看青简一编书，不遣花虫粉空蠹。

思牵今夜肠应直，雨冷香魂吊书客。秋坟鬼唱鲍家诗，恨血千年土中碧。

刘叉：路见不平一声吼，该出手时就出手

刘叉见到世间不平，恨不得就路见不平拔刀相助，但是世上不平太多，又为现实情况所限，不能真的"该出手时就出手"。所以这些不平之事将心中万古留传的正义宝刀都渐渐磨蚀了。

唐朝诗人不少，狂放孤傲者也屡见不鲜，但是豪迈如江湖好汉的却只有刘叉一人。刘叉，这名字就叫得不同凡俗，一般人都叫些典雅端丽或者温正和平的字眼儿。可刘叉兄弟的名字却不是，单一"叉"字，江湖豪气就迎面而来，确实刘叉人如其名，性格也是如梁山好汉一般。

据说刘叉少时就"任侠"，还因酒杀人，亡命而逃，倒是和鲁智深有些相仿。但刘叉没有去当杀人放火的"花和尚"，等到朝廷大赦，就改为发愤读书，后来竟也能写出好诗。

他听说韩愈接纳天下的读书人，就去投奔，作《冰柱》《雪车》二诗献给韩愈老师。刘叉的这两首诗，历来被评为险怪之中的代表作，用险韵（险

韵是指韵脚比较少，字也比较生僻的韵部），字句也极为险怪。像《冰柱》这首诗用的"麻韵"，其中的"粗"字和"舥"字等都极少有人能用到。全诗显得如奇山怪石，峥嵘嶙峋：

师干久不息，农为兵分民重嗟。骚然县宇，土崩水溃。畹中无熟谷，垄上无桑麻。

王春判序，百卉苗甲含葩。有客避兵奔游僻，跋履险厄至三巴。貂裘蒙茸已敝缕，鬓发蓬舥。雀惊鼠伏，宁遑安处。独卧旅舍无好梦，更堪走风沙！天人一夜剪瑛璙，诘旦都成六出花。

南亩未盈尺，纤片乱舞空纷挐。旋落旋逐朝暾化，檐间冰柱若削出交加。或低或昂，小大莹洁，随势无等差。始疑玉龙下界来人世，齐向茅檐布爪牙。又疑汉高帝，西方未斩蛇。人不识，谁为当风杖莫邪。铿锵冰有韵，的砾玉无瑕。不为四时雨，徒于道路成泥粗。不为九江浪，徒为汩没天之涯。不为双井水，满瓯泛泛烹春茶。不为中山浆，清新馥鼻盈百车。不为池与沼，养鱼种芰成霙霎。不为醴泉与甘露，使名异瑞世俗夸。特禀朝激气，洁然自许靡间其迹遐。森然气结一千里，滴沥声沉十万家。明也虽小，暗之大不可遮。勿被曲瓦，直下不能抑群邪。奈何时逼，不得时在我目中，倏然漂去无馀些。自是成毁任天理，天于此物岂宜有忒赊。反令井蛙壁虫变容易，背人缩首竞呀呀。我愿天子回造化，藏之韫椟玩之生光华。

刘叉此诗是用冰柱来比喻自己的才华得不到施展，但比喻得怪，诗也写得怪，可韩愈老师是喜欢这样的怪僻诗风的，所以就收留了刘叉。但刘

叉也不是那种习惯于低三下四地寄人篱下的人，韩愈老师又一副儒者的派头，所以刘叉很快就不耐烦了，据说刘叉临走时"持愈金数斤而去，曰：'此谀墓中人得耳，不若与刘君为寿'"。

这里简单介绍一下：韩愈老师是当时有名的写墓志铭的专家，当时写墓志铭收费极高，尤其找韩愈老师这样的名人写墓志铭，更是一种身份的象征，所以豪门望族都重金礼聘韩愈老师来写，同理负责写碑的书法家如柳公权等也发了不少财，当时认为如果贵族中哪家子孙为父辈办丧事时，没有请上述两位来写文书丹，就是不孝。

写这东西，当然不免有些无谓的吹捧，人死为大嘛，就是现在追悼会上的悼词一般也是只说好话嘛。刘叉对于韩愈老师这个做法却并不以为然，竟理直气壮地拿走了韩愈的钱，还说你这是吹捧死人得来的，还不如给我刘某人当生活费哪。大有"不义之财，取之何碍"的意思。不知道韩愈老师的鼻子有没有被气歪。看这刘叉的脾气确实很像绿林豪客们的性格。

此后的刘叉，"归齐鲁，不知所终"。唉，古代的文献中记载的多半是帝王将相，一般人往往入不了史书，只见于笔记小说之类的，所以生卒年和事迹什么的都不完整，我们现在知道的刘叉的事迹，也就这点事儿。

不过刘叉还是给我们留下了不少耳目一新的好诗。刘叉这首诗就很有特色：

偶书

日出扶桑一丈高，人间万事细如毛。

野夫怒见不平处，磨损胸中万古刀。

这首诗写得很是与众不同，"野夫怒见不平处，磨损胸中万古刀"，这样的句子恐怕只有刘叉能写出来。在唐代诗人的作品中，还没有看到用"刀"来比喻人的思想感情的。因为一般文弱书生类的诗人，看到世间的不平之事，也只能或是暗自怀恨，或是长吁短叹，像妇人一样泪沾衣襟的更不在少数。但豪气填膺的刘叉看了，却别具一番情怀。

刘叉见到世间不平，恨不得就路见不平拔刀相助，但是世上不平太多，又为现实情况所限，不能真的"该出手时就出手"。所以这些不平之事将心中万古留传的正义宝刀都渐渐磨蚀了。看到这句，不禁想起梁山好汉如李逵等的思路，见到世间的不平不义之事，首先想的就是"拿俺的板斧来，砍他娘的鸟头"，刘叉之胸怀，约略如此。

刘叉后来"归齐鲁，不知所终"，这里我大胆猜想一下，也可能是刘叉大哥实在忍不住，也到梁山泊等类似的地方，成了绿林豪杰，从此行侠仗义，快意恩仇去了。

通过刘叉为数并不太多的几首诗，可以看出刘叉大哥不怕天，不怕地，不信神，不信道，豪爽无羁，确是诗人中的好汉。像"劝君修真复识真，世上道人多忤人。披图醮箓益乱神，此法那能坚此身。心田自有灵地珍，惜哉自有不自亲……"讽刺了骗人的道士们，"请君勿执古，执古徒自隳"（《勿执古寄韩潮州》）劝韩愈不要一味崇古，像"莫问卜，人生吉凶皆自速。伏羲文王若无死，今人不为古人哭"，对于卜卦迷信也执反对态度。刘叉之诗，实在是唐诗中的一株奇葩。

当时孟郊等就对刘叉的诗很欣赏，刘叉有两首诗写给孟郊，看来他们俩关系还不错，比如这首：

答孟东野

酸寒孟夫子（上来就说孟郊寒酸），苦爱老叉诗。

生涩有百篇，谓是琼瑶辞。（这里的琼瑶辞可不是琼瑶阿姨的小说呀！）

百篇非所长，忧来豁穷悲。唯有刚肠铁，百炼不柔亏。退之何可骂（退之指韩愈），东野何可欺。

文王已云没，谁顾好爵縻。生死守一丘，宁计饱与饥。万事付杯酒，从人笑狂痴。

从孟郊后来的好多诗中可以看出他也深受刘叉的影响，有些诗也比较险怪。后来宋代苏轼在《雪后书北台壁二首》中写道："老病自嗟诗力退，寒吟《冰柱》忆刘叉。"可以看出苏轼对于刘叉的诗也是很赞赏的。但刘叉诗中那种绿林味的豪气是其他人谁也学不来的。

刘叉有首《自问》，可以看作他的一个自叙吧，在此和大家共赏：

自问彭城子，何人授汝颠。酒肠宽似海，诗胆大于天。

断剑徒劳匣，枯琴无复弦。相逢不多合，赖是向林泉。

"酒肠宽似海，诗胆大于天"，说得端地好，在此以之复赠豪客刘叉，窃以为非刘叉大哥无人可当此语也。

贾岛：早就习惯一个人，少人关心少人问

　　但无论如何，贾岛以他孤傲邪僻的性格和寒狭幽冷的诗作，千年来受到人们的喜欢，给唐诗增添更多姿彩，当无疑问。

　　中唐之后，唐朝繁盛之势不再，而文人们也渐渐多半凄苦潦倒。著名的就有"郊寒岛瘦"这两人。但孟郊好歹还终于在晚年得中，"春风得意马蹄疾"地撒了回欢儿，虽然像王宝钏一样没有过多久好日子就呜呼了，但总还比贾岛强点儿。贾岛的命运说起来更是坎坷多蹇。

　　贾岛是范阳（今河北涿州，当时没有北京，在唐朝算是边远重镇，安禄山就是从这儿起兵作乱的）人，字浪仙。奇怪呀，贾岛怎么有个这样的名字，谁起的？有的本子上做阆仙，这还差不多，不过让人联想到《红楼梦》中的"一个是阆苑仙葩"，这又成了林妹妹的感觉了。不过贾岛其人，既没有"浪仙"的派头，也不是"阆仙"式的小姐，他早年是一个很朴素的和尚，后来是个乞丐般穷酸的文人。

贾岛早年因为贫困当了和尚，但当和尚也不自由。贾岛所在的寺里戒律可真严格，据说过了中午就封寺门，不准出去了。比大学宿舍里到晚上11点左右关门的规定更显得冷酷得多。贾岛瘦瘦弱弱的，当然也不敢像鲁智深那样胡闹，只好感叹："不如牛与羊，犹得日暮归。"所以后来，贾岛就找机会还俗了。

贾岛还俗后，人是自由了，生活却更加困苦了，贾岛有诗写他的穷困之境：

朝饥

市中有樵山，此舍朝无烟。井底有甘泉，釜中乃空然。我要见白日，雪来塞青天。坐闻西床琴，冻折两三弦。饥莫诣他门，古人有拙言。

贾岛无米无柴，想要"见白日"靠太阳能来暖和暖和，又碰到"雪来塞青天"，可见其窘境。弹弹琴解闷吧，又冻折了琴弦，但就在这样的情况下，贾岛还坚持不到别人门前去乞讨。

贾岛穷苦无助，没事就骑一瘦驴在街上瞎转，他倒并非只是为了逛街，而是边行边吟诗。贾岛是著名的苦吟诗人，不像太白那样一挥而就，而是字斟句酌，反复琢磨。好在唐代没有机动车辆，不然老贾非出车祸不可。

但唐代虽然没有汽车，却常有达官贵人的车马轿子，冲撞了也是不行的。那天贾岛看到黄叶满街，就吟曰："落叶满长安。"心下大悦，但想什么句子做上联好呢，想了良久，突然想到以"秋风吹渭水"为对最佳，于是自顾自地喜不自胜。贾岛只顾思考诗句了，冲撞了大京兆刘栖楚的车轿，被当场揪住，想来贾岛也交不起什么罚款，因此依照当时的"治安管理处罚条例"让贾岛在"拘留所"里待了一晚上。

贾岛被拘留了一次，癖性依然不改，这次又骑驴想诗，这回想的是"鸟宿池边树，僧推月下门"这句，这个"推"字贾岛想换成"敲"字，贾岛一时拿不定主意，便在驴背上边吟诗边举手做推敲之状，反复品味。呵呵，想想贾岛这个样子，如果在现在，恐怕会引来好多人围着看，结果又冲撞了京兆尹韩愈的车轿。

不过这次贾岛撞对了人了，写有《马说》感叹"千里马常有，而伯乐不常有"的韩愈当然不会怪罪贾岛这个爱学习的后辈，反而帮他拿主意改"僧推月下门"为"僧敲月下门"，说是这样显得有声响在内，更增幽静之意，这就是"推敲"典故的由来。话说有一次我和人闲聊，大家乱改恶搞这一句，有人曰："僧踢月下门"（十足的疯僧恶僧），有人曰："僧撬月下门"（小偷的行径），哈哈，看来这诗中真是改一字而意境全变。

韩愈和贾岛聊了好久，很欣赏他，写诗夸他：

孟郊死葬北邙山，从此风云得暂闲。天恐文章浑断绝，再生贾岛著人间。

但是夸归夸，韩愈也不能说直接就封个官给贾岛当当，于是韩愈说：贾岛呀，现在学历还是重要的，你得先考个进士的功名呀。

贾岛受了韩愈的鼓励，就兴冲冲地去参加考试了。结果等待他的却是当头而来的无数棍棒。

贾岛一考十多年，屡次落第。这还不算，贾岛在科场中居然落了个"举场十恶"的恶名。五代时何光远《鉴诚录》中把贾岛当成了反面教材来叙述，是这样说的："岛初赴名场日，常轻于先辈，以八百举子所业，悉不如己。自是往往独语，旁若无人。"看来无非是贾岛的性格比较孤僻，和人交往时不会那些世俗的"礼义仁让"，其实也并不一定就是故作狂傲。

这篇考场宝典《鉴诚录》中又说："贾又吟《病蝉》之句以刺公卿，公卿恶之，与礼闱议之，奏岛与平曾疯狂，挠扰贡院，是时逐出关外，号为举场十恶。"贾岛所写的《病蝉》一诗是这样的：

> 病蝉飞不得，向我掌中行。拆翼犹能薄，酸吟尚极清。
>
> 露华凝在腹，尘点误侵睛。黄雀并鸢鸟，俱怀害尔情。

大家看一下，其实也没有什么特别矛头锋锐的话，可见这时的唐朝社会风气已坏，容人之量远不如盛唐之时了，贾岛只是抒发自己胸中的郁闷之气罢了，结果被扣上"举场十恶"的罪名被取消了考试资格，赶了出去。有了这样的环境，后世奉《鉴诚录》为宝典的学子们，慢慢地都变成了"乖乖仔"，变成了不乱说乱动的"好学生"，少说话，多磕头，做事写文章不敢再越雷池一步，才情和活力当然也渐渐被扼杀了。怪不得自此唐朝气运也江河日下。

贾岛饱尝了落榜的滋味，写下了这样一首以泪研墨的诗：

下第

> 下第只空囊，如何住帝乡！杏园啼百舌，谁醉在花傍。
>
> 泪落故山远，病来春草长。知音逢岂易，孤棹负三湘。

贾岛屡试不中，穷病相煎，故而诗中悲苦之意令后世落魄文人看了每每唏嘘不已。像什么"病令新作少，雨阻故人来"，像什么"可能在世无成事，不觉离家作老人"，又如"常恐泪滴多，自损两目辉。鬓边虽有丝（丝指白发），不堪织寒衣"，等等都是意苦句奇，读来令人感叹。

前人谓读贾岛的诗如"嚼木瓜、食寒蜇"，大肆贬低。可能这些人也是衣食无忧，安闲自乐的人，所以读读贾岛的诗觉得像换了口味，但如果也是失意文人，那么就会读来觉得身同其境，倍感悲凉。

贾岛心中的悲苦郁闷之气，有时也会爆发出来，贾岛羡慕那些侠客剑豪，他有诗说："至今易水桥，寒风兮萧萧。易水流得尽，荆卿（指荆轲）名不消。"又有《述剑》一诗：

十年磨一剑，霜刃未曾试。今日把示君，谁有不平事？

贾岛这十多年的愁苦，早已将心中的利剑磨了再磨，可是谁给这柄剑建功立业的机会呢？

贾岛科场失意，仕途无望，只好将满腔的热情寄托在他的诗作上。说来也是无奈呀。其实如果不写诗，他又能做什么呢？就像网上有些写手也是诸事无望，只好徒劳无功地每天码字不停，不过算是一种寄托罢了。贾岛对他的诗作是十分爱惜的，他有首诗写他的苦吟生涯：

两句三年得，一吟双泪流。知音如不赏，归卧故山秋。

这诗何其沉痛，想必没有成名的写手们都有如此心情吧。"字字看来都是血，十年辛苦不寻常"的文字如果没有人欣赏，那份心酸是何等的难以承受！这也不是完全虚指，像当时贾岛曾将诗作献给元稹，但元稹根本不理他，连个信也不回。

但是顺便说一下，有一本叫作《启蒙学唐诗》的画册，是给小孩们看的，把贾岛这诗给译成了这样："两句诗我想了三年才写好，读出来以后我的眼泪忍不住流了下来，如果好朋友们不喜欢这些诗，我就只好回到从前住过的山里去睡觉，再也不作诗了。"

真是好笑，这样逐字直接译过来，也不能说错，但就这样给小朋友们看，小朋友们完全可以这样想呀："两句诗我想了三年才写好"，这贾岛真是笨啊；"读出来以后我的眼泪忍不住流了下来"——可能写得太慢让老师批评了吧；"如果好朋友们不喜欢这些诗，我就只好回到从前住过的山里去睡觉，再也不作诗了"——这不对呀，要胜不骄、败不馁，人家说不好就放弃了，就回家睡觉，贾岛不是个好学生哦。唉，贾岛的这诗居然被这样解释，实在令人啼笑皆非。

《唐才子传》上说："贾岛每至除夕，必取这一年来所作的诗文放在桌几上，焚香而拜，酹酒祝曰：'此吾终年苦心也。'"看到这里，可能不少以著书为平生愿的文人都不觉"于我心有戚戚焉"，想一年年过去，有何所得，无非就是这几篇文字而已。但一字一句都是殚精竭虑所得，寒天暑日中所写，能不敝帚自珍乎？

贾岛和好多才子们一样，身后的诗名却响了起来。后来有两个比较有名的粉丝，一是晚唐的李洞，他"酷慕贾岛"，常持数珠念贾岛佛，一日千遍。有人喜欢贾岛，他更是高兴，必要亲手录贾岛的诗相赠，还叮咛再三说："此无异佛经，归焚香拜之。"呵，将贾岛名字当佛号，将诗作都上升到佛经的地位，有些接近搞个人崇拜了。

再一位是南唐时的孙晟，也画了贾岛的像挂在壁上，朝夕礼拜。贾岛生前虽然信佛，恐怕也想不到他身后竟有人因他的诗作而奉他为佛。说来这两位贾岛迷的做法也有点太过痴迷了。

但无论如何，贾岛以他孤傲邪僻的性格和寒狭幽冷的诗作，千年来受到人们的喜欢，给唐诗增添更多姿彩，当无疑问。

苏轼有诗："遥想后身穷贾岛，夜寒应耸作诗肩"。可怜的贾岛，谁能抚慰他槎枒嶙峋的诗肩呢？

晚唐篇

杜牧：春风十里不如你

杜牧并非是那种只会吟风弄月或者皓首穷经的书生，而是胸有大志，有极高的政治眼光和军事才能的人。杜牧后来精研《孙子兵法》并为之作注，可惜当时的唐朝社会已是腐败不堪，杜牧没有用武之地。

《笑傲江湖》中，祖千秋和令狐冲论酒杯，说是饮这绍兴状元红须用古瓷杯，最好是北宋瓷杯，南宋瓷杯勉强可用，但已有衰败气象，至于元瓷，则不免粗俗了。说得有点玄之又玄。但诗至晚唐，也是有点衰败气象，就像李商隐的诗句说的那样"夕阳无限好，只是近黄昏"，相比盛唐诗，更多地笼罩在一种"郊寒岛瘦"般的抑郁气氛中，且不用说"葛衣碎断赵城秋"的鬼诗人李贺，就连绮艳的花间词诗人温庭筠也充斥着"万古春归梦不归，邺城风雨连天草"的惆怅。从这些凄风苦雨中，杜牧的诗却像一曲从雨帘中透出的清脆笛声，响彻了晚唐诗坛，带来些许盛唐的清新俊朗。

杜牧和李商隐，被后人称之为"小李杜"，但相比大李杜（李白和杜甫），杜牧的诗风却不像杜甫那样沉郁顿挫，倒有六七分类似太白的洒脱豪放。小杜无论是七绝还是律诗，都写得如行云流水一般酣畅潇洒，一改晚唐诗坛的艰涩晦暗之气。

说起杜牧，也是名门之后，书香门第。先祖杜预为晋朝有名的镇南大将，曾编纂《左传集解》。祖父杜佑著有《通典》，考明历代典章制度，任德宗、顺宗、宪宗三朝宰相。堂兄杜悰于武宗、懿宗两朝也官至宰相。

杜牧是个贵公子出身。《唐才子传》中说："牧美容姿，好歌舞，风情颇张，不能自遏。"看来杜牧不但诗俊朗，人也长得帅，是晚唐诗人中难得一见的帅哥。像李贺、温庭筠等据说都长得不怎么样。

杜牧早年刚直有节，敢论及大事，对国家大事极为关注。他早年就以《阿房宫赋》闻名，据说当时"文士十数辈，扬眉抵掌，共读一卷文书，览之，乃进士杜牧《阿房宫赋》"。杜牧的这篇《阿房宫赋》在语文课本中就有，当时就觉得太优美了。我觉得《古文观止》上的文章以《阿房宫赋》和《滕王阁序》最为精妙。《阿房宫赋》和《滕王阁序》相比，文辞之美难分上下，但立意尚有过之。像"灭六国者六国也，非秦也。族秦者秦也，非天下也"以及"后人哀之而不鉴之，亦使后人而复哀后人也"，更是有振聋发聩之效果，给当时浑浑噩噩的腐败晚唐一记警钟。

杜牧好多诗作也是这样，像《河湟》《早雁》等诗都是如此，我们来看《河湟》一诗：

元载相公曾借箸，宪宗皇帝亦留神。旋见衣冠就东市，忽遗弓剑不西巡。

牧羊驱马虽戎服，白发丹心尽汉臣。唯有凉州歌舞曲，流传天下乐闲人。

　　杜牧感叹当时的湟水谷地被吐蕃等外敌侵占，而朝廷却由于内乱无力收复。杜牧并非是那种只会吟风弄月或者皓首穷经的书生，而是胸有大志，有极高的政治眼光和军事才能的人。杜牧后来精研《孙子兵法》并为之作注，可惜当时的唐朝社会已是腐败不堪，杜牧没有用武之地，只好倾诉在一些咏史的诗作上。杜牧的咏史诗作往往是出人意料，有很多独到的新奇之见，像这首：

赤壁

　　折戟沉沙铁未销，自将磨洗认前朝。东风不与周郎便，铜雀春深锁二乔。

　　一般人论赤壁，常夸周瑜或者诸葛亮"羽扇纶巾，谈笑间，樯橹灰飞烟灭"，而杜牧却归之于东风，可谓新奇之见。有人认为是隐隐有种"时无英雄，使竖子成名"的感慨，也有几分道理。还有这首：

题乌江亭

　　胜败兵家事不期，包羞忍耻是男儿。江东子弟多才俊，卷土重来未可知。

　　一般人评霸王之败，或者说霸王太过暴虐，或者哀叹英雄末路。而杜

238

牧却假设如果霸王能不气馁，还有卷土重来的机会，这"卷土重来"四字说得气势恢宏，不知鼓励了多少失败者。

杜牧对当时的腐化淫靡的社会风气也是很反对的，像这首《泊秦淮》：

烟笼寒水月笼沙，夜泊秦淮近酒家。商女不知亡国恨，隔江犹唱后庭花。

有人评说杜牧不大尊重女性，有大男子主义的倾向，常苛责女人。像这首就苛求卖唱的商女，说她们唱"玉树后庭花"这样的淫靡之词，不知亡国之恨。在《题桃花夫人庙》一诗中他又嘲笑息夫人不像绿珠一样殉节：细腰宫里露桃新，脉脉无言度几春。至竟息亡缘底事，可怜金谷坠楼人。

其实也不尽然，像《泊秦淮》这诗正是暗讽当权者不识亡国之恨耳，小姐们所唱的歌都是客人们喜欢听的，哪个女子平日没有事就觉得"十八摸"最好听呀，还不是那些下流男人喜欢听吗？

至于息夫人那首，虽然王维对待息夫人的态度就宽容得多，而杜牧却有苛责之意，但是杜牧也没有直接苛责息夫人，而是通过歌颂绿珠这样有气节的女子（当然以现在的眼光看，绿珠也死得轻于鸿毛）来暗讽罢了。而且此一时，彼一时，小杜身处晚唐，当时的社会风气也早不如盛唐时健康，寡廉鲜耻、卖身求荣之辈比比皆是，在这样的情况下，小杜讴歌一下所谓的有气节的人物还是有些意义的吧。

当然，杜牧也并非一个好男人，尤其不是个好丈夫。小杜在《泊秦淮》诗中讽刺别人在《后庭花》这样的淫词艳曲中堕落沉沦，而自己却也在"春风十里扬州路"上丢了魂。

杜牧于大和七年九月，到淮南节度使牛僧孺手下做掌书记，这牛僧孺是有名的"牛李党争"中牛党的头目，历史上常说"牛李党争"大大地影响了唐朝的统治及国力（美国也有"驴象"两党，怎么没有影响国力，嘻，开个玩笑），一般印象认为牛僧孺是个大奸臣，其实牛僧孺也是个有名的文人，写过一本叫《玄怪录》的书，而且对杜牧还是很照顾的，也未必就是大奸大恶。

　　杜牧一来到扬州那烟柳画桥、风帘翠幕、春风十里、佳人如玉的江南温柔之乡，顿时就失魂落魄了。杜牧是名门之后，想必比较有钱，我们前面又说过杜牧长得也帅，旧时常说"鸨儿爱钞，姐儿爱俏"，这杜牧要钞有钞，要俏有俏，当然红灯区里都对他十分欢迎，于是他就天天冶游不止。

　　牛僧孺派了兵卒三十人换成便衣尾随在他的身后，暗中保护他，也监视他的行踪（看来牛党头目可不是白当的，搞特务活动有一套）。看到杜牧这样无所顾忌地放纵，牛老板倒也没有管他（也许牛僧孺顾及和杜家的关系吧），直到杜牧升了侍御史的官，牛僧孺给他饯行，才劝他说："你以后当了侍御史，可就要注意一下了。"杜牧还不认账，就撒谎说："我平生常自我约束，很规矩的呀！"

　　牛僧孺笑而不答。当即让侍仆拿来一个小书匣，在杜牧面前打开，里面都是尾随他的那些"特务"的密报，共有上千份，上面写的内容都是：某天夜晚杜书记到了哪个妓女家，没有出事；某天晚上在哪一个妓女家宴饮，也没出事……

　　杜牧看罢大为惭愧，于是流着泪向牛僧孺礼拜致谢。此后终生感激牛僧孺，所以在牛僧孺去世时，杜牧为他做墓志铭，极力夸了这个"牛人"一回。

杜牧在扬州放纵了十年，现在要离开了，自己也觉得有些怅然。可想而知杜牧如果也像柳永一样是个布衣之徒，恐怕要率先成为第一个吃歌伎饭的诗人了。说来杜郎对那些歌伎还是蛮有感情的，还写了著名的《赠别》二首：

　　　　娉娉袅袅十三余，豆蔻梢头二月初。春风十里扬州路，卷上珠帘总不如。

　　　　多情却似总无情，唯觉樽前笑不成。蜡烛有心还惜别，替人垂泪到天明。

　　这两首写得情意绵绵，虽然只是惜别歌伎们，但是读来也是很感人的。杜牧还有一首诗自嘲在扬州的往事：

遣怀

　　　　落魄江湖载酒行，楚腰纤细掌中轻。十年一觉扬州梦，赢得青楼薄幸名。

　　其中"十年一觉扬州梦"这句，写得很好，好多人虽然没有"赢得青楼薄幸名"的际遇，但是回想自己的一段往事，往往也有一场梦的感觉，所谓"事如春梦了无痕"。闫红有篇叫《既喜且恨是杜牧》的文章，说道："我最喜欢的诗人是杜牧，最喜欢的诗句是'十年一觉扬州梦，赢得青楼薄幸名'……我喜欢的是那种天涯日暮，凉风透衣，自伤自嘲之余仍留一分温暖的感觉啊。"说得不错，回想前事，人们自伤自嘲之余往往会对温暖难舍的回忆有一种说不出的滋味。

因为风流事，小杜还留下了一件国宝，这就是给名妓张好好写的一首诗，名为《张好好诗》，尤其难得的是，这首诗的原稿一直保留到今天，如今静静地躺在故宫博物院中，千年前笔端中流出的爱恋，凝结在这张泛黄的麻纸上。要知道，唐代的纸本文物能保存到今天，还是很罕见的。

有人说杜郎的《遣怀》一诗是忏悔，但是我看杜牧却是"江山易改，本性难移"。杜牧到洛阳当了侍御史后，洛阳有个叫李司徒的人，家中的姬女很漂亮，但是知道杜牧风流成性，不敢邀他去家里喝酒，怕他看到眼里拔不出来。

杜牧还有这样一段风流韵事，他在湖州看到一个小姑娘，才十岁，觉得很好，就以重金下聘，约定十年之内来娶，但是杜牧因为有事一下子过了十四年才又来到湖州，那个女孩已经嫁给别人三年，而且生了三个孩子了。杜牧好生沮丧，写了这样一首诗：

叹花

自恨寻芳到已迟，往年曾见未开时。如今风摆花狼藉，绿叶成阴子满枝。

其实，那个女孩幸亏没有嫁给杜牧，据说杜牧的大老婆是个很厉害的女人，对付"小三"很有手腕。有个歌伎出身的女子叫程氏，都已经怀了杜牧的孩子（可能是这个歌伎也比较工于心计，怀了杜牧的孩子，所以就觉得能到杜家占一席之地了），却被逼出了家门嫁给乡下一个也姓杜的穷人。

这个穷人看来也是娶不起老婆的那种，不然怎么肯要别人的现成儿子。这大概也是杜牧精心安排的吧，找了个姓杜的，好让自己的后代不会改姓。但可想而知，程娘子的生活是多么不幸，不过后来生下的这个孩子，倒是继承了杜牧的"文学DNA"，成为晚唐的一位有名的诗人——杜荀鹤。杜牧这样到处留情，也是个十足的风流浪子，可不是女孩们可以相托终身的好男人。

不过杜牧的诗还是很帅气的，有不少广为流传的诗篇，比如：

九日齐山登高

江涵秋影雁初飞，与客携壶上翠微。尘世难逢开口笑，菊花须插满头归。

但将酩酊酬佳节，不用登临恨落晖。古往今来只如此，牛山何必独沾衣。

此诗读起来清爽可人，像这句"尘世难逢开口笑，菊花须插满头归"颇有几分盛唐诗中"一生大笑能几回，斗酒相逢须醉倒"（盛唐岑参的诗）的意味，在晚唐诗中极为难得，故也广为人传诵。

另外，诗至晚唐，境界往往越写越小，鲜有思接千古、神游万里、开阔旷达者，但杜牧这首《题宣州开元寺水阁阁下宛溪夹溪居人》却不然：

六朝文物草连空，天淡云闲今古同。鸟去鸟来山色里，人歌人哭水声中。

深秋帘幕千家雨，落日楼台一笛风。惆怅无日见范蠡，参差烟

树五湖东。

这诗中以"鸟去鸟来山色里，人歌人哭水声中"（几百年来，鸟总是这样在山色里飞来飞去，而人们一代代办喜事时歌唱，送丧时啼哭，就这样一辈辈地过去了），道出了人世的更替，确实令人感慨。而"深秋帘幕千家雨，落日楼台一笛风"也是既明朗健爽又低回惆怅，让人感想联翩。

杜牧晚年时生了大病后，自知来日无多，居然将自己平生所作的诗篇烧了好多，据说本来他写有诗作约一千多首，结果烧得只剩下两百多首。幸亏其外甥还保存了两百余首，杜牧诗作才有四百多首得以存世。这和白居易精心整理自己的诗作，并抄了好几个本子"备份"的做法大大的不同。

有人把杜牧焚稿和俄国果戈理将《死魂灵》第二部书稿烧掉相提并论，说是杜牧爱惜自己的创作，不允许有质量不好的诗篇传世，以损其名。但小杜不大像果老头那样固执的人，小杜本来就是个不拘小节、狂放洒脱的人，怎么到老了却变得有些迂腐起来了？这里胡乱猜想一下，说不定小杜烧的是早年写给歌伎们的太过肉麻的情书呢，嘻嘻，也未可知呀！这个猜测或许会觉得冒犯了前人，但我觉得倒是和杜郎的风流倜傥是相配的。

"清明时节雨纷纷，路上行人欲断魂。借问酒家何处有？牧童遥指杏花村"，读杜牧的诗句，就像坐在乡间的小店里，在杏花春雨中品味一壶村酿的老酒，别有滋味。

李商隐：原来我是一只酒醉的蝴蝶

李商隐美丽迷离的《无题》诗永远像一个个无解之谜，吸引着千年来不知多少人，这在整个诗歌史中也是非常独特的。

李商隐的诗，典雅绮丽，而又意境迷离，大有"花非花，雾非雾"的朦胧感。这些美丽朦胧而又哀婉的诗句用"前无古人，后无来者"来形容也不为过。《红楼梦》中林黛玉说过"最不喜欢李义山的诗，只喜欢一句'留得残荷听雨声'"，其实不可呆看，林黛玉说这个正是因为太喜欢李商隐的诗了，不见她经常狠狠地对宝玉发脾气吗？经常指着宝玉的额头骂"狠心短命的"。

其实我觉得李商隐的诗倒和《红楼梦》有异曲同工之处，两者都有重重谜团，令人们猜疑不休，而且同样的端丽缥缈。李商隐有句诗叫"红楼隔雨相望冷"，用来形容红楼故事，简直是天衣无缝。现在有名的网络作家安妮宝贝有篇小说题目就叫作《沧海蝴蝶》，就是从李商隐《锦瑟》一诗中化用来的，安妮宝贝小说中美丽凄迷的味道倒也和李商隐的诗很是相似。

说起李商隐，他的生平故事没有杜牧那样丰富多彩——风流故事到处传。李商隐的一生过得十分郁闷，他年轻时受牛党令狐楚赏识，成为令狐家的门生，后来又被李党王茂元赏识，将女儿嫁他，因此李商隐就成了蝙蝠啦，鸟类认为他是兽，兽类认为他是鸟，牛党认为他背恩负德，李党也对他有所猜忌。可惜李商隐不是韦小宝那号人，既当着天地会的香主，又当着清朝的公侯，却能左右逢源，如鱼得水。牛党掌权后，他一直在政治上受到压抑，郁郁不得志，成了牛、李党争的牺牲品。一生未得到重用，只是做幕府这样的小官儿，四十六岁时就早早地死在荥阳（现在的郑州附近）。

说起晚唐时的小"李杜"，上篇写杜牧的文中说了，这小杜不像老杜，倒有点像李白，而这"小李"（李商隐）也不像大李（李白），倒有点像"老杜"。李商隐的诗工整严谨，确实有老杜的风味，像这首《安定城楼》：

迢递高城百尺楼，绿杨枝外尽汀洲。贾生年少虚垂涕，王粲春来更远游。

永忆江湖归白发，欲回天地入扁舟。不知腐鼠成滋味，猜忌鹓雏竟未休。

这句"永忆江湖归白发，欲回天地入扁舟"，清代查慎行（也就是金庸先生的祖先）谓："王半山（安石）最赏此联，细味之，大有杜意。"王安石还说："唐人知学老杜而得其藩篱者唯义山（李商隐）一人。"说得很不错，老杜之后，将律诗写得出神入化，对仗精工的，非李商隐莫属，大家请看李商隐的《马嵬》一诗：

　　海外徒闻更九州，他生未卜此生休。空闻虎旅传宵柝，无复鸡
人报晓筹。
　　此日六军同驻马，当时七夕笑牵牛。如何四纪为天子，不及卢
家有莫愁。

中间二联中镶嵌了"虎""鸡""马""牛"四个动物，还有"六""七"两个数字，但一点也不刻板滞重，而是如行云流水般自然，不禁让人拍案惊叹。而且从李商隐的诗作中可以知道，李商隐本身对杜甫是十分敬重和喜爱的，李商隐有一首诗叫作《杜工部蜀中离席》，居然把自己假想为杜甫，写了这样一首诗：

　　人生何处不离群？世路干戈惜暂分。雪岭未归天外使，松州犹
驻殿前军。
　　座中醉客延醒客，江上晴云杂雨云。美酒成都堪送老，当垆仍
是卓文君。

当然，李商隐如果仅仅是学老杜而似老杜，那只不过是个老杜的诗歌赝品罢了。有道是"学我者生，似我者死"，李商隐自有他独步千古的特色——那就是很费解的《无题》《锦瑟》《碧城三首》等诗。

李商隐的名字也很有趣，商隐，仿佛是伤隐，周汝昌先生曾说过："玉谿（李商隐）一生经历，有难言之痛，至苦之情，郁结中怀，发为诗句，

幽伤要眇，往复低徊，感染于人者至深。"

但李商隐藏在这些诗作中的"难言之痛，至苦之情"到底是什么，历来诗家也众说纷纭，就像有些《红楼梦》的索隐派一样，好多人也觉得李商隐的《无题》诗之类是政治讽刺或者党争之恨，我觉得并不是很恰当。唐代和搞文字狱的清朝不大一样，好多政治观点还是可以自由地抒发的，用不着写得那样隐晦，寄托在男女之情中的政治诗也是经常有的，但我觉得《无题》诗之类却绝对不是。

李商隐的很多政治诗都是观点鲜明，直刺时弊，比如李商隐的《重有感》，对当时的宦官专政和残杀大臣的事情进行了毫不留情地抨击：

　　玉帐牙旗得上游，安危须共主君忧。窦融表已来关右，陶侃军宜次石头。
　　岂有蛟龙愁失水。更无鹰隼与高秋！昼号夜哭兼幽显，早晚星关雪涕收？

此诗可以说是金刚怒目，壮士挥戈一般，哪里有琵琶掩面般的羞羞答答？

如果说是党争中的愁情，也不可信。李商隐有首《寄令狐郎中》："嵩云秦树久离居，双鲤迢迢一纸书。休问梁园旧宾客，茂陵秋雨病相如"，从诗中来看，李商隐和牛党中人（令狐楚等）说话也是直抒胸臆呀。

所以，我觉得李商隐的《无题》诗等肯定是男女之情的诗句，而且不是一般的男女之情。唐人对于男女之情没有太多的约束，如果李商隐是和一般的歌女有什么来往，完全可以像杜牧一样大大方方地说什么"楚腰纤细掌中轻"之类的话。联系到电影《花样年华》上那个周慕云最后也是一腔郁闷，想说又无处说，只好无奈地挖个树洞，把话说到树洞里。我猜想李商隐多半是爱上了一位有夫之妇，而且这位有妇之夫的身份很不寻常，甚至可能是皇妃之类高贵的人。

大家一会儿看下《碧城三首》那几首，暗喻了女主角的身份之高，恐怕只有皇室中人才够得上。在唐代，未婚男女间的私情以及官宦才子们和风尘女子的私情都是比较能被社会容忍的，像《莺莺传》和《李娃传》什么的都是这样，但有夫之妇和人偷情却是很危险的，像《非烟传》里，步飞烟和书生陆象私通，就被她老公绑在柱上活活打死了。

所以李商隐这些《无题》诗作大概就是和那位与李商隐有情的女子来往的诗作，而且并非全为李商隐所写。之所以这样说，我觉得《无题》诗中有一句"晓镜但愁云鬓改，夜吟应觉月光寒"太像女子的诗了，只有女子才会这样细致地注意到镜中鬓改的细节（女孩们都爱惜容貌嘛，哪个女子一天不照上七八回镜子）。

唐朝还有位女诗人叫作薛媛，有首诗也不错，她的诗就是这样写的："欲下丹青笔，先拈宝镜寒。已惊颜索寞，渐觉鬓凋残。泪眼描将易，愁肠写出难。恐君浑忘却，时展画图看。"倒和"晓镜但愁云鬓改，夜吟应觉月光寒"同一机杼。

呵呵，我这里也"大胆假设，小心求证"一番，不过这么一想，觉得原来好多难解的诗句，难懂的事情倒是迎刃而解，如同打通了奇经八脉一般豁然开朗。我在此大胆想象一番，大家就当刘心武先生的"秦学"一样看个热闹吧：

李商隐在一个偶然的机会里见到了锦瑟（我们无从知道这位女子的名字，就姑且称她为锦瑟吧），但是锦瑟是一位皇室的王妃，李商隐一见之下，心魂早飞进了九重宫门，于是就在一宫扇上写诗托人带给锦瑟：

霜月

初闻征雁已无蝉，百尺楼台水接天。青女素娥俱耐冷，月中霜里斗婵娟。

这首诗比较含蓄，李商隐也不敢说得太过直白了，所以写了一篇这样的诗句，但青女素娥的冷寂孤单之情，却触动了锦瑟的心，于是锦瑟提笔在一方锦帕上写了首诗回赠给李商隐：

嫦娥

云母屏风烛影深，长河渐落晓星沉。嫦娥应悔偷灵药，碧海青天夜夜心。

这里锦瑟以嫦娥为喻，倾诉自己虽然身份高贵但孤单寂寞的心情，就像《贵妃醉酒》的戏剧中杨贵妃抱怨还不如嫁个庄稼汉一样。李商隐看了后，当然也是辗转反侧，赶快又写了《碧城三首》给她：

碧城三首

碧城十二曲阑干，犀辟尘埃玉辟寒。阆苑有书多附鹤，女床无树不栖鸾。

星沉海底当窗见，雨过河源隔座看。若是晓珠明又定，一生长对水晶盘。

对影闻声已可怜，玉池荷叶正田田。不逢萧史休回首，莫见洪崖又拍肩。

紫凤放娇衔楚佩，赤鳞狂舞拨湘弦。鄂君怅望舟中夜，绣被焚香独自眠。

七夕来时先有期，洞房帘箔至今垂。玉轮顾兔初生魄，铁网珊瑚未有枝。

检与神方教驻景，收将凤纸写相思。武皇内传分明在，莫道人间总不知。

这三首诗，历来解说纷纷，清代姚培谦认为是"君门难进之词"（《李义山诗集笺》）；朱彝尊谓：第三首末联的"武皇"，唐人常用来指玄宗，当是讽刺唐明皇和杨贵妃；纪昀认为三首都是寓言，然所寓之意则不甚可知；明代胡震亨则认为："此似咏唐时贵主事……"都是瞎猜一通，我觉得这是李商隐写给锦瑟的情书。

开始"碧城十二曲阑干，犀辟尘埃玉辟寒"，碧城者，《太平御览》中说："元始天尊居紫云之阁，碧霞为城。"这里形容皇宫之类的地方，也就

251

是锦瑟所居之处，李商隐用"阆苑有书多附鹤，女床无树不栖鸾"等劝诱锦瑟和他相会。阆苑来指深宫，附鹤指传书递信，栖鸾，鸾凤合鸣常用来指男女合好。

"不逢萧史休回首，莫见洪崖又拍肩。"此句是说让锦瑟不要错过这个机会，以免天天还是"绣被焚香独自眠"。至于最后的那句"武皇内传分明在"，我觉得这里的"武皇"不是玄宗，而是女皇武则天，用武则天大胆放纵之为再次劝诱锦瑟。当然由于这是比较隐秘的事情，所以写得并不是太清楚，有点扑朔迷离，但这是首情诗是肯定的。

锦瑟当然也是冰雪聪明的女子，从李商隐这三首语焉不详的诗句里猜出了他的本意。所以找了一个机会，在后堂和李商隐私自见了一面，事后李商隐写下了这一首《无题》：

昨夜星辰昨夜风，画楼西畔桂堂东。身无彩凤双飞翼，心有灵犀一点通。

隔座送钩春酒暖，分曹射覆蜡灯红。嗟余听鼓应官去，走马兰台类转蓬。

李商隐和锦瑟在"画楼西畔桂堂东"相见，当下就一见钟情，所谓"身无彩凤双飞翼，心有灵犀一点通"，虽然不能肋生双翅飞到一块儿，可是心中灵犀相通，早结下难解之缘。可惜李商隐又要赶着去上班（"嗟余听鼓应官去"），这一面见得实在是匆匆太匆匆。

锦瑟美眉回去后也是心潮难平，也写了《无题》回赠李商隐：

凤尾香罗薄几重，碧文圆顶夜深缝。扇裁月魄羞难掩，车走雷声语未通。

曾是寂寥金烬暗，断无消息石榴红。斑骓只系垂杨岸，何处西南待好风。

重帏深下莫愁堂，卧后清宵细细长。神女生涯原是梦，小姑居处本无郎。

风波不信菱枝弱，月露谁教桂叶香。直道相思了无益，未妨惆怅是清狂。

锦瑟也是重叙了当时相见的情景："扇裁月魄羞难掩，车走雷声语未通"，锦瑟羞涩地没有说上一句话，很盼李商隐再来相会，但又觉得不可能。"神女生涯原是梦"，神女指巫山神女，常喻男女私会；那句"小姑居处本无郎"更是说得大胆，充满诱惑。但锦瑟又心下忐忑，还是犹豫不决，只好无奈地说"直道相思了无益，未妨惆怅是清狂"。

李商隐读了这二首诗心下更是郁郁，时逢春雨绵绵，李商隐写下了《春雨》一诗捎给锦瑟：

怅卧新春白袷衣，白门寥落意多违。红楼隔雨相望冷，珠箔飘灯独自归。

远路应悲春晼晚，残宵犹得梦依稀。玉珰缄札何由达，万里云罗一雁飞。

李商隐只好隔着绵绵的雨幕望着遥远的红楼，想捎去"玉珰缄札"为信物（这个可以参看元稹那篇《莺莺传》中莺莺给张生的玉环之类的东西），但又担心无法送到，在重重阻隔下送信给锦瑟，所以说成是"万里云罗一雁飞"（雁，指鸿雁传书之意）。

锦瑟终于收到李商隐的信札，感动不已，就写了这首《无题》诗：

飒飒东风细雨来，芙蓉塘外有轻雷。金蟾啮锁烧香入，玉虎牵丝汲井回。

贾氏窥帘韩掾少，宓妃留枕魏王才。春心莫共花争发，一寸相思一寸灰。

锦瑟这首诗中提到两个偷情的女子，像贾氏是晋朝大臣贾充的女儿，和美男韩寿偷情，而宓妃是指曹丕的皇后甄后，她与曹植有过一段爱情故事。但是锦瑟内心的矜持还是压倒了前面充满诱惑的幻想（贾氏和甄后的故事），所以说"春心莫共花争发，一寸相思一寸灰"。

但是，锦瑟内心中的感情就像雨季中汹涌而来的洪水，理智的闸门很快就堤防崩溃，锦瑟和李商隐终于私自相会共谐鱼水之欢了。事后，锦瑟难舍难分地说：

相见时难别亦难，东风无力百花残。春蚕到死丝方尽，蜡炬成灰泪始干。

晓镜但愁云鬓改，夜吟应觉月光寒。蓬山此去无多路，青鸟殷勤为探看。

锦瑟知道这一次冒险相会后，再相见就难了，所以说"相见时难别亦难"，此后的日日夜夜，只好如春蚕吐丝、蜡烛滴泪一样至死相思不渝。最后的话是安慰李商隐的，"蓬山此去无多路，青鸟殷勤为探看"——我们离得并不远，我会派侍女等人和你通音信的。

但是不久，李商隐由于要外出任职，不得不离开了京城，他悲伤地写下《板桥晓别》：

回望高城落晓河，长亭窗户压微波。水仙欲上鲤鱼去，一夜芙蓉红泪多。

这里的"红泪"，是有典故的，据说魏文帝时的宫中美人薛灵芸离别亲人时所泣之泪用玉壶所盛，为红色。李商隐用此典也是有来历的，正是为宫中的锦瑟所发。

锦瑟在宫中得知后，也是伤心不已，匆匆挥毫，写下这首《无题》：

来是空言去绝踪，月斜楼上五更钟。梦为远别啼难唤，书被催成墨未浓。

蜡照半笼金翡翠，麝熏微度绣芙蓉。刘郎已恨蓬山远，更隔蓬山一万重。

李商隐再来相会的允诺已成了空言，原来所说聊以慰藉的"蓬山此去无多路，青鸟殷勤为探看"的情况也不存在了，怎能不让锦瑟痛断肝肠？

李商隐一去之后，羁旅西南，归日无期，李商隐有首《夜雨寄北》说道：

> 君问归期未有期，巴山夜雨涨秋池。何当共剪西窗烛，却话巴山夜雨时。

这首诗，各本均作《夜雨寄北》，《万首唐人绝句》却作《夜雨寄内》，也就是寄给"内人"（妻子）的。从内容来看，好多论诗者也觉得不像寄给朋友，是寄给妻子的，但是既然各本都以《夜雨寄北》为名，那应该这个名字是对的，对于诗中的感情也好理解，因为北方还有一个让李商隐挂念的锦瑟呀。

就这样过了很多年，锦瑟在思念中早早地故去了。李商隐来到陕西陈仓的圣女祠古迹前时，忍不住像《红楼梦》中的贾宝玉在水仙庵里怀念金钏一样凭吊锦瑟，这就是那首《重过圣女祠》：

> 白石岩扉碧藓滋，上清沦谪得归迟。一春梦雨常飘瓦，尽日灵风不满旗。
>
> 萼绿华来无定所，杜兰香去未移时。玉郎会此通仙籍，忆向天阶问紫芝。

看这首诗的"尽日灵风不满旗"，分明是灵前伤悼之意，"玉郎会此通仙籍，忆向天阶问紫芝"，和《长恨歌》中"上穷碧落下黄泉"地寻找逝去的情人应该是相同的用意吧。

而这首《锦瑟》更是李商隐将平生的无穷怅恨和生离死别的痛楚都倾注在内的力作：

锦瑟无端五十弦，一弦一柱思华年。庄生晓梦迷蝴蝶，望帝春心托杜鹃。

沧海月明珠有泪，蓝田日暖玉生烟。此情可待成追忆，只是当时已惘然。

李商隐真的有一把锦瑟送给他的锦瑟，"沧海月明珠有泪，蓝田日暖玉生烟"，也很让诗家费解，但说不定沧海珠是锦瑟送给李商隐的信物，蓝田玉是李商隐送给锦瑟的信物，现在锦瑟已不在人世，玉也随之烟灭，只剩下沧海珠伴他垂泪了。

以上之事，虽然都是妄加猜测，但也并非完全是空中楼阁，也有人考证说《杜阳杂编》有一段记载："宝历二年（826年）浙东贡舞女二人曰飞鸾轻凤。帝琢玉芙蓉为歌舞台，每歌舞一曲如鸾凤之音，百鸟莫不翔集。歌舞罢，令内人藏之金屋宝帐，宫中语曰'宝帐香重重，一双红芙蓉！'"

据说这一对姊妹花就是李商隐所钟爱的宫嫔，一名飞鸾，一名轻凤。唐代宫闱本来就不够严肃，道观与宫禁有往来习惯。开成元年，也就是李商隐二十四岁时，以羽士身份入宫中，与鸾凤姊妹相识，便产生了爱意。在长安水边，曲江池畔的避暑离宫里，开始了幽会。虽然潜行出入的次数有限，但这一次次偷情，已结成连理鸳鸯，情早不能自已了。李商隐虽然为情舍生忘死，但记叙这些相会的情景时，也不敢说得太清楚，所以写得含蓄隐晦。

这种说法也有几分影子，像李商隐诗中常有"青女素娥"的字样，可能就是代指她们吧！不过无论怎么猜测，《无题》和《锦瑟》等都是爱情诗无疑，像拙文中这样猜，可以说是"虽不中，亦不远矣"。

有人说什么这些诗是抒发政治上的不得意，壮志成灰的无限感慨和遗恨，等等，都是离题万里。就像有人考证《红楼梦》是反清复明史和清宫斗争史，晴雯都成了索额图这样的糙老爷们儿，简直是焚琴煮鹤，大煞风景。这样的牵强附会，也太离谱了，好在"沧海月明珠有泪"是唐朝的，这要和《红楼梦》一个时代非被说成是"反清复明"不可。可不，这句里既有"明"朝的明，又有"珠"（朱），这正是怀念朱明王朝呀，呵呵。

当然，我这样猜，也不见得完全对。但至少我们通过这样的想象，把李商隐这些著名的诗句串了一遍。李商隐美丽迷离的《无题》诗永远像一个个无解之谜，吸引着千年来不知多少人，这在整个诗歌史中也是非常独特的。这样的文字也许只有至情至性，甚至有"情极之毒"的人如李商隐和曹雪芹这样的才子才能写出来吧。

李商隐有一首著名的诗："向晚意不适，驱车登古原，夕阳无限好，只是近黄昏。"大唐诗坛的黄昏也就要来临了，李商隐的诗正如大唐诗歌中的最后一抹夕阳，无限美丽中又带着几分莫名的惆怅。

温庭筠：我很丑，可是我的词很温柔

唐朝这时候的社会和盛唐那时的社会很不一样了。盛唐时张旭、贺知章那样的狂放才子都有自己的一方天地，而温庭筠却是在穷困落魄中从一次碰壁走向下一次碰壁，直到死去。

晚唐时期，已渐渐孕育着宋词的萌芽，虽然相传李白就写有《菩萨蛮》《忆秦娥》等词，但是后人颇有争议，多认为是伪作。白居易虽然有明确版权的《长相思》《忆江南》等，但是风格还是类似江南民间的一些曲词，真正作为宋词之滥觞，并对宋词影响深远的应该说是晚唐的花间派词人了，而其中之首，就是温庭筠。

大家不要看温庭筠的名和字（温庭筠字飞卿）叫得倒像个女子，写的花间词也是软玉温香、艳丽媚人，就以为温庭筠也是一个俊美如玉树般的风流才子，还过着花前月下的小资生活。殊不知，温庭筠其貌不扬，甚至可以说很丑，还有个"温钟馗"的外号，温才子的模样可想而知。

唉，这才子到了晚唐，连相貌也不尽如人意起来，像王维那样"色艺双绝"的帅哥越来越少见了，像李贺啦、罗隐啦等据说都长得不怎么样。温庭筠一生也是坎坷困顿，屡遭磨难。说起来，相比盛唐，才子们的日子也越来越不好过了。

　　但是温庭筠的才气和盛唐才子比起来却丝毫不逊色。《唐才子传》说温庭筠"少敏悟，天才雄赡，能走笔成万言。善鼓琴吹笛，云：'有弦即弹，有孔即吹，何必爨桐与柯亭也。'"看来温庭筠也是个天才型的才子，不但文笔好，而且音乐水平也极高，甚至达到了有弦就能弹的境界。

　　据说在意大利著名小提琴家帕格尼尼的音乐演奏会上，有位听众听了他出神入化的演奏，以为他的小提琴是一具魔琴，帕格尼尼心中有气，想你这不是认琴不认人吗？就像看人家写的字好就说笔好一样，简直就是一种诬蔑。帕格尼尼拿过只皮鞋，在上面钉了几根钉子，又装上几根弦，演奏起来竟然跟小提琴也差不多，那个人才算彻底服了。温庭筠既然也说这样的大话，并且也有这样的感悟，其音乐造诣当非同一般。

　　温庭筠才华虽高，但脾性怪僻，不为世间所容，所以到处碰壁。温庭筠还有个外号叫"温八叉"，据说作那种科场考试的试题诗，叉手八次就能做成四平八稳的八韵律诗，真是神速。但温庭筠恃才狂傲，做完卷子也不说就交卷走人（不知道唐代有没有进考场后一小时内不允许交卷的考场规则），还帮旁边搜肠刮肚无计可施的考生做题，据说"日救数人"。

　　说实话，温才子这样做也不对，这是属于明显违反考场纪律的行为，根据《国家教育考试违纪处理办法》，温庭筠属于"考试期间接传答案和抄袭他人或有意让他人抄袭答卷"的行为，性质非常恶劣，理应本场试卷判零分，取消考试资格，下一年度不准报考。在当时的唐代，温庭筠也是由于他场场无视考场纪律，一连落榜了十次。

后来考试时，由于他"恶名远扬"有前科，主考官沈询将温庭筠特别对待，让温庭筠单人单桌于帘前答题。据说温庭筠却因此大闹起来，搅扰场屋，又违反了考场上禁止喧哗的纪律。这次虽有沈询严格监视，但温庭筠还是暗中帮了八个人的忙。当然，这次考试又被判了零分。此后，温庭筠就终生再没有参加过考试。说起来温庭筠这样屡次违反考场纪律，也可能是出于对当时考试制度日渐不公平的一种不满吧。

温庭筠虽然没有了考试资格，但他的出色才华人尽皆知，当时的皇帝唐宣宗是个很好吟诗的皇帝，据说这位皇帝在未登皇位前和一位叫香严闲禅师的和尚联句。和尚说："千岩万壑不辞劳，远看方知出处高。"唐宣宗答曰："溪涧岂能留得住，终归大海作波涛。"说来续得好有气势，实在不错。

当时唐宣宗喜欢《菩萨蛮》词，宰相令狐绹自己不会做，也懒得做，就想请温庭筠做枪手，嘱咐温庭筠千万不要泄露出去，当然令狐相爷也不会少给了温庭筠稿费。但温庭筠这个人脾气古怪，不会曲意逢迎这一套，还是忍不住在某些时候说出来某某词是他写的。这样让令狐相爷好生难堪，于是令狐相爷渐渐不喜欢他了。

《唐才子传》还说，有次唐宣宗想用"金步摇"一词为对，一时想不出合适的词来对仗，只有温庭筠想了出来，他对以"玉条脱"，宣宗很高兴，马上给了他赏赐。事情到这儿应该说是顺风满帆啦，但是当令狐相爷虚心地问他这个典故出于什么地方时，温大才子却毫不留情地教训了人家一通："这个出自《南华经》，不是很偏的书（《南华经》即《庄子》，因为道家始祖老子姓李，唐朝皇帝自认是老子的后人，所以唐代比较推崇道家，这道家经典《南华经》应该是唐朝'干部'必读的书），相公你有空也多看点书吧！"

这不是公然笑话人家令狐相爷是文盲吗？要是换个会来事的人，熟读《老狐狸经》的，肯定会说："令狐相爷日理万机，一时想不起来啦，那天不还是令狐相爷说起《南华经》里有这么个典故，小生就记住了呗。"如果这样一说，令狐相爷肯定心中大悦，日后还会亏待了温大才子？偏偏温大才子书呆气十足，他以为自己学问高点，就能像训学童一样地训相爷，所以温大才子日后天天撞墙碰壁是肯定的了，像他这样不给领导面子的哪里还有前途？

所谓"世事洞明皆学问，人情练达即文章"嘛，温大才子的职场技巧极为低能。

温大才子后来在惨痛的现实面前终于明白自己办砸了事了，写诗自伤道："因知此恨人多积，悔读《南华》第二篇。"唉，温大才子还是没明白，不是不该看《南华经》，是少看了《厚黑学》《老狐狸经》之类的。

以后温大才子的日子当然也不是很好过，后来温大才子流落到淮南，当时也六十多岁了，这天晚上喝醉了酒，在路上碰上巡夜的兵卒将温大才子一把揪住。当时唐朝的某些地方是实行宵禁的，兵卒见温大才子穿得又破，长得又丑，根本不像有身份地位的样子，倒像个没有暂住证的盲流，于是就对他毫不客气，还打了他几个耳光，把温大才子剩得不多的牙都打掉了，说来也真是可怜。

要不说世人都愿意升官发财，你要是不当官还没有钱，随便来个什么人都能欺负你一下，温大才子再八叉能成诗，知道"玉条脱"之类的典故有用吗？还不如一个七品官职甚至几套光鲜的衣服让那些兵痞见了点头哈腰的好。

温庭筠受了这口恶气后，自然也是气愤难平。后来正好令狐绹出任淮南的地方官了，温庭筠就去告状，哪知令狐绹正记恨着温大才子呢，心中恐怕正幸灾乐祸呢，所以抱着一种"你活该"的态度，不但不处罚那个兵痞，还嘲笑了温庭筠一番。温庭筠大怒之下，就又跑到京师里托人上访告状。状没有告出什么结果，但却找了个机会得以当上了国子监助教，主持了一回国子监考试。

一向喜欢搅科场的温庭筠当了主考，马上就别出心裁，"乃榜三十篇以振公道"，也就是说将所试学子的前三十名诗文公布于众，大家一同评论，做到"公正、公平、公开"，杜绝了因人取士暗箱操作的不正之风。而且以温庭筠的性格，对于所榜诗文中有指斥时政、揭露腐败者，温庭筠就引以为同道，称赞"声调激切，曲备风谣"，当政者一看，这可不得了，温庭筠想"变天"呀，相爷杨收马上就开始行动了，将温庭筠撤职调为方城尉。这是压倒温庭筠的最后一根稻草，温庭筠没有走到方城就死去了。

温庭筠的悲剧演完了，这也说明唐朝这时候的社会和盛唐那时的社会很不一样了。盛唐时张旭、贺知章那样的狂放才子都有自己的一方天地，而温庭筠却是在穷困落魄中从一次碰壁走向下一次碰壁，直到死去。

但是温庭筠的诗才是无法扼杀的，温庭筠虽然以花间词闻名于世，但他也有好多诗句写得气势恢宏沉郁悲愤，和那娇滴滴的花间词迥然不同。请看这首《过陈琳墓》：

曾于青史见遗文，今日飘蓬过此坟。词客有灵应识我，霸才无主独怜君。

石麟埋没藏春草，铜雀荒凉对暮云。莫怪临风倍惆怅，欲将书剑学从军。

有人说"词客有灵应识我，霸才无主独怜君"一联写得极为自负，这里的词客指陈琳，意思是说如果陈琳真有灵的话也会知道有我温庭筠这一号人，大有"不恨古人吾不见，恨古人不见吾狂耳"的意味。但是整诗品味起来还是觉得忧郁沉痛居多，和李白"天生我材必有用"的傲气很不一样，这也是和温庭筠的身世际遇相关联的吧！

温庭筠的这首《经五丈原》也写得很有自己的特点：

　　铁马云雕久绝尘，柳阴高压汉营春。天晴杀气屯关右，夜半妖星照渭滨。

　　下国卧龙空寤主，中原逐鹿不由人。象床锦帐无言语，从此谯周是老臣。

以前像老杜、李商隐都写过凭吊诸葛亮的诗，但感慨主要是从"出师未捷身先死，长使英雄泪满襟"的遗憾而发的，而温庭筠这首侧重有所不同，辛辣地讽刺了谯周这样的卖国老贼的丑陋可恨（谯周是个卖国专业户，刘备入川时他劝刘璋投降，后来又劝刘禅投降）。之所以有这样的感慨，正是因为温庭筠看到晚唐政治日渐腐败，小人当权，奸臣显贵而发出的激愤之情吧！

温庭筠的花间类的词，好多都是代拟女性的口吻，但还是写得很不错的，把宋代婉约词风格已经几乎完全体现出来了，这里录二首供大家欣赏一下：

梦江南

梳洗罢，独倚望江楼。过尽千帆皆不是，斜晖脉脉水悠悠，肠断白苹洲！

更漏子

玉炉香，红烛泪，偏照画堂秋思。眉翠薄，鬓云残，夜长衾枕寒。

梧桐树，三更雨，不道离情正苦。一叶叶，一声声，空阶滴到明。

前一首《梦江南》和白居易的《长相思》有类似处，但更细腻，而《更漏子》这首在《花间词》的风格中似乎更经典，这首词写的端丽典雅，有时候觉得仅这首词就涵盖了所有的离情别恨类词句，称之为《花间词》观止，也不为过。

温庭筠的花间词虽然还有很多绮艳妩媚的句子，但当你了解了温庭筠的一生经历后，会觉得这些词写得虽不错，但并不真正代表温庭筠自己的心境，温庭筠有一联叫作"鸡声茅店月，人迹板桥霜"，这一联令后人赞叹称绝。我觉得其中的意境倒像是温庭筠一路走来的写照，在晚唐诗坛逐渐清冷寥落的时候，浓霜上印下的孤独脚印，可是温庭筠的？

鱼玄机：一个复仇的女诗人

而鱼玄机，和这两位女子的做法又有所不同，她用放浪形骸来报复李亿，报复男人，报复这个不公平的世界！然而，女人用这种方式来报复男人时，往往相当于武侠小说中的"七伤拳"一样，是先伤己，后伤敌！

关于鱼玄机，她的名气在唐朝才女中倒是相当响亮，在人们眼中，她身上集中了晚唐时那种慵倦浓艳、脂香粉腻的色彩。有人说她是才女，有人说她是荡妇。曾有过一部港产电影，讲了鱼玄机的故事，名曰《唐朝豪放女》。不少人知道鱼玄机这个名字，就是来自此片。然而，片中之豪放，主要体现在床上的"豪放"，这只是鱼玄机的一个侧面罢了，影片中戏说成分太多，与真正的鱼玄机相差甚远。

鱼玄机现在名气虽大，却难以跻身旧时专为帝王将相和金枝玉叶作史的"两唐书"内。她的资料只零星见于《唐才子传》《北梦琐言》及《三水

《小牍》等笔记之中。

鱼玄机原名鱼幼薇，又字慧兰，出身十分贫寒，像《三水小牍》中就说她是"长安倡家女"。

据说鱼幼薇自幼聪颖过人，五岁就能诵诗数百首，七岁就开始作诗，十一二岁时，她的诗作就传到众多长安文人的耳中。长安文人之中，有不少人也是轻薄之士，常流连于酒肆妓院等处。

温庭筠就是其中代表，温庭筠虽然名字叫得非常雅致，又经常写脂香粉腻、镂金铺翠的花间词，不了解的人还以为他是个翩翩佳公子。岂知此人其貌不扬，有"温钟馗"之称。温庭筠不但相貌丑，而且脾气怪，喜欢搅闹科场，帮人作弊，并放浪形骸，常流连于妓院之中，不过据说，他和鱼幼薇之间，是纯粹的师友关系。

温庭筠赞赏鱼的才华，在诗文上也经常详加指点，鱼幼薇得到温庭筠这样的名师指教，不禁大有长进。她的诗也越发与众不同，这样过了几年，鱼幼薇已成为一名如花似玉的才女加美女。鱼幼薇也是自信满满，一日她到崇真观南楼附近，见到新科进士发榜时的情景，心中又羡又恨，只恨自己是个女子，不能参加考试，于是她写了这样一首诗：

游崇真观南楼，睹新及第题名处

云峰满目放春晴，历历银钩指下生。自恨罗衣掩诗句，举头空羡榜中名。

鱼幼薇恨自己是个女子，不然也就可以像那些及第举子一样赢得功名，披红戴花骑上高头大马，一日看遍长安花，那是何等的惬意！《唐才子传》

中也感叹："观其志意激切，使为一男子，必有用之才，作者颇赏怜之。"然而，这事可保不齐，就算是男子，也未必有才者就能高中榜首，像贾岛那样"十举不第者"极多。鱼姐姐的温老师明摆着是个男人，诗才也比他的女徒儿只高不低，但还是一生白衣，终生潦倒。

在当时，对于女子来说，求功名是镜花水月，还是嫁个好男人比较现实。据说经温庭筠介绍，一个叫李亿的贵家公子结识了鱼幼薇，他们两个人一起过了段甜甜蜜蜜、如胶似漆的日子。然而好景不长，李亿本来是有老婆的，而且是豪门大户的裴氏女。裴氏女见李亿久久不肯回家，于是就来信让李亿把她也接到长安，李亿不敢不听，于是匆匆回乡。鱼幼薇情知不妙，李亿走后，她惆怅不已，写了好几首诗，《唐诗鉴赏词典》上选的是其中这首《江陵愁望寄子安》（子安是李亿的字）：

枫叶千枝复万枝，江桥掩映暮帆迟。忆君心似西江水，日夜东流无歇时。

俗话说："男人靠得住，母猪能上树。"等了又等，盼了又盼，她的情郎李亿终于回来了。然而他不再只属于她，他的身旁是满脸杀气的原配夫人——裴氏。"卧榻之旁岂容他人酣睡"，也不能只怪人家裴氏，任何女人也不会高兴自己的老公找小老婆。古时妻妾之间等级分明，妻可以有权打骂妾。

我们知道冒襄的《影梅庵忆语》中写过，董小宛来到冒家后，每当吃饭时，连安生地坐在桌边吃的份也没有——"之侍左右，服劳承旨，较婢妇有加无已。烹茗剥果，必手进；开眉解意，爬背喻痒。当大寒暑，折胶

268

铄金时，必拱立座隅，强之坐饮食，旋坐旋饮食，旋起执役，拱立如初。"看到了吗，小宛在吃饭时，要站在冒襄和他大老婆身后服侍，唉，简直就和丫鬟差不多，是非常受气的。从后来鱼玄机打死女童之事来看，恐怕她的脾气一点也不像董小宛一样温婉和顺，于是李亿家里肯定经常闹得鸡飞狗跳，不得安生。

两个女人都挺厉害的，无法相容。李亿无奈，只好抛弃鱼玄机。我们前面说过，对于旧时婚姻来说，男人们也不是全看美色，虽然男人多是"未见好德如好色"者，但姻亲关系他们也是很看重的。如果你的老丈人是京官，大舅子是刺史，小舅子是驸马，你却是寒门书生出身，你敢抛弃你老婆吗？那意味着前面原来可以在仕途上对你鼎力相助的这些人，都将成为你的敌人。

所以，就算鱼玄机有倾国之色，被抛弃的却还只能是鱼玄机。李亿看着鱼玄机实在待不下去了，暗地里派人在曲江一带找到一处僻静的道观——咸宜观，出资予以修葺，又捐出了一笔数目可观的香油钱，然后把她悄悄送进观中，由此鱼玄机才正式取了"玄机"的道号。

关于"咸宜观"，有的地方说成是鱼玄机改的名，意思为贵贱不论，老少咸宜，有钱就陪。打趣说说可以，各位且莫当真。咸宜观之名，并非鱼玄机艳帜高张的招牌，据说是唐玄宗曾宠爱过的武惠妃之女咸宜公主出家为女道士时修的观，故名"咸宜"观。

鱼玄机和李亿分手后，心情是相当痛苦的，她曾经全心全意地将所有的希望都寄托在李亿身上，她曾经捧出来过一颗纯净晶莹的少女芳心，然而李亿的手却一直在颤抖着不敢接，终于这颗心被人打落在地上，鱼幼薇的心完全碎了，这是谁也补不好的！

唐代女子对待男人负心的态度也是因人而异的，莺莺对负心的张生是宽容大度地说："还将旧时意，怜取眼前人。"而霍小玉却愤愤而亡，临死之前满怀怨毒地对负心人李益说："我为女子，薄命如斯，君是丈夫，负心若此！……我死之后，必为厉鬼，使君妻妾，终日不安！"而鱼玄机，和这两位女子的做法又有所不同，她用放浪形骸来报复李亿，报复男人，报复这个不公平的世界！然而，女人用这种方式来报复男人时，往往相当于武侠小说中的"七伤拳"一样，是先伤己，后伤敌！有道是"爱比恨更难宽恕"，正是因为女人们爱得真切，所以亦会恨得入骨。

鱼玄机心灰意冷之后，一腔爱意化作了满腹凄凉，她干脆随意和男人们来往调笑，打出"鱼玄机诗文候教"的告示，弄得咸宜观车水马龙，众多无行文人如蜂蝶般纷纷而来。鱼玄机和众人诗酒相酬，大开 PARTY，忙得不亦乐乎之际，写下了这样一首诗：

赠邻女（一作寄李亿员外）

羞日遮罗袖，愁春懒起妆。易求无价宝，难得有心郎。

枕上潜垂泪，花间暗断肠。自能窥宋玉，何必恨王昌[①]。

此诗流传甚广，"易求无价宝，难得有心郎"这一句，千百年来不知让多少女儿家为之感叹神伤，从诗句中看，鱼玄机似乎从"枕上潜垂泪，花间暗断肠"的伤痛里走了出来，高傲地昂起头，铿锵有力地说道："自能窥宋玉，何必恨王昌"——意思是凭我这样的花容月貌，宋玉那样的帅哥也不难找，何必和那些一个无情无义、三四流男人王昌生气呢？这最后两句

---

① 王昌为魏晋时人，风神俊美，史载其人也无薄幸故事。此处仅是借用而已。

的意思和莫文蔚所唱的一首歌倒是很相似："我不是桑田，你不是沧海；你不要以为你特别可爱。很多人恋爱，很多人分开，我不会以为我特别失败；我不是庸才，你不是天才，也不是伤害我的那种人才；不爱就不爱，难挨就不挨，只给你一分钟想想怎么说拜拜。"

鱼玄机从此艳帜高张，迎来送往，不是妓女，胜似妓女。《北梦琐言》就说她"自是纵怀，乃娼妇也"。对此，虽然说的略有些刻薄，但是也差不了多少。从鱼玄机的若干诗文中，也可以看出来，这首《迎李近仁员外》就十分恶俗，以至于有段时间严重影响了我对鱼玄机的印象：

迎李近仁员外

今日喜时闻喜鹊，昨宵灯下拜灯花。焚香出户迎潘岳，不羡牵牛织女家。

这首诗写得太俗了，依鱼玄机的水平，应该不至于这样差。但之所以写成这样，恐怕正是写给"李近仁员外"这个俗人看的，写这样的媚诗献媚于李员外这样满身铜臭的俗人，鱼玄机可真够掉价的，和那些迎新送旧的青楼女子也差不多了。有的研究者为了"顾全"鱼玄机的名声，将这个"李近仁员外"也"考证"成李亿，实属牵强附会。李亿字子安，从来没有叫过什么"李近仁"。

然而，嬉笑乐宴、云雨欢会之后，男人们该走的都走了，留给她的却依旧是寂寞、空虚和不安。"今年欢笑复明年，秋月春风等闲度"，转眼间，她已经二十七岁了。虽然，她依旧明艳动人，然而，她也不禁要问一下，自己还能有多少青春可以挥霍？

秋怨

自叹多情是足愁，况当风月满庭秋。洞房偏与更声近，夜夜灯前欲白头。

从这首诗中可以看出，鱼玄机的内心依旧是焦虑不安的，她的脾气也越来越暴躁，终于，她失手杀了自己的贴身女童，成了杀人犯。

鱼玄机杀死女童绿翘一事，我们看到的故事中往往是这样说：十来岁的"小狐狸"绿翘是鱼玄机的小女徒（兼作她的侍婢），她也渐渐长大了，受鱼玄机的熏陶，居然小小年纪就会勾引和鱼玄机交往的男人——一个叫陈韪的乐师。鱼玄机得知后恼怒异常，拼命责打绿翘，并把她的头向墙上撞，结果打完后绿翘居然就死了。

但查第一手资料《三水小牍》，并无陈韪这个名字，也并没有绿翘勾搭男人的情节，只是鱼玄机自己疑神疑鬼罢了。由此可见，有些小说或电影之类，有意将绿翘描写成一个心中满是坏水的"小狐狸"，无非是想替鱼玄机开脱罪责罢了。话说回来，就算绿翘真的勾搭了她的男人（再说那些男人也不是鱼的正牌老公），也不应该就被活活打死啊。别说绿翘也是爹娘生养的，就算是小狗小猫，这样残忍地打杀，也是相当恶劣的行为。

鱼玄机打死绿翘后，并没有直接向"公安机关"投案自首。而是在后院挖了个坑，偷偷埋了尸体。有客人倒还纳闷，问："你这里那个小丫头怎么没有啦？"鱼玄机撒谎说："春雨初晴时，她偷偷跑掉了。"这些寻欢作乐的客人又不是绿翘的亲爹亲妈，只不过随口问问，也不深究。也是该着有事，鱼玄机在观里成天欢宴，人来人往，有个客人去鱼玄机观中后院僻静处撒尿（唉，鱼的客人都什么素质啊），却见有一大群苍蝇围在土上，挥之不去。此人大奇，心想自己还没有尿怎么苍蝇就来了，细看之下，发现土上似有血痕，还透出一股尸臭味。此人多半也是文弱书生，惊惧之下，尿也没有撒完，回去悄悄地和仆人说了这回事。仆人回去后，又和他哥哥讲了。他哥哥正好是官府衙役，据说曾向鱼玄机借钱，鱼玄机没有搭理他。于是此衙役带领人闯入咸宜观中，挖出了绿翘的尸体。经审讯，鱼玄机供认不讳。

当时断案者乃是京兆尹温璋。温璋一向以严酷著称，这年的秋天鱼玄机就被斩首示众。十字长街，那摊殷红的鲜血，为一代才女鱼玄机的生命画上了句号。

对于鱼玄机的死，很多人都惋惜感叹不已。当然，按唐律，如果绿翘算是奴婢的话，鱼玄机尚罪不至死，《唐律疏议》卷第二十二之"斗讼"条说："诸奴婢有罪，其主不请官司而杀者，杖一百。无罪而杀者，徒一年。"然而，绿翘未必就可以算是鱼的奴婢。而且以现代的观点看，鱼玄机杀死未成年女童，性质相当恶劣，事后又隐瞒不报，被判死刑也并非冤枉。诗是诗，人是人，能写好诗的就是好人吗？诗人杀人就不应该负刑事责任吗？所以，我不喜欢在这个问题上刻意为鱼玄机开脱，她并不是像窦娥一样蒙冤而死，杀人偿命，也是天理人情。

鱼玄机虽然也有诗道"道家书卷枕前多"，但是恐怕她没有认真领悟道家经典，鱼玄机的诗中，只有很少数能体现出那么一点点逍遥世外的道家意味，比如这首诗我就非常喜欢：

题隐雾亭

　　春花秋月入诗篇，白日清宵是散仙。空卷珠帘不曾下，长移一

榻对山眠。

　　如果鱼玄机真能如濠水鱼一样畅游在人生的江湖里，真正像她这首诗
中所写的一样，逍遥度日，对山而眠，有如散仙，悟出"天下莫大于秋毫
之末，而泰山为小，莫寿于殇子，而彭祖为天。天地与我并生，而万物与
我为一"的至理，那有多好。

韦庄：我自己都不想承认自己的成名作

> 韦庄这些词在意境上都远比温庭筠老师的词开阔，也就说明词正从只为歌女们唱曲服务的角色中逐渐走出来，成为另外一种新生的极富生命力的文学体裁了。

晚唐诗人韦庄，是"大历十才子"之一韦应物的后人，说来是个诗词俱佳的才子。但生于唐末乱世，他笔下的乾坤不免就变得满目萧凉，当然最突出的也最令人争议的就是他那首力作——《秦妇吟》。

说起这首诗，在韦庄有生之年就引起了轰动，许多人家都将诗句刺在幛子上，韦庄因此被称为"秦妇吟秀才"。但韦庄在此诗里写了黄巢攻入长安时公卿贵族们的狼狈情景，如"天街踏尽公卿骨"之类的句子，影响了那些贵族的光辉形象，让那些贵族觉得很没面子。

另外，韦庄还写了官军趁乱骚扰人民的情状，而韦庄后来的"老板"——前蜀（五代十国之一）皇帝王建，又正是当年带军入长安的官军

将领，所以后来韦庄讳言此诗，又想把它消灭，在《家诫》内特别嘱咐家人"不许垂《秦妇吟》幛子"，后来编诗集时也未收入。

但《秦妇吟》毕竟流传已广，在敦煌石窟甚至日本所藏的唐诗中都有留存。韦庄虽然生前极力想避讳此诗，但这首诗给他带来的名誉，依旧是不可磨灭的。

这首《秦妇吟》全诗共238句，1666字，所以在此就不全文录出来了，有兴趣的朋友可以在网上找找。这首诗描写的"长安大屠杀"的情景应该说是真实的，诗中以一个女子（秦妇）亲身经历的情景叙述了那场可怕的浩劫：

前年庚子腊月五，正闭金笼教鹦鹉。斜开鸾镜懒梳头，闲凭雕栏慵不语。

这名女子正过着安乐闲逸的生活哪，可是：

忽看门外起红尘，已见街中擂金鼓。居人走出半仓皇，朝士归来尚疑误。

真好像山雨欲来风满楼，黄巢的大军可就要到了……

扶羸携幼竞相呼，上屋缘墙不知次，南邻走入北邻藏，东邻走向西邻避。

这句让我们想起那些反映战乱情景的电影，男女老少哭天喊地，拿着包袱行李乱拥乱逃。

　　家家流血如泉沸，处处冤声声动地。舞伎歌姬尽暗捐，婴儿稚女皆生弃。

真是一幅可怕的人间惨景图，看来黄巢兵卒杀人如麻，到处血流成河，富贵人家的歌女姬妾全都被丢弃，贫苦人家就连幼小的儿女也顾不上了。

黄巢兵不但杀人放火，还奸淫妇女，请看诗中四邻之女的遭遇：

　　东邻有女眉新画，倾国倾城不知价。长戈拥得上戎车，回首香闺泪盈把。

　　旋抽金线学缝旗，才上雕鞍教走马。有时马上见良人，不敢回眸空泪下。

　　西邻有女真仙子，一寸横波剪秋水，妆成只对镜中看，年幼不知门外事。

　　一夫跳跃上金阶，斜袒半肩欲相耻。牵衣不肯出朱门，红粉香脂刀下死。

　　南邻有女不记姓，昨日良媒新纳聘。琉璃阶上不闻行，翡翠帘间空见影。

　　忽看庭际刀刃鸣，身首支离在俄顷。仰天掩面哭一声，女弟女兄同入井。

　　北邻少妇行相促，旋解云鬟拭眉绿。已闻击托坏高门，不觉攀

缘上重屋。

　须臾四面火光来，欲下回梯梯又摧。烟中大叫犹求救，梁上悬
尸已作灰。

　东邻女子被"黄军"抢到战车上掠去，西邻女子被一个军兵强奸不遂
抽刀杀死；南邻女子是正要出嫁的新娘，因不堪受辱，投井而死；北邻少
妇爬到屋顶上避难，结果被放火烧死。真是惨啊！看来历来兵乱战祸，普
通百姓都是难逃厄运，一时间"内库烧为锦绣灰，天街踏尽公卿骨"。繁华
的长安顿成人间地狱。

　黄巢官兵都是些大老粗，当然是"还将短发戴华簪，不脱朝衣缠绣被。
翻持象笏作三公，倒佩金鱼为两史。朝闻奏对入朝堂，暮见喧呼来酒市……"

　"宁为太平犬，不做乱世人"，像黄巢军在长安进行的"长安大屠杀"，
我觉得韦庄诗中反映的情况应该是真实可信的。韦庄的诗比正史更详细生
动地记载了这场大劫难，黄巢和李自成的军队都打进了京师，却不能鼎定
天下，这和军纪败坏，杀人扰民是分不开的，如果这些军队真是"文明之师、
威武之师"，大概也不会这么快就一败涂地。

　当时的长安附近已是一片荒凉：

　灞陵东望人烟绝，树锁骊山金翠灭。大道俱成棘子林，行人夜
宿墙匡月。

　明朝晓至三峰路，百万人家无一户。破落田园但有蒿，摧残竹
树皆无主……

对于韦庄，《幼学琼林》卷三有个关于他的典故，称"韦庄数米而炊，称薪而爨，俭有可鄙"，这可能也是因为韦庄经历过战乱中吃草根树皮之类的艰苦日子而养成的习惯吧。要不然以韦庄一个贵族子弟的身份按说不会有这样的习惯的。

由于北方战乱不定，所以这时候韦庄就避祸江南。据人口学家胡焕庸先生考证，安史之乱后，南方的人口第一次多于北方，想黄巢之乱后，这南方的人口应该就更多了。到了南方，受到这里青山秀水的感染，韦庄这时候也写了不少词。

唐末的时候，诗词已经逐渐并行，像温庭筠等都既能诗又能词，韦庄也不例外。而且温庭筠的花间词不少篇目秾丽得发腻，而被后人同样归为花间词派的韦庄却清新自然多了，更接近全盛时期的宋词。

王国维先生的观点认为"韦在温上"是很有道理的。像温庭筠也写过不少《菩萨蛮》，但均是描绘歌女的生活心态，如："水精帘里颇黎枕，暖香惹梦鸳鸯锦。江上柳如烟，雁飞残月天。藕丝秋色浅，人胜参差剪。双鬓隔香红，玉钗头上风"等，用的辞藻是很华丽，有的词句也很生动、细腻，但温庭筠老师写来写去，总是那个味儿。思想和意境上不免显得狭窄。但到了韦庄手里，这词应该说就前进了一大步，韦庄的词中，就有了江南水乡的风光：

菩萨蛮

人人尽说江南好，游人只合江南老。春水碧于天，画船听雨眠。

垆边人似月，皓腕凝霜雪。未老莫还乡，还乡须断肠。

这句"春水碧于天，画船听雨眠"写江南美景实在太传神了，其实比宋代周邦彦什么的并不差。另外，又如这首《菩萨蛮》：

> 劝君今夜须沉醉，尊前莫话明朝事。珍重主人心，酒深情亦深。
>
> 须愁春漏短，莫诉金杯满。遇酒且呵呵，人生能几何。

这些词在意境上都远比温庭筠老师的词开阔，也就说明词正从只为歌女们唱曲服务的角色中逐渐走出来，成为另外一种新生的极富生命力的文学体裁了。韦庄在词上表现的才气和深情也是很出色的，请看《女冠子二首》：

其一

四月十七，正是去年今日，别君时。忍泪佯低面，含羞半敛眉。

不知魂已断，空有梦相随。除却天边月，没人知。

其二

昨夜夜半，枕上分明梦见。语多时。依旧桃花面，频低柳叶眉。

半羞还半喜，欲去又依依。觉来知是梦，不胜悲。

这两首词恰成一对儿，上面那首是女子思念男子的心态，而下面这首是男子思念女子时所梦的梦境。写得情深意切，这"忍泪佯低面，含羞半敛眉"写得尤其生动传神。20世纪90年代的流行歌曲中有一句叫"笑有人以为把头抬起来，眼泪就不会往下掉（孟庭苇《你听海是不是在笑》）"，这低面和抬头虽然动作各异，但描绘女子神态却惟妙惟肖，细腻动人。词家中有此功力者，宋人中也不多见吧。

韦庄还有一首词，也很有意思：

思帝乡

春日游，杏花吹满头。陌上谁家年少，足风流。

妾拟将身嫁与，一生休。纵被无情弃，不能羞。

这首词写得好有趣儿，就算是现在，这样大胆的女子也少见，这个姑娘看到了一个田间路上的帅哥，马上就想将自己嫁掉，并且做好了这样的心理准备：就算是以后被他抛弃，也没有什么好丢人的。这样的"辣妹"，实在大胆。

韦庄在诗作方面也有很多佳作，韦庄的诗中经常提到"六朝"，可能韦庄觉得唐朝的气数也要尽了，所以想起六朝的凄凉衰败，大有忆古思今的感慨。如《金陵图》中说"君看六幅南朝事，老木寒云满故城"。当然最为有名的还是这首《台城》：

江雨霏霏江草齐，六朝如梦鸟空啼。

无情最是台城柳，依旧烟笼十里堤。

在韦庄所处的年代，盛景不再的唐朝已是夕阳晚照，所以这时候韦庄再重览那些短命的六朝古迹，觉得世事如梦，心情不免迷茫惆怅。说起韦庄也是唐朝贵族（韦姓是贵族大姓嘛），唐朝覆灭时他的心情也是倍感神伤

的。相比晚唐另一才子罗隐，韦庄的诗多是些惆怅之情，而罗隐更多激愤讽刺之意。这可能正是两个人身世不同造成的吧。

　　韦庄最后到了四川做了王建手下的掌书记，王建称前蜀皇帝后，遂任命他为宰相，说起来韦庄的官运还不错。看来这时候唐朝确实要亡了，韦庄去了蜀地王建那里为臣，而罗隐去了江南钱镠那儿任职，晚唐最出名的两个才子朝廷都不能用，岂有不亡之理？

罗隐：今朝有酒今朝醉，明日愁来明日愁

鲁迅先生对罗隐的《谗书》是比较赞赏的，评为"几乎全部是抗争和愤激之谈"，这也难怪，两个人的性格都是棱角分明，文笔也都具有讽刺性，可谓性情相投。

罗隐是此书中所介绍的最后一位唐朝才子。公元907年，历史上辉煌灿烂的大唐王朝终于熄灭了她的火焰。此后过了两年，罗隐也就去世了。所以罗隐也算是唐朝最后一幕出场的才子了。

罗隐本来不叫罗隐，原名罗横。罗隐少时也是聪颖过人的神童，著名的文士沈凇评价他时说"龆年夙慧，稚齿能文"，《唐才子传》也说"少英敏，善属文，诗笔尤俊拔，养浩然之气"。但唐末朝廷已腐败不堪，有才之士却都得不到重用，像罗隐这样的才子居然接连十次都没有考上进士，心下沮丧已极。后来罗隐在他那满是激愤之语的《谗书》自序中愤愤地说："生少时，自道有言语，及来京师七年，寒饿相接，殆不似寻常人。"一怒之下，

在第六次没有考中时，就改名为罗隐。

罗隐一直考不上，当然不是他的才华不行，一是当时科举已失去公正公平的原则，营私舞弊成风，使好多人才都纷纷落第。晚唐时由于科举黑暗，社会上渐渐流行"读书无用论"的思潮，杜荀鹤就曾愤愤不平地说："闭户十年专笔砚，仰天无处认梯媒"，而胡曾的话更尖锐："上林新桂年年发，不许平人折一枝"，当曲江、杏园成为权门子弟的私人会所，读书人苦读无用，或者就算侥幸得一微官，也和所付出的成本不成正比。

说起来这人才如果不被当时的朝廷所用，一方面是对人才的极大浪费不说，这些人有时候还会反过来成为对该王朝具有极大杀伤力的武器。像黄巢，如果当时就及第了，说不定就成了唐王朝一个有作为的官员，甚至是像初唐时李靖之类的可上凌烟阁的功臣。清朝的洪秀全也是考试落第后，气得昏睡了好多天，醒来后就开始组织造反了。这社会选拔人才的渠道一旦失常，危害是很大的。

当然罗隐的落第，还和他的性格有关。罗隐的为人在一般人眼中看来是十分狂妄的，写起文章来也是讽刺性极强，毫不留情地撕下伪善者的面具。

《北梦琐言》记有一事："某次罗隐乘船，兴发吟诗，舟人告云'此有朝官'。罗曰：'是何朝官！我脚夹笔可以敌得数辈。'"意思说我用脚丫子拿笔都比那些官写得强。像这样的性格，当然不为当权者所喜。要按照人家会来事的，还不赶快和朝廷大员套套近乎。所以有"隐恃才忽睨，众颇憎忌"之说。

而且罗隐生性疏懒，不修边幅，有点邋遢，据说当时的宰相郑畋的女儿非常喜欢罗隐的诗，发展到暗恋罗隐，有次就找机会偷看了一下罗隐，见罗隐长得其貌不扬，穿得又窝窝囊囊，顿时就心生讨厌了，以后再也不想罗隐了。哎，说起来这唐末的才子也真是越长越难看，要是罗隐也像王维一样"妙年洁白，风姿郁美"，或者能有元稹那样的模样和手段，估计也能把相爷女儿泡到手。那样的话，以后仕途上可就青云直上了，可罗隐就是罗隐，当不了那样的"偶像派"人士。

罗隐屡屡下第，对他的打击相当大。有这样一个故事：罗隐当年来赶考时，结识了一个叫云英的妓女。过了十二年，他又遇到了云英，说她怎么还没有从良嫁人，云英就笑话他"罗秀才尚未脱白"（意思就是说他还是布衣没有功名，唐时一般人只能穿白衣，只有官宦才能穿其他颜色的）。这话对罗隐刺激很大，罗隐当时就写了这样一首《赠妓云英》的诗：

钟陵醉别十余春，重见云英掌上身。我未成名君未嫁，可能俱是不如人。

罗隐以拥有轻盈掌上身的云英（可能晚唐审美已改变了吧，不再推崇杨贵妃那样的胖美人了）始终未嫁，来巧妙地借喻自己怀才不遇的境地，自嘲自伤之情，溢于纸外。

当时唐朝已是藩镇割据的局面，罗隐考不上功名，于是就改投其他的藩镇。他先到了淮南高骈那儿。但罗隐见高骈喜欢神仙道术，就比较反感，在土庙后面题诗讥讽后，连夜乘船跑了。高骈气得鼻子冒烟，派快船追赶，但已经晚了。后来高骈被杀，罗隐又提笔写了《妖乱志》以报当初被追之仇。要说罗隐不喜欢高骈，离开他也就是了，却还是忍不住写诗来讽刺他，

这也是性格使然了。

罗隐最后倒是终于找到一个归宿，割据钱塘的钱镠赏识他的才华，将罗隐待为上宾，授钱塘县令，拜秘书著作郎。罗隐倒也不是完全迂腐无能只会玩文字的人，在政治上也很有见地。比如，"钱镠授为镇海军节度使，命僚属沈崧谢表，语中曾夸耀浙西之繁富。罗隐以为朝廷执政，正热衷财贿，此表入奏，必将增加百姓负担，乃改为'天寒而麋鹿常游，日暮而牛羊不下'，以见荒凉景象，竟免加征之患"。呵呵，罗隐怕报上去朝廷看到江南的经济状况好就加税收，所以就在递给朝廷的表章中做了一回假账，倒是保全了江南百姓。

不过罗隐爱讽刺人的老毛病却没有因为混进官场而改变，时间一长，老毛病又犯了。钱镠也能写诗，罗隐在以诗应答的时候竟毫不留情地将钱镠小时候拿着棍骑牛的事都抖出来了，好在钱镠度量很大，并不计较，一笑了之。

钱镠曾令西湖渔民，按日上缴鲜鱼，供官府食用，名曰"使宅鱼"。罗隐作诗讽之，钱镠就下令免了鱼捐。罗隐此举让人民受到了好处，固然是罗隐的一件功德，但也说明钱镠虚心下士，确实是个明主的材料。

但即便如此，罗隐也觉得受到了约束，对钱镠有所疑惧，像这首《鹦鹉》：

莫恨雕笼翠羽残，江南地暖陇西寒。劝君不用分明语，语得分明出转难。

罗隐感叹"语得分明出转难"，觉得不能像以前那样痛快地指天笑骂了。

说来罗隐的诗文里讽刺之作比比皆是，《唐才子传》说"诗文凡以讥刺为主，虽荒祠木偶，莫能免者"。所谓"虽荒祠木偶，莫能免者"大概指这首诗吧：

衡阳泊木居士庙下作

乌噪残阳草满庭，此中枯木似人形。只应神物长为主，未必浮槎即有灵。

八月风波飘不去，四时黍稷荐惟馨。南朝庾信无因赋，牢落祠前水气腥。

诗中表面讽刺了似人形的枯木之偶，其实应该是讽刺那些形同木偶的庸官俗吏吧。罗隐还著有《谗书》五卷计小品文六十篇，一度成为禁书。纪大烟袋（纪昀）在修撰《四库全书》时竟不敢收。说起这个纪大烟袋撰的《四库全书》完全是个为清朝统治者服务的东西，据说借修书禁毁了好多好书呢。

而鲁迅先生对《谗书》是比较赞赏的，评为"几乎全部是抗争和愤激之谈"，这也难怪，两个人的性格都是棱角分明，文笔也都具有讽刺性，可谓性情相投。

我们来看一下罗隐的几篇讽刺之作：

蜂

不论平地与山尖，无限风光尽被占。采得百花成蜜后，为谁辛苦为谁甜？

这首诗应该说流传极广，像《红楼梦》中"博得虚名在，谁人识苦甘"（脂砚斋批语中诗），以及"终朝只恨聚无多，及到多时眼闭了"之类的话都和此诗同一机杼。

《唐诗鉴赏词典》中评论说："有人说此诗实乃叹世人之劳心于利禄者；有人则认为是借蜜蜂歌颂辛勤的劳动者，而对那些不劳而获的剥削者以无情讽刺。两种解释似相龃龉，其实皆允。"

但是，细究之下，如按"借蜜蜂歌颂辛勤的劳动者"一说，那诗前两句"不论平地与山尖，无限风光尽被占"这二句就不大好解释了，所以还是觉得是作讽刺贪婪之辈来理解更为合情理，而且唐末社会动荡，贪得无厌攒得金满箱银满箱的大户可能一晚上就变得一贫如洗，所以罗隐也有感而发吧！

罗隐这首诗是来讽刺当时的科举制度的：

黄河

莫把阿胶向此倾，此中天意固难明。解通银汉应须曲，才出昆仑便不清。

高祖誓功衣带小，仙人占斗客槎轻。三千年后知谁在，何必劳君报太平！

解通银汉应须"曲"，才出昆仑便不"清"，都是极深刻地讽刺了当时的情况，直来直去走正门的人是甭想高中的，只有到处钻营走后门的"曲线中举"才是最有效、实用的方法。"莫把阿胶向此倾"，是啊，当时的科举确实也像黄河一样混浊不清了，也不是一两个人就能改变的。

罗隐这首诗的讽刺意味也极强：

感弄猴人赐朱绂

十二三年就试期，五湖烟月奈相违。何如买取胡孙弄，一笑君王便著绯。

据《幕府燕闲录》载，黄巢起义爆发后，唐昭宗逃难，随驾的伎艺人只有一个耍猴的。这猴子驯养得很好，居然能跟皇帝随朝站班。唐昭宗很高兴，便赏赐耍猴的一个五品官职，并给称号叫"孙供奉"。身穿红袍，就是诗题中所称的"赐朱绂"。

对罗隐来说，他十年苦读，读书赴考却十试不中，依旧布衣。与之相比孙供奉仅是个会作秀的耍猴人，却得宠升官，讽刺之意可以说是极为辛辣。当然说句题外话，据说朱温篡位后，满朝文武都俯首称臣，但这个猴子见龙椅上坐的不是原来的皇帝，而是朱温这个猪头猪脸的人，居然张牙舞爪扑向朱温，结果被侍卫乱刀砍死。有人感叹，满朝大臣居然还不如这只猴子忠心。

罗隐虽然一生喜欢讽刺人，但说来最后结局还算不错，没有像祢衡一样遭遇横祸。钱镠成为吴越王后，又表罗隐为司勋郎中，充镇海军节度判官、吴越给事中，最后卒于盐铁转运使任上，享年七十七岁。说起来他在诗人中也算得高寿的了。

罗隐、韦庄都是晚唐的有名诗人，但韦庄的诗比较伤感惆怅，罗隐的诗却辛辣激愤，这可能和各人的身世经历不同有关吧。韦庄是唐朝贵族，而罗隐却是身份比较寒贱的书生。可以说罗隐首次开创了讽刺性诗这一流派，像后世的什么"暖风熏得游人醉，直把杭州作汴州"，以及元代时的"说英雄谁是英雄？五眼鸡岐山鸣凤，两头蛇南阳卧龙，三脚猫渭水飞熊"等讽刺诗，应该都不同程度受到了罗隐的影响。

罗隐除了讽刺类的诗写得好外，其他诗也写得很不错，而且他还有一首千载以来让无数文人失意时共同自我排遣的一首诗：

自遣

得即高歌失即休，多愁多恨亦悠悠。今朝有酒今朝醉，明日愁来明日愁。

世事难料，命压人头，冰塞黄河川，雪满太行山。奈何？青春都一饷，举杯吟道："今朝有酒今朝醉，明日愁来明日愁。"

后记：春风十里路，看尽长安花

　　那令人神往的唐代，精彩的历史一段段地上演，人物是那一个个渊渟岳峙的将相，故事是那一出出风云激荡的篇章，配乐是那一声声催开百花的羯鼓，布景是那一朵朵雍容华贵的牡丹。这一切如今早已远去，只凝固成一首首动人的诗篇，沉睡在《全唐诗》的书页里，翻开后，唤醒的是尘封的唐代，呼之欲出的是唐代才子的俊逸才情。

　　唐代是一个诗歌浸透的时代，唐代以诗赋取士，所以唐代荟萃了最妙采纷呈的诗篇，云集了最俊秀风流的才子。他们的笔下，有雁塔畔的冷月，有瀚海中的冰河，有春风十里扬州路，有万国衣冠拜冕旒……他们笔下是盛唐记忆的华美碎片。

　　这一首首诗，随着那落日楼台的一笛风，吹到了今天，这是令人沉醉的唐风。

　　唐诗如酒般浓烈，宋词如茶般清雅。唐诗是一杯杯千年陈酿，饮来让人意气风发，这杯酒满斟了长安明月照过的金樽，相举在渭城朝雨后的绿柳下，淋漓于春日桃园的绮筵间，芬芳于浣花溪畔的蓬门里，温暖于那洛

阳雪夜的红泥小火炉中。

梨花开时的白居易，青旗沽酒；杏花雨中的杜牧之，寻觅酒家。山鸡粗米，孟浩然开轩畅饮；春韭黄粱，杜少陵故人相聚。"相逢意气为君饮"，有五陵少年论剑行侠，"醉卧沙场君莫笑"，看大唐男儿誓死报国。

五花马，千金裘，呼儿将出换美酒，与尔同销万古愁！

人，生为万物之灵，好就好在能享受万般滋味，"好精舍，好美婢，好娈童，好鲜衣，好美食，好骏马，好华灯，好烟火，好梨园，好鼓吹，好古董，好花鸟……"世上能让人感官愉悦的东西实在是不少，然而，有些事情不但损身折钱，而且只能带来短暂的快乐，之后却是久久的失落，正所谓"风流得意之事，一过辄生悲凉"，而唐诗，却是如"清风明月不用一钱买"，悠悠的人生岁月里，把这一篇篇如饮醇醪的唐诗融化到你的血液里，可以让心灵沉醉，可以让肝胆皆清，心肠如雪。正所谓"腹有诗书气自华"，你的眼角眉梢，如果有了唐代的气韵，那是何等的清朗典雅。

国色朝酣酒，天香夜染衣，就让我们沉醉在唐代才子们留下来的诗篇里，做一个充满唐代记忆的梦。

古人以汉书下酒，我愿以唐诗下酒，高卓豪放，是太白的滋味；沉郁雄浑，是杜甫的滋味；恬静幽雅，是王维的滋味，绮丽迷离，是李商隐的滋味……这滋味，甘醇绵长，回味无穷，胜过世间最好的美酒，这是唐诗的滋味。

千古唐诗，就是我今生中离不开的"花间一壶酒"。